21世纪普通高等教育人才培养规划教材

21 SHIJI PUTONG GAODENG JIAOYU RENCAI PEIYANG GUIHUA JIAOCAI

# 证券投资实务

主编 ○ 郭秀兰 王冬吾 陈琸

西南财经大学出版社
Southwestern University of Finance & Economics Press

中国·成都

图书在版编目(CIP)数据

证券投资实务/郭秀兰,王冬吾,陈琸主编. —成都:西南财经大学出版社,2018.9

ISBN 978-7-5504-3579-7

Ⅰ.①证… Ⅱ.①郭…②王…③陈… Ⅲ.①证券投资—教材 Ⅳ.①F830.91

中国版本图书馆 CIP 数据核字(2018)第 149710 号

### 证券投资实务

主编　郭秀兰　王冬吾　陈琸

责任编辑:植苗
责任校对:王青清
封面设计:何东琳设计工作室　张姗姗
责任印制:朱曼丽

| 出版发行 | 西南财经大学出版社(四川省成都市光华村街55号) |
| --- | --- |
| 网　　址 | http://www.bookcj.com |
| 电子邮件 | bookcj@foxmail.com |
| 邮政编码 | 610074 |
| 电　　话 | 028-87353785　87352368 |
| 照　　排 | 四川胜翔数码印务设计有限公司 |
| 印　　刷 | 四川五洲彩印有限责任公司 |
| 成品尺寸 | 185mm×260mm |
| 印　　张 | 15.75 |
| 字　　数 | 344 千字 |
| 版　　次 | 2018 年 9 月第 1 版 |
| 印　　次 | 2018 年 9 月第 1 次印刷 |
| 印　　数 | 1—2000 册 |
| 书　　号 | ISBN 978-7-5504-3579-7 |
| 定　　价 | 38.00 元 |

1. 版权所有,翻印必究。
2. 如有印刷、装订等差错,可向本社营销部调换。
3. 本书封底无本社数码防伪标识,不得销售。

# 前　言

中国经济的高速发展使人们的投资意识越发普及，人们已经认识到证券投资不仅仅是金融类专业人士或机构的专属行为。本教材正是顺应经济社会发展的需求，结合大学教育、教学的特点编写的，旨在提升金融类专业学生在证券投资实操方面的技术能力的同时，也向非金融类专业学生普及投资实务方面相关知识和基本技能。

本教材主要包括证券投资认知、证券投资交易以及证券投资分析三个部分，其主要内容如下：

第一部分，证券投资的认知部分。什么是股票？什么是债券？股票和债券有什么不同？……诸如此类问题是每个初入证券市场的投资者都会产生的疑问，而第一部分内容就是对上述问题进行的解答。通过对这部分内容的学习和训练，学习者将形成强大的证券投资基础知识储备，为以后实施证券交易和分析行为奠定基础。

第二部分，证券投资的交易部分。在认识了什么是证券投资后，如何投资，即去哪儿开户、如何开户、开户后怎样才能买卖证券产品等一系列的证券交易问题随即而来。这部分内容就是向初入证券市场的投资者详细介绍在我国证券市场进行投资交易的交易对象、交易规则以及交易方法等内容。

第三部分，证券投资的技术分析部分。国内生产总值（GDP）增长率、资产负债结构、市盈率、多空双方等这些专业词汇大量地涌现在新闻、互联网或者各种财经书籍报告中，它们是什么意思呢？有什么作用呢？证券投资技术分析部分将为学习者解答这方面的疑惑。通过这部分内容的学习和训练，投资者将树立正确的投资意识，建立科学的投资行为，并掌握投资过程中的基本分析技术。

为了便于实训教学，本教材将证券投资行为分解成项目、任务及具体活动，以此为主线，以学生为主体，进一步突出对学生证券投资技能方面的培养。因此，本教材的编写体现出如下特点：

一是知识碎片化。本教材在编写过程中，首先整合证券投资全流程中所使用的全部知识，再对其按照投资行为发生的前后顺序进行分解、细化，最终以知识碎片的形式呈现，从而便于学习者学习和掌握每一个投资动作。

二是可操作性。本教材是实训性质的教材，强调学生的有效参与，因此在教材的结构体例上，注重学生情感体验，精心设计教学技能活动。教材通过情景引入、知识点储备和技能训练，螺旋式推进学生对各项技能对培养。

本教材由各院校的专业教师和证券公司的行业专家共同编写完成，编者如下（按姓氏首字母顺序）：陈豪、陈琸、郭秀兰、李姣、王彬、王冬吾、闫金秋、余萍。

本教材在编写过程中参阅了大量的国内外相关文献资料，借鉴和引用了部分网络案例资料以及部分专家学者的研究成果，在此对文献作者表示衷心的感谢！

中国经济的持续发展必然会推动证券投资市场的不断进步，由于编者水平有限，本教材难免存在不足之处，还望广大读者予以指正！

编者

2018年9月

# 目 录

## 项目一　证券投资基础

**任务一　证券投资产品——股票** ……………………………………………… (3)
 活动一　初识股票 ……………………………………………………… (4)
 活动二　股票的价值与价格 …………………………………………… (11)

**任务二　证券投资产品认知——债券** ………………………………………… (18)
 活动一　债券的特征和分类 …………………………………………… (19)
 活动二　政府债券和国家债券 ………………………………………… (24)
 活动三　金融债券与公司债券 ………………………………………… (29)
 活动四　国际债券 ……………………………………………………… (36)

**任务三　证券投资产品——基金** ……………………………………………… (40)
 活动一　证券投资基金 ………………………………………………… (40)
 活动二　证券投资基金构成主体 ……………………………………… (48)
 活动三　证券投资基金的费用与资产估值 …………………………… (54)
 活动四　证券投资基金的收入、风险、信息披露与投资 …………… (57)

## 项目二　证券交易

**任务四　建立证券经纪关系** …………………………………………………… (65)
 活动一　股票开户 ……………………………………………………… (66)
 活动二　基金开户 ……………………………………………………… (73)
 活动三　证券经纪业务概述 …………………………………………… (78)

**任务五　委托买卖** ································································(88)
　　活动一　股票交易 ································································(89)
　　活动二　新股申购 ································································(102)
　　活动三　债券交易 ································································(107)
　　活动四　全国银行间债券交易 ················································(110)
　　活动五　基金交易 ································································(116)

**任务六　投资收益** ································································(129)
　　活动一　股票收益 ································································(130)
　　活动二　债券收益 ································································(136)
　　活动三　基金费用 ································································(142)
　　活动四　基金价格 ································································(146)
　　活动五　基金收益 ································································(149)

# 项目三　证券投资分析

**任务七　有价证券的估值** ·····················································(155)
　　活动一　单利与复利的计算 ····················································(156)
　　活动二　年金的计算 ·····························································(159)
　　活动三　债券的估值 ·····························································(163)
　　活动四　股票的估值 ·····························································(167)

**任务八　证券投资基本面分析** ···············································(174)
　　活动一　把脉宏观经济形势 ····················································(175)
　　活动二　挖掘潜力行业 ··························································(184)
　　活动三　解读公司财务报表 ····················································(192)

## 任务九　证券投资技术分析 (208)
### 活动一　技术分析的认知 (209)
### 活动二　K线理论及其应用 (213)
### 活动三　切线理论及其应用 (218)
### 活动四　形态理论及其应用 (226)
### 活动五　技术指标理论及其应用 (232)

## 参考文献 (238)

## 附录 (239)

# 项目一
# 证券投资基础

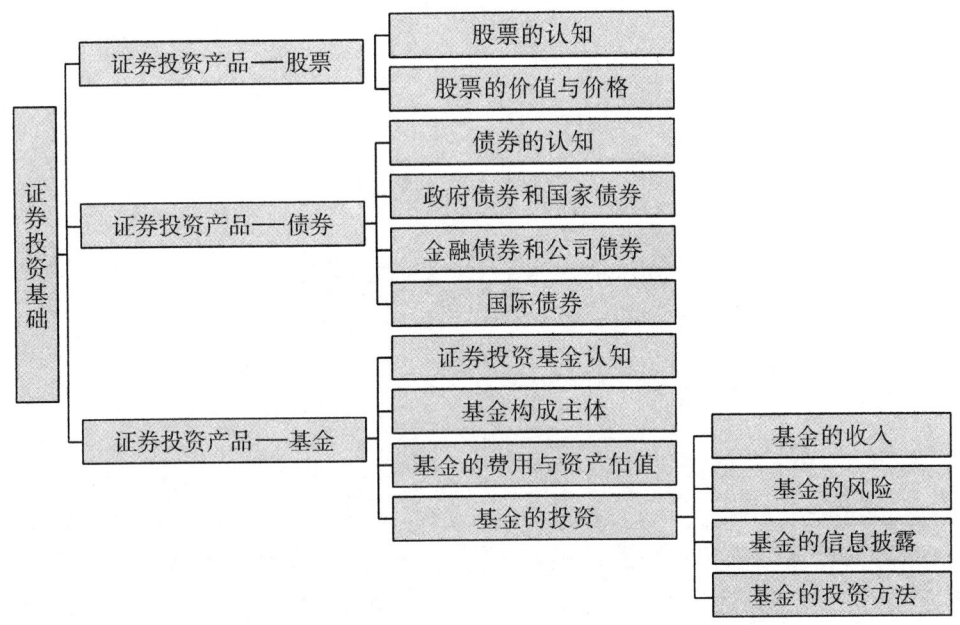

# 任务一 证券投资产品——股票

**【知识目标】**

掌握股票的定义、性质、特征和分类方法；

掌握普通股票与优先股票、记名股票与不记名股票；

熟悉有面额股票与无面额股票的区别和特征；

熟悉优先股的定义、特征；

了解发行或投资优先股的意义；

了解优先股票的分类及各种优先股票的含义。

**【能力目标】**

能够区分股票票面价值、账面价值、清算价值、内在价值的不同含义与其之间的联系；

能够掌握股票的理论价格与市场价格的联系与区别；

能够分析影响股票价格的主要因素。

**【情境引入】**

小张：老师您好，我今年刚上大学，父母为了让我对所学的金融专业知识学以致用，给了我10万元让我进行投资，我该如何投资呢？我对投资学的相关知识还是一无所知啊！

王老师：投资是一门非常深奥的学科，要做投资，先要学习证券投资相关知识，先从股票开始了解吧！

小张：好的，谢谢老师，那我先从股票的相关知识开始学习吧。

股票是股份公司发给股东证明其所入股份的一种有价证券，它可以作为买卖对象和抵押品，是资金市场主要的长期信用工具之一。股票作为股东向公司入股，获取收益的所有者凭证，持有它就拥有公司的一份资本所有权，成为公司的所有者之一。股东不仅有权按公司章程从公司领取股息和分享公司的经营红利，还有权出席股东大会、选举董事会，参与企业经营管理的决策。因此，股东的投资意愿可以通过其行使股东参与权而得到实现，同时股东也要承担相应的责任和风险。

股票是一种永不偿还的有价证券，股份公司不会对股票的持有者偿还本金。一旦购入股票，就无权向股份公司要求退股，股东的资金只能通过股票的转让来收回，同时将股票所代表着的股东身份及其各种权益让渡给受让者，而其股价在转让时受到公司收益、公司前景、市场供求关系、经济形势等多种因素的影响。所以说，投资股票是有一定风险的。

# 活动一　初识股票

【知识准备】

## 知识点1：股票的要素及性质

（一）股票的要素

股票是一种股份有限公司发行的，用以证明投资者的股东身份和权益，并据以获取股息和红利的凭证。《中华人民共和国证券法》（以下简称《证券法》）第一百二十九条：股票采用纸面形式或者国务院证券监督管理机构规定的其他形式。股票应当载明下列主要事项：

①公司名称；②公司成立日期；③股票种类、票面金额及代表的股份数；④股票的编号。股票由法定代表人签名，公司盖章。发起人的股票，应当标明发起人股票字样，如图1-1所示。

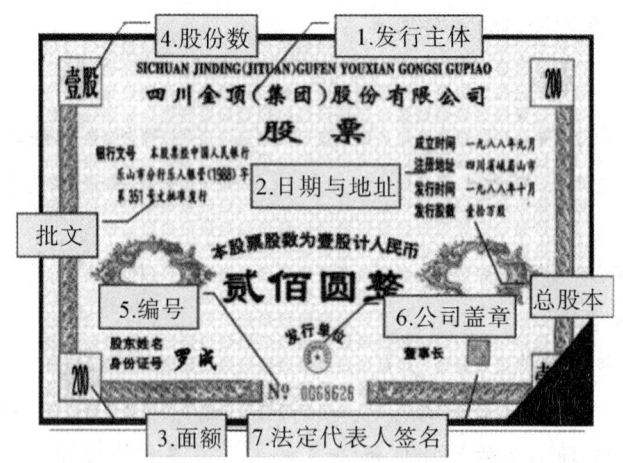

图1-1　股票式样

（二）股票的性质

（1）股票是有价证券。持有有价证券，一方面表示拥有一定价值量的财产，另一方面也表明有价证券持有人可以行使该证券所代表的权利。股票具有有价证券的特征：①虽然股票本身没有价值，但股票是一种代表财产权的有价证券；②股票与它代表的财产权有不可分离的关系。

（2）股票是要式证券。股票应具备《中华人民共和国公司法》（以下简称《公司法》）规定的有关内容，如果缺少规定的要件，股票就无法律效力。

（3）股票是证权证券。证券可分为设权证券和证权证券。设权证券是指证券所代表的权利本来不存在，而是随着证券的制作而产生，即权利的发生是以证券的制作和存在为条件的。证权证券是指证券是权利的一种物化的外在形式，它是权利的载体，权利是已经存在的。

（4）股票是资本证券。股票是投入股份公司资本份额的证券化，属于资本证券。股票独立于真实资本之外，在股票市场进行着独立的价值运动，是一种虚拟资本。

（5）股票是综合权利证券。股票不属于物权证券，也不属于债权证券，而是一种综合权利证券。股东权是一种综合权利，股东依法享有资产收益、重大决策、选择管理者等权利。

## 知识点2：股票的特征

（1）收益性。收益性是股票最基本的特征。股票的收益来源可分成两类：一是来自股份公司，二是来自于股票流通。

（2）风险性。股票风险的内涵是指股票投资收益的不确定性，或者说实际收益与预期收益之间的偏离程度。但风险不等于损失。

（3）流动性。判断流动性强弱的三个方面：市场深度、报价紧密度、价格弹性（恢复能力）。

（4）永久性。永久性是指股票所载有的权利的有效性是始终不变的，因为它是一种无期限的法律凭证。

（5）参与性。参与性是指股票持有人有权参与公司重大决策的特性。

## 知识点3：股票的类型

（一）普通股票和优先股票

按股东享有权利的不同，股票可以分为普通股票和优先股票。

1. 普通股票

普通股票是最基本、最常见的一种股票，其持有者享有股东的基本权利和义务。普通的股票的权利完全随公司盈利的高低而变化。在公司盈利较多时，普通股票股东可获得较高的股利，但在公司盈利和剩余财产的分配顺序上列在债权人和优先股票股东之后，故承担的风险也比较高。

2. 优先股票

优先股票的股息率是固定的，其持有者的股东权利受到一定限制。但在公司盈利和剩余财产的分配上比普通股票股东享有优先权。

## （二）记名股票和不记名股票

股票按是否记载股东姓名，可分为记名股票和不记名股票（也称"无记名股票"）。

1. 记名股票

股份有限公司向发起人、法人发行的股票，应当为记名股票。

记名股票有如下特点：

（1）股东权利归属于记名股东。

（2）可以一次或分次缴纳出资。我国《公司法》规定，设立股份有限公司的条件之一是发起人认购和募集的股本达到法定资本最低限额。

采取发起设立方式设立股份有限公司的，注册资本为在公司登记机关登记的全体发起人认购的股本总额。一次缴纳的，应当缴纳全部出资；分期缴纳的，应当缴纳首期出资。全体发起人首次出资金额不得低于注册资本的20%，其余部分由发起人自公司成立之日起两年内缴足。

以募集方式设立股份有限公司的，发起人认购的股份不得少于公司股份总数的35%。

（3）转让相对复杂或受限制。

（4）便于挂失，相对安全。

2. 不记名股票

发行不记名股票的，公司应当记载其股票数量、编号及发行日期。

不记名股票有如下特点：

（1）股东权利归属股票的持有人。

（2）认购股票时要求一次缴纳出资。

（3）转让相对简便。

（4）安全性较差。

## （三）有面额股票和无面额股票

1. 有面额股票

所谓有面额股票，是指在股票票面上记载一定金额的股票。这一记载的金额也称为票面金额、票面价值或股票面值。我国《公司法》规定，股份有限公司的资本划分为股份，每一股的金额相等。

有面额股票的特点：

（1）可以明确表示每一股所代表的股权比例。

（2）为股票发行价格的确定提供依据。我国《公司法》规定股票发行价格可以按票面金额，也可以超过票面金额，但不得低于票面金额。有面额股票的票面金额就是股票发行价格的最低界限。

2. 无面额股票

无面额股票是指在股票票面上不记载股票面额，只注明它在公司总股本中所占比例的股票。目前世界上很多国家（包括中国）的公司法规定不允许发行这种股票。

无面额股票有如下特点：

（1）发行或转让价格较灵活；

（2）便于股票分割。

 案例分享

### 美国政府终成花旗集团最大股东

美国花旗集团在 2009 年 2 月 27 日表示，已与美国政府就股权转换事宜达成协议。美国政府将按照 1∶1 的比例，将手中的部分优先股转换为普通股，转换上限为 250 亿美元。如果这一协议顺利实施，美国政府在花旗中的持股比例将升至 36%，成为其最大股东。

根据协议内容，美国政府会以每股 3.25 美元的价格将其持有的部分优先股转换为普通股，该价格较花旗前一交易日收盘价 2.46 美元有 32% 的溢价。

声明发出当日，花旗股价以 1.74 美元大幅低开，较前一交易日收盘价下跌 31%，盘中更一度重挫 50%，最终以每股 1.50 美元收盘，创造 1990 年 11 月以来新低。若以收盘价计算，美国政府 250 亿美元的转股投入，当天账面损失即达到 134.6 亿美元，缩水超过一半。

此前，美国政府共持有 450 亿美元的花旗优先股，收益率为年率 5%。根据协议，转股后的剩余优先股将转换为年收益率 8% 的股权。

在花旗与政府达成的协议后，穆迪公司将花旗的优先债务评级由 A2 下调至 A3，标准普尔则将花旗债务评级展望由"负面"提升至"稳定"。标普分析师表示："接下来的两年里，花旗将经历艰难的信贷周期，这很可能导致其收入的减少和波动，不排除花旗进一步接受政府援助的可能性。"

自金融危机以来，美国政府已三次对花旗伸出援手，投入总计 450 亿美元资金及超过 3 000 亿美元的资产担保。但至今为止，花旗的经营业绩尚无起色。2009 年以来，花旗股价已累计下跌 78%。花旗公布的 2008 年第四季度财报显示，该公司全年累计亏损超过 200 亿美元，创下该集团年度亏损的历史纪录。

（资料来源：中国证券报）

 知识拓展

### 股利政策

股利政策（Dividend Policy）是指公司股东大会或董事会对一切与股利有关的事项，所采取的较具原则性的做法，是关于公司是否发放股利、发放多少股利以及何时

发放股利等方面的方针和策略，所涉及的主要是公司对其收益进行分配还是留存以用于再投资的策略问题。

(1) 现金股利。现金股利指股份公司以现金分红方式将盈余公积和当期应付利润的部分或全部发放给股东，股东为此应支付利息税。稳定的现金股利政策对公司现金流管理有较高的要求，通常将那些经营业绩较好，具有稳定较高现金股利支付的公司股票称为蓝筹股。

(2) 股票股利。股票股利也称送股，是指股份公司对原有股东采取无偿派发股票的行为，把原来属于股东所有的盈余公积转化为股东所有的投入资本，实质上是留存利润的凝固化、资本化，股东在公司里占有的权益份额和价值均变化。获取股票股利可暂免纳税。

(3) 四个重要日期

①股利宣布日，即公司董事会将分红派息的消息公布于众的时间。

②股权登记日，即统计和确认参加本期股利分配的股东的日期，在此日期持有公司股票的股东方能享受股利发放。

③除息除权日，通常为股权登记日之后的1个工作日，本日之后买入的股票不再享有本期股利。从理论上说，除息日股票价值应下降与每股现金股利相同的数额，除权日股票价格应按送股比例同步下降。

④派发日，即股利正式发放给股东的日期。

知识拓展

### 股票分割与合并

股票分割又称拆股、拆细，是将1股股票均等地拆成若干股。股票合并又称并股，是将若干股股票合并为1股。

从理论上说，不论是分割还是合并，并不影响股东权益的数量及占公司总股权的比重，因此，也应该不会影响调整后的股价。也就是说，如果把1股分拆为2股，则分拆后股价应为分拆前的一半；同样，若把2股并为1股，并股后股价应为此前的两倍。

但事实上，股票分割与合并通常会刺激股份上升，其中原因颇为复杂，但至少存在以下理由：股票分割通常适用于高价股，拆细之后每手股票总金额下降，便于吸引更多的投资者购买；并股则常见于低价股。

知识拓展

### 增发、配股、转增股本和股份回购

(1) 增发。指公司因业务发展需要增加资本额而发行新股。上市公司可以向公众

公开增发，也可以向少数特定机构或个人增发。增发之后，公司注册资本相应增加。

增资之后，若会计期内在增量资本未能产生相应效益，将导致每股收益下降，则称为稀释效应，会促成股价下跌；从另一角度来看，若增发价值高于增发前每股净资产，则增发后可能会导致公司每股净资产增厚，有利于股价上涨；再有，增发总体上增加了发行在外的股票总量，短期内增加了股票供给，若需求无相应增长，股价可能下跌。

（2）配股。配股是面向原有股东，按持股数量的一定比例增发新股，原股东可以放弃配股权。现实中由于配股价通常低于市场价格，配股上市之后可能导致股价下跌。在实践中我们经常发现，对那些业绩优良、财务结构健全、具有发展潜力的公司而言，增发和配股意味着将增加公司经营实力，会给股东带来更多回报，股价不仅不会下跌可能还会上涨。

（3）转增股本。转增股本是将原本股东权益的资本公积转为实收资本，股东权益总量和每位股东占公司的股份比例均未发生任何变化，唯一的变动是发行在外的总股数增加了（图1-2）。

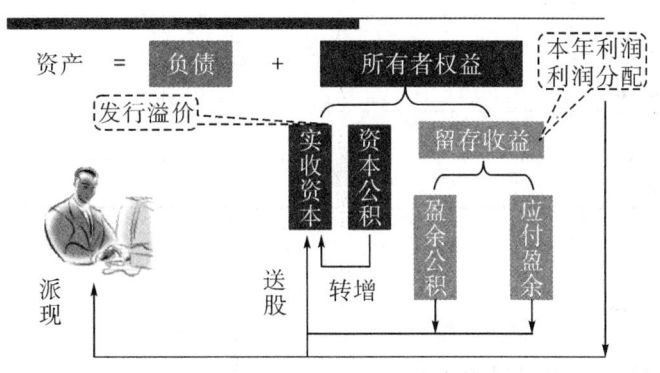

图1-2 现金股利，转增股本，资本公积金转增股本

（4）股份回购。上市公司利用自有资金，从公开市场上买回发行在外的股票，称为股份回购。

我国《公司法》规定，公司不得收购本公司股份，但是有下列情形之一的除外：减少公司注册资本；与持有本公司股份的其他公司合并；将股份奖励给本公司职工；股东因对股东大会做出的公司合并、分立决议持异议，要求公司收购其股份的。

>>同步练习

片段一：

小张到银行去取一年前存入的10万元钱。当他拿到2 016元的利息时，叹了口气，觉得利息实在是太少了。正巧这时他碰到一位在炒股的朋友，朋友劝他到股市一试身手。于是，小张就跟着朋友一起到了证券市场，在朋友的帮助下开了户头，并用这10万元购买了某传媒公司的股票。

片段二：

刚过三天，股票价格上涨，他就赚了5 000元，又过一段时间公司进行年度派息分红，小张又进账了1 000元。小张很是兴奋，10万元在银行存了一年才得2 016元利息，而在股市短短几天就赚了6 000元。

片段三：

小张决定在股市好好地搏一搏。半年过去了，小张的股票价格虽然也上涨，但是该传媒公司却传出由于成本提高、企业经营不善的消息，小张持有的股票一路下跌，不仅把赚来的钱赔了进去，而且投进去的10万元也开始出现亏损了。

问题1：什么是股票？公司为什么要发行股票？
问题2：小张曾经的6 000元收入包括哪些部分？
问题3：是不是投资股票一定能赚钱的？
问题4：根据记名股票与无记名股票的特点完成特点对比表

表1-1　　　　　　　　　　　　特点对比表

| 对比项目 | 记名股票 | 无记名股票 |
| --- | --- | --- |
| 股东权利归属 | | |
| 缴纳出资次数 | | |
| 转让难易 | | |
| 安全性高低 | | |

 想一想

1. 股票最基本的特征是什么？
2. 股东权是一种综合权利，股东依法享有的权利包括哪些？

【技能训练】

实训目的：掌握股票权益分配的相关知识。
实训器材：东方财富等股票操作软件平台。
实训要求：以个人为单位完成具体的实训内容，要求有分析过程和结果。
实训步骤：
步骤一，以个人为单位分发实训具体内容和要求；
步骤二，根据该部分的操作流程对实训内容进行实操；
步骤三，学生之间相互讨论；
步骤四，教师公布结果并进行点评。
实训内容：
中联重科2010年度A股权益分派实施公告——2011-07-08
1. 利润分配方案：10转3派2.6（含税）（实施）

2. 股权登记日：2011 年 7 月 14 日
3. 除权除息日：2011 年 7 月 15 日
4. 股息将于 2011 年 7 月 15 日通过 A 股股东托管证券公司直接划入其资金账。
5. 转增股份于 2011 年 7 月 15 日直接记入 A 股股东证券账户

请回答：股利宣布日、股权登记日、除权除息日和股利派发日时具体哪一天？

## 活动二　股票的价值与价格

【知识准备】

### 知识点 1：股票的价值

1. 股票的票面价值

股票的票面价值又称面值，即在股票票面上标明的金额。该种股票被称为有面额股票。

如果以面值作为发行价，称为平价发行，此时公司发行股票募集的资金等于股本的总和，也等于面值总和。发行价值高于面值称为溢价发行，募集的资金中等于面值总和的部分计入资本账户，以超过股票票面金额的发行价值发行股份所得的溢价款列为公司的资本公积金。

2. 股票的账面价值

股票的账面价值又称股票净值或每股净资产，在没有优先股的条件下，每股账面价值等于公司净资产除已发行在外的普通股票的股数。但是通常情况下，每股账面价值并不等于股票价格。

3. 股票的清算价值<账面价值

股票的清算价值是公司清算时每一股份所代表的实际价值。

4. 股票的内在价值

股票的内在价值即理论价值，也即股票未来收益的现值。

### 知识点 2：股票的价格

股票的价格又称股票行市，是只在证券市场上买卖的价格，其价格由价值决定，但股票本身并没有价值，是只是因为能够给持有者带来收益（股息和资本利得）。股票交易实际上是对股票未来收益权的转让，其价格是对未来收益的评定。

1. 股票的理论价格

股票代表的是持有者的股东权。这种股东权的直接经济利益表现为股息、红利收入。股票的理论价格，就是为获得这种股息、红利收入的请求权而付出的代价，是股息资本化的表现。股票的理论价格等于预期股息的贴现价值之和，如零增长模型。

2. 股票的市场价格

股票的市场价格由价值决定，同时受到许多因素的影响，其中供求关系是最直接影响价格的因素，其他因素都是通过作用于供求关系而影响价格。股票的内在价值决定股票的市场价格，股票的市场价格总是围绕其内在价值波动。股票的市场价值一般是指股票在二级市场上交易的价格。股票市价表现为开盘价、收盘价、最高价、最低价等形式。

想一想

股票的市场价格由什么决定？举个例子说明股票市价具体表现为哪几种形式。

## 知识点 3：影响股票价格的基本因素

影响股票价格的因素许多，有经济的、政治的以及其他方面的。但股票作为在市场上交易的商品，从根本上说，其价格像一般商品一样也是取决于内在的价值与外部的供求关系两个方面。这是股票价格的决定与商品价格的决定的共同点，两者不同的地方是股票的内在价值特殊，供求关系也特殊。决定股票内在价值的不仅有每股的最初投资量，还有企业微观的经济因素、国家及国际的宏观经济因素，以及社会政治因素。

（一）公司经营状况

股票自身价值是决定股价最基本的因素，而这主要取决于发行公司的经营业绩、资信水平以及连带而来的股息红利派发状况、发展前景、股票预期收益水平等。因此公司治理水平和管理层质量、公司竞争力、财务状况和公司改组、合并等因素会给公司股票带来实质性的影响。

（二）行业与部门因素

行业在国民经济中地位的变更，行业的发展前景和发展潜力，新兴行业引来的冲击等，以及上市公司在行业中所处的位置、经营业绩、经营状况、资金组合的改变及领导层人事变动等都会影响相关股票的价格。

（三）宏观经济、政策因素

宏观经济发展水平和状况是影响股票价格的重要因素。宏观经济影响股票价值的特点是波及范围广、干扰程度深、作用机制复杂和股价波动幅度较大。

1. 经济增长

当一国或地区的经济运行势态良好时，大多数企业的经营状况也较良好，它们的股价会上升；反之股价会下降。

2. 经济周期循环

社会经济运行经常表现为扩张与收缩的周期性交替，每个周期一般都要经过高涨、衰退、萧条、复苏四个阶段。股价的变动通常比实际经济的繁荣或衰退领先一步。所以股价水平已成为经济周期变动的灵敏信号或称先导性指标。

3. 货币政策

中央银行一旦实行宽松的货币政策，资金面就会宽松，可待资金就会增加，股价趋于上涨。

（1）中央银行提高法定存款准备金率，商业银行可贷资金减少，市场资金趋紧，股份下降；中央银行降低法定存款准备金率，商业银行可贷资金增加，市场资金趋松，股份上升。

（2）中央银行通过采取再贴现政策手段，提高再贴现率，收紧银根、使商业银行得到的中央银行贷款减少，市场资金趋紧；再贴现率又是基准利率，它的提高必定使市场利率随之提高。

（3）中央银行通过公开市场业务大量出售证券，收紧银根，在收回中央银行供应的基础货币的同时又增加证券的供应，使证券价格下降。

4. 财政政策

财政政策对股票价格的影响包括：

（1）通过扩大财政赤字、发行国债筹集资金，增加财政支出，刺激经济发展。

（2）通过调节税率影响企业利润和股息。

（3）干预资本市场各类交易适用的税率，如利息税、资本利得税、印花税等。

（4）国债发行量会改变证券市场的证券供应和资金需求，从而间接影响股价。

5. 市场利率

（1）绝大部分公司都负有债务，利率提高，利息负担加重，公司净利润和股息相应减少，股价下降；利率下降，利息负担减轻，公司净盈利和股息增加，股价上升。

（2）利率提高，其他投资工具收益相应增加，一部分资金会流向储蓄、债券等其他收益固定的金融工具，对股票需求减少，股价下降。若利率下降，对固定收益证券的需求减少，资金流向股票市场，对股票的需求增加，股价上升。

（3）利率提高，一部分投资者要负担较高的利息才能借到所需资金进行证券投资。

6. 通货膨胀

通货膨胀对股票价格的影响较复杂，它既有刺激股票市场的作用，又有抑制股票市场价格的作用。

7. 汇率变化

传统理论认为，汇率下降，即本币升值，不利于出口而有利于进口；汇率上升，即本币贬值，不利于进口而有利于出口。汇率变化对股价的影响要看对其整个经济的影响。

## 8. 国际收支状况

一般而言，若一国国际收支连续出现逆差，政府为平衡国际收支会采取提高国内利率和提高汇率的措施，以鼓励出口、减少进口，因此股价下跌；反之，股价上涨。

 **想一想**

股票的市场价格最主要受哪些因素的影响？

## 知识点 4：普通股票与优先股票

### 一、普通股股票

普通股股票是表明在一个公司中拥有所有权和投票权的金融证券。普通股股票是标准的股票，是最基本、最重要的股票，也是风险最大的股票。

（一）普通股股东的权利

1. 公司重大决策参与权

股东基于股票的持有而享有股东权，这是一种综合权利，其中首要的权利是持有者可以股东的身份参与股份公司的重大事项决策。

股东大会应当每年召开一次，当出现董事会认为必要或监事会提议召开等情形时，也可召开临时股东大会。股东出席股东大会，所持每一股份有一表决权。股东大会做出的决议必须经出席会议的股东所持表决权过半数通过。股东大会做出修改公司章程、增加或减少注册资本的决议，以及公司合并、分立、解散或者变更公司形式的决议，必须经出席会议的股东所持表决权的 2/3 以上通过。股东大会选举董事、监事，可以依照公司章程的规定或者股东大会的决议，实行累积投票制。累积投票制是指股东大会选举董事或者监事时，每一股份拥有与应选董事或者监事人数相同的表决权，股东拥有的表决权可以集中使用。股东可以出席股东大会，也可以委托代理人出席。

对于规定的上市公司重大事项，必须经全体股东大会表决通过，并经参加表决的社会公众股股东所持表决权的半数以上通过，方可实施或提出申请。规定的上市公司重大事项分为 5 类：增发新股、发行可转债、配股；重大资产重组，购买的资产总价较所购买资产经审计的账面净值溢价达到或超过 20%；股东以其持有的上市公司股权偿还其所欠该公司的债务；对上市公司有重大影响的附属企业到境外上市；在上市公司发展中对社会公众股股东利益有重大影响的相关事项。

2. 公司资产收益权和剩余资产分配权

这个权利表现在：①普通股股东有权要求从股份公司的税后净利中分配股息和红利，但全体股东约定不按照出资比例分取红利的除外；②普通股股东在股份公司解散清算时，有权要求取得公司的剩余资产。

我国有关法律规定，公司缴纳所得税后的利润，在支付普通股股票的红利之前，应按如下顺序分配：弥补亏损、提取法定公积金、提取任意公积金。

按我国《公司法》规定，公司财产在分别支付清算费用、职工的工资、社会保险费用和法定补偿金，缴纳所欠税款，清偿公司债务后的剩余财产，按照股东持有的股份比例分配。公司财产在未按照规定清偿前，不得分配给股东。

3. 其他权利

普通股股东的还有以下权力：

（1）股东有权查阅公司章程、股东名册等。

（2）股东持有的股份可依法转让。

（3）公司为增加注册资本发行新股时，股东有权按照实缴的出资比例认购新股。

优先认股权是指当股份公司为增加公司资本而决定增加发行新的股票时，原普通股股东享有的按其持股比例、以低于市价的某一特定价格优先认购一定数量新发行股票的权利。赋予股东这种权利有两个主要目的：一是能保证普通股股东在股份公司中保持原有的持股比例；二是能保护原普通股股东的利益和持股价值。

享有优先认股权的股东可以有三种选择：一是行使权利来认购新发行的普通股票；二是如果法律允许，可以将该权利转让给他人，从中获得一定的报酬；三是不行使此权利而听任其过期失效。

（二）普通股票股东的义务

我国《公司法》规定，公司股东应当遵守法律、行政法规和公司章程，依法行使股东权利，不得滥用股东权利损害公司或其他股东的利益；不得滥用公司法人独立地位和股东有限责任损害公司债权人的利益。公司股东滥用股东权利给公司或者其他股东造成损失的，应当依法承担赔偿责任。公司股东滥用公司法人独立地位和股东有限责任逃避责任，严重损害公司债权人利益的，应当对公司债务承担连带责任。公司的控股股东、实际控制人、董事、监事、高级管理人员不得利用其关联关系损害公司利益，如违反有关规定，给公司造成损失的，应当承担赔偿责任。

二、优先股股票

（一）优先股股票的定义

优先股股票与普通股股票相对应，是指股东享有某些优先权利（如优先分配公司盈利和剩余财产权）的股票。

首先，对股份公司而言，发行优先股票的作用在于可以筹集长期稳定的公司股本，又因其股息率固定，可以减轻股息的分派负担。另外，优先股票股东无表决权，这样可以避免公司经营决策权的改变和分散。其次，对投资者而言，由于优先股票的股息收益稳定可靠，而且在财产清偿时也先于普通股票股东，因而风险相对较小，不失为一种较安全的投资对象。

（二）优先股股票的特征

（1）股息率固定。普通股票的股息是不固定的，它取决于股份公司的经营和盈利水平。

（2）股息分派优先。在股份公司盈利分配顺序上，优先股排在普通股票之前。

（3）剩余资产分配优先。当股份公司因解散或破产进行清算时，在对公司剩余资产的分配上，优先股股东排在债权人之后、普通股股东之前。

（4）一般无表决权。优先股股东的权利是受限制的，最主要的是表决权的限制。

（三）优先股股票的种类

1. 累积优先股股票和非累积优先股股票

这种分类的依据是优先股股息在当年未能足额分派时，能否在以后年度补发。

所谓累积优先股票，是指历年股息累积发放的优先股票。

非累积优先股票，是指股息当年结清、不能累积发放的优先股票。非累积优先股票的特点是股息分派以每个营业年度为界，当年结清。

2. 参与优先股股票和非参与优先股股票

这种分类的依据是优先股在公司盈利较多的年份里，除了获得固定的股息以外，能否参与或部分参与本期剩余盈利的分配。

参与优先股股票是指优先股股东除了按规定分得本期固定股息外，还有权与普通股股东一起参与本期剩余盈利分配的优先股股票。

非参与优先股股票，是指除了按规定分得本期固定股息外，无权再参与对本期剩余盈利分配的优先股股票。非参与优先股股票是一般意义上的优先股，其优先权不是体现在股息多少上，而是在分配顺序上。

3. 可转换优先股股票和不可转换优先股股票

这种分类的依据是优先股股票在一定的条件下能否转换成其他品种。

可转换优先股股票，是指发行后在一定条件下允许持有者将它转换成其他种类股票的优先股股票。在大多数情况下，股份公司的转换股票是由优先股转换成普通股，或者由某种优先股转换成另一种优先股。

不可转换优先股股票，是指发行后不允许其持有者将它转换成其他种类股票的优先股股票。不可转换优先股股票与转换优先股股票不同，它没有给投资者提供改变股票种类的机会。

4. 可赎回优先股股票和不可赎回优先股股票

这种分类的依据是在一定条件下，该优先股股票能否由原发行的股份公司出价赎回。

股份公司一旦赎回自己的股票，必须在短期内予以注销。

5. 股息率可调整优先股股票和股息率固定优先股股票

这种分类的依据是股息率是否允许变动。

股息率可调整优先股股票，股息率的变化一般又与公司经营状况无关，而主要是随市场上其他证券价格或者银行存款利率的变化做调整。股息率可调整优先股股票的产生，主要是为了适应国际金融市场不稳定、各种有价证券价格和银行存款利率经常波动以及通货膨胀的情况。

 **知识拓展**

**影响股票价格的其他因素**

（1）政治及其他不可抗力的影响，包括：战争；政权更迭等政治事件；政府重大经济政策的出台；国际社会政治经济的变化；自然灾害。

（2）心理因素。

（3）稳定市场的政策和制度安排。

（4）人为操纵因素（会引起股票价格短期的剧烈波动）。

【技能训练】

实训目的：掌握股票权益分配的相关知识。

实训器材：东方财富等股票操作软件平台。

实训要求：以个人为单位完成具体的实训内容，要求有分析过程和结果。

实训步骤：

步骤一，以个人为单位分发实训具体内容和要求；

步骤二，根据该部分的操作流程对实训内容进行实操；

步骤三，学生之间相互讨论；

步骤四，教师公布结果并进行点评。

实训内容：

1. 分析三大货币政策对股价影响，完成表1-3。

表1-3

|  | 存款准备金比率 ||  再贴现率 || 公开市场操作 ||
|---|---|---|---|---|---|---|
| 政策 | 上调 | 下调 | 上调 | 下调 | 卖出证券 | 买入证券 |
| 股价 |  |  |  |  |  |  |

2. 分析汇率变化对股价影响。

如果汇率下降，本币升值，请分析出口企业股价如何变化？进口企业股价如何变化？股市如何变化？

# 任务二　证券投资产品认知——债券

【知识目标】

掌握债券、政府债券的定义、性质特征、分类；

掌握金融债券、公司债券和企业债券的定义和分类；

掌握国际债券的定义和特征；

掌握外国债券和欧洲债券的概念、特点。

【能力目标】

能够熟练区分债券与股票的异同点；

能够分析债券的基本性质与影响债券期限和利率的主要因素；

能够掌握国库券、赤字国债、建设国债、特种国债、实物国债、货币国债、记账式国债、凭证式国债、储蓄国债的特点；

能够分析我国特别国债的发行目的和发行情况；

能够分析我国金融债券的品种和发行概况；

能够区分外国债券和欧洲债券的特点。

【情境引入】

**帮小张出主意他该选择什么投资方式？**

近期股市行情不好，小张决定撤出资金寻找其他的投资方式。于是小张回到股市，出售了手中的股票，亏损了一些钱，但总算收回了大部分的钱，小张长长吁了一口气。考虑到自己工作忙，小张想寻找更稳一点、收益比银行利息高的投资渠道，选哪种投资呢？小张又犯难了。

老师：同学们，你能为小张出点子吗？

学生：购买债券。

老师：好，购买债券，那么大家对它了解吗？接下来我们就来学习这种投资方式。

# 活动一　债券的特征和分类

【知识准备】

## 知识点 1：债券的性质和特征

债券是一种有价证券，是社会各类经济主体为筹集资金而向债券投资者出具的、承诺按一定利率定期支付利息并到期偿还本金的债权债务凭证。债券上规定资金借贷的权责关系主要有三点：一是所借贷货币的数额；二是借款时间；三是在借贷时间内应有的补偿或代价是多少，即债券的利息。

债券包含四个方面的含义：第一，发行人是借入资金的经济主体；第二，投资者是出借资金的经济主体；第三，发行人需要在一定时期付息还本；第四，债券反映了发行者和投资者之间的债权、债务关系，而且是这一关系的法律凭证。

（一）债券的基本性质

（1）债券属于有价证券。首先，债券反映和代表一定的价值。其次，债券与其代表的权利联系在一起。

（2）债券是一种虚拟资本。

（3）债券是债权的表现。

（二）债券的票面要素

1. 债券的票面价值

债券的票面价值是债券票面标明的货币价值，是债券发行人承诺在债券到期日偿还给债券持有人的金额。

债券的票面价值要标明的内容主要有：要标明币种，要确定票面的金额。票面金额大小不同，可以适应不同的投资对象，同时也会产生不同的发行成本。票面金额定得较小，有利于小额投资者，购买持有者分布面广，但债券本身的印刷及发行工作量大，费用可能较高；票面金额定得较大，有利于少数大额投资者认购，且印刷费用等也会相应减少，但使小额投资者无法参与。因此，债券票面金额的确定也要根据债券的发行对象、市场资金供给情况及债券发行费用等因素综合考虑。

2. 债券的到期期限

债券到期期限是指债券从发行之日起至偿清本息之日止的时间，也是债券发行人承诺改选合同义务的全部时间。决定偿还期限的主要因素：资金使用方向、市场利率变化、债券变现能力。

3. 债券的票面利率

影响票面利率的因素：一是借贷资金市场利率水平；二是筹资者的资信；三是债

券期限长短。

#### 4. 债券发行者名称

这一要素指明了该债券的债务主体。

需要说明的是，以上四个要素虽然是债券票面的基本要素，但它们并非一定在债券票面上印制出来。在许多情况下，债券发行者是以公布条例或公告形式向社会公开宣布某债券的期限与利率。此外，债券票面上有时还包含一些其他要素，如分期偿还、选择权、附有赎回选择权、附有出售选择权、附有可转换条款、附有交换条款、附有新股认购条款等。

### （三）债券的特征

#### 1. 偿还性

偿还性是指债券有规定的偿还期限，债务人必须按期向债权人支付利息和偿还本金，但曾有国家发行过无期公债或永久性公债，这种公债无固定偿还期。持券者不能要求政府清偿，只能按期取息。

#### 2. 流动性

流动性是指债券持有人可按需要和市场的实际状况，灵活地转让债券以提前收回本金和实现投资收益。

#### 3. 安全性

债券投资不能收回的两种情况：

第一，债务人不履行债务，即债务人不能按时足额履行约定的利息支付或者偿还本金。

第二，流通市场风险，即债券在市场上转让时因价格下跌而承受损失。

#### 4. 收益性

在实际经济活动中，债券收益可以表现为两种形式：一种是利息收入，即债权人在持有债券期间按约定的条件分期、分次取得利息或者到期一次取得利息；另一种是资本损益，即债权人到期收回的本金与买入债券或中途卖出债券与买入债券之间的价差收入。

## 知识点 2：债券分类

### （一）按发行主体分类

#### 1. 政府债券

政府债券的发行主体是政府。中央政府发行的债券称为国债，其主要用途是解决由政府投资的公共设施或重点建设项目的资金需要和弥补国家财政赤字。有些国家把政府担保的债券也划归为政府债券体系，称为政府保证债券。

#### 2. 金融债券

发行主体是银行或非银行的金融机构。金融机构一般有雄厚的资金实力，信用度较高，因此，金融债券往往也有良好的信誉。它们发行债券的主要目的：筹资用于某种特殊用途；改变本身的资产负债结构。

3. 公司债券

公司债券是公司依照法定程序发行、约定在一定期限还本付息的有价证券。

（二）按计息与付息方式分类

1. 零息债券

零息债券也称零息票债券，指债券合约未规定利息支付的债券。通常，这类债券以低于面值的价格发行和交易，债券持有人实际上是以买卖（到期赎回）价差的方式取得债券利息。

2. 附息债券

附息债券的债券合约中明确规定，在债券存续期内，对持有人定期支付利息（通常每半年或每年支付一次）。按照计息方式的不同，这类债券还可细分为固定利率债券和浮动利率债券，有些付息债券可以根据合约条款推迟支付定期利率，故称为缓息债券。

3. 息票累积债券

与附息债券相似，息票累积债券也规定了票面利率，但是，债券持有人必须在债券到期时一次性获得还本付息，存续期间没有利息支付。

（三）按债券形态分类

1. 实物债券

实物债券是一种具有标准格式实物券面的债券。在标准格式的债券券面上，一般印有债券面额、债券利率、债券期限、债券发行人全称、还本付息方式等各种债券票面要素。有时债券利率、债券期限等要素也可以通过公告向社会公布，而不在债券券面上注明。

提示：无记名国债属于实物债券。特点：不记名、不挂失、可上市流通。

2. 凭证式债券

凭证式债券的形式是债权人认购债券的一种收款凭证，而不是债券发行人制定的标准格式的债券。

特点：可记名、挂失、不能上市流通。

3. 记账式债券

记账式债券是没有实物形态的债券，利用证券账户通过电脑系统完成债券发行、交易及兑付的全过程。

特点：可记名、可挂失、安全性较高。

（四）按担保性质分类

1. 抵押债券

抵押债券以不动产作为抵押发行。债券发行人在发行一笔债券时，通过法律上的适当手续将债券发行人的部分财产作为抵押，一旦债券发行人出现偿债困难，则出卖这部分财产以清偿债务。

2. 担保信托债券

担保信托债券也叫"流动抵押公司债",它以公司持有的各种动产或有价证券为抵押品而发行的公司债券。

3. 保证债券

该债券由第三者作为还本付息的担保人。担保人一般为各级政府、金融机构、公司等具有雄厚经济实力和信誉良好的机构。

3. 信用债券

信用债券也叫无担保债券,只凭发行者信用而发行,如政府债券。

 知识拓展

**债券与股票的比较**

1. 债券与股票的相同点

(1) 两者都属于有价证券。

(2) 两者都是筹措资金的手段。

(3) 两者的收益率相互影响。

2. 债券与股票的区别

(1) 权利不同：债券是债权凭证,债券持有者与债券发行人之间的经济关系是债权、债务关系,债券持有者只可按期获取利息及到期收回本金,无权参与公司的经营决策。股票则不同,股票是所有权凭证,股票所有者是发行股票公司的股东,股东一般拥有表决权,可以通过参加股东大会选举董事,参与公司重大事项的审议和表决,行使对公司的经营决策权和监督权。

(2) 目的不同：发行债券是公司追加资金的需要,它属于公司的负债,不是资本金。发行股票则是股份公司创立和增加资本的需要,筹措的资金列入公司资本。

(3) 期限不同：债券有偿还期,而股票具有永久性。

(4) 收益不同：债券靠利息获益,而股票的收益来自红利股息。

(5) 风险不同：股票风险较大,债券风险相对较小,因为：

第一,债券利息是公司的固定支出,属于费用范围；股票的股息红利是公司利润的一部分,公司有盈利才能支付,而且支付顺序列在债券利息支付和纳税之后。

第二,倘若公司破产,清理资产有余额偿还时,债券偿付在前,股票偿付在后。

第三,在二级市场上,债券因其利率固定,期限固定,所以市场价格也较稳定；而股票无固定期限和利率,受各种宏观因素和微观因素的影响,市场价格波动频繁,涨跌幅度较大。

 **想一想**

请思考：什么主体有担保人的资格？什么主体有发行无担保债券的资格？

**【技能训练】**

实训目的：掌握债券的分类。

实训器材：金融实训室。

实训要求：以个人为单位根据具体的实训内容完成债券种类辨识。

实训步骤：

步骤一，以个人为单位分发实训具体内容和要求；

步骤二，根据该部分的操作流程对实训内容进行实操；

步骤三，学生之间相互讨论；

步骤四，教师公布结果并进行点评。

实训内容：请根据债券分类的知识点辨识图 2-1 和图 2-2 中的债券属于哪种债券类型。

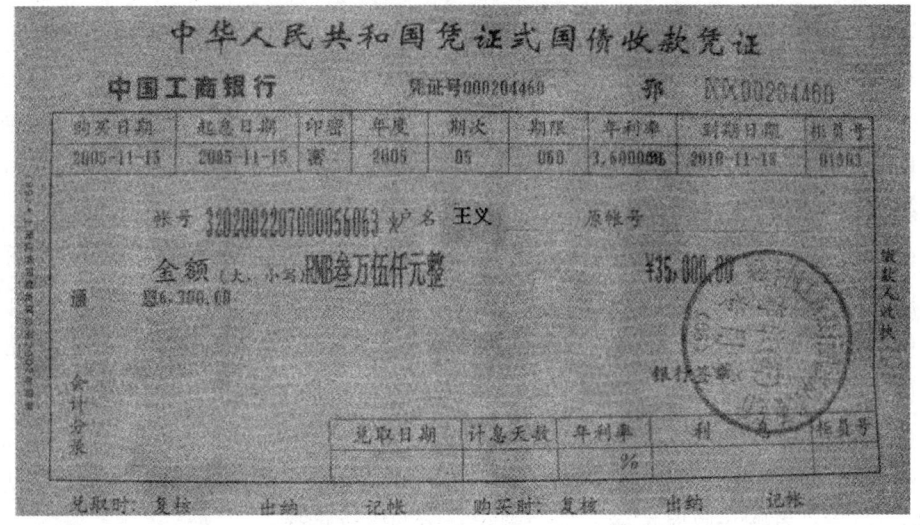

图 2-1

```
 1. 简      称：06 储蓄 01
 2. 券种形式：电子式固定利率附息债
 3. 票面价值：100 元人民币
 4. 期      限：3 年
 5. 票面利率：3.14%
 6. 起息 日：2006 年 7 月 1 日
 7. 到期 日：2009 年 7 月 1 日
 8. 付息方式：按年付息
 9. 付 息 日：每年 7 月 1 日
10. 发行时间：7 月 1 日至 7 月 15 日
11. 可否提前兑付：半年后可以兑付
```

图 2-2

## 活动二　政府债券和国家债券

【知识准备】

### 知识点 1：政府债券

政府债券是国家为了筹措资金而向投资者出具的、承诺在一定时期支付利息和到期还本的债务凭证。政府债券的举债主体是国家。从广义的角度来看，广义的政府债券属于公共部门的债务，与它相对应的是私人部门的债务。从狭义的角度来看，政府是国家政权的代表，狭义的政府债券属于政府部门的债务，与它相对应的是非政府部门的债务。

1. 政府债券的性质

第一，从形式上看，政府债券是一种有价证券，它具有债券的一般性质。

第二，从功能上看，政府债券最初仅仅是政府弥补赤字的手段，但在现代商品经济条件下，政府债券已成为政府筹集资金、扩大公共事业开支的重要手段，并且随着金融市场的发展，逐渐具备了金融商品和信用工具的职能，成为国家实施宏观经济政策、进行宏观调控的工具。

2. 政府债券的特征

（1）安全性高。在各类债券中，政府债券的信用等级是最高的，通常被称为"金边债券"。投资者购买政府债券，是一种较安全的投资选择。

（2）流通性强。由于政府债券的信用好、竞争力强、市场属性好，所以，许多国家政府债券的二级市场十分发达，一般不仅允许在证券交易所上市交易，还允许在场外市场买卖。

（3）收益稳定。政府债券的付息由政府保证，其信用度最高、风险最小，对于投资者来说，投资政府债券的收益是比较稳定的。此外，因政府债券的本息大多数固定且有保障，所以交易价格一般不会出现大的波动，二级市场的交易双方均能得到相对稳定的收益。

（4）免税待遇。

 想一想

1. 政府债券安全性高、流通性强，并享受免税待遇，所以其收益高。这种说法对吗？为什么？
2. 政府债券的用途和功能包括哪些？

## 知识点 2：国家债券

（一）国债的分类

1. 按偿还期限分类

国债的偿还期限是国债的存续时间，以此为标准，习惯上分为短期国债、中期国债和长期国债。

短期国债一般指偿还期限为 1 年或 1 年以内的国债，在国际上，短期国债的常见形式是国库券，它是由政府发行用于弥补临时收支差额的一种债券。

中期国债是指偿还期限在 1 年或 10 年以下的国债，政府发行中期国债筹集的资金或用于弥补赤字，或用于投资，不再用于临时周转。

偿还期在 10 年或 10 年以上的称为长期国债。

2. 按资金用途分类

根据举借债务对筹集资金使用方向的规定，国债可以分为赤字国债、建设国债、战争国债和特种国债。

赤字国债是指用于弥补政府预算赤字的国债。弥补赤字的手段有多种，除了举借国债外，还有增加税收、向中央银行借款、动用历年结余等。

3. 按流通与否分类

国债可以分为流通国债和非流通国债。

4. 按发行本位分类

依照不同的发行本位，国债可以分为实物国债和货币国债。实物债券是指具有实物票券的债券，它与无实物票券的债券（如记账式债券）相对应；而实物国债是指以某种商品实物为本位而发行的国债。

（二）我国的国债

20 世纪 50 年代，我国发行过两种国债：一种是 1950 年发行的人民胜利折实公债，

另一种是 1954—1958 年发行的国家经济建设公债。

进入 20 世纪 80 年代以后，我国国债品种有以下几种：

1. 普通国债

（1）记账式国债。记账式国债的发行分为：证券交易所市场发行、银行间债券市场发行以及同时在银行间债券市场和交易所市场发行（又称为跨市场发行）三种情况。个人投资者可以购买交易所市场发行和跨市场发行的记账式国债，而银行间债券市场的发行主要面向银行和非银行金融机构等机构投资者。

记账式国债的特点：①可以记名、挂失，以无券形式发行可以防止证券的遗失、被窃与伪造，安全性好；②可上市转让，流通性好；③期限有长有短，但更适合短期国债的发行；④通过交易所电脑网络发行，可以降低证券的发行成本；⑤上市后价格随行就市，具有一定的风险。

（2）凭证式国债是指由财政部发行的，有固定面值及票面利率，是通过纸质媒介记录债权债务关系的国债。

（3）储蓄国债（电子式）是指财政部面向境内中国公民储蓄类资金发行的，以电子方式记录债权的不可流通的人民币债券。储蓄国债试点期间，财政部将先行推出固定利率、固定期限储蓄国债和固定利率变动期限储蓄国债两个品种。

储蓄国债（电子式）是 2006 年推出的国债新品种，具有以下几个特点：①针对个人投资者，不向机构投资者发行；②采用实名制，不可流通转让；③采用电子方式记录债权；④收益安全稳定，由财政部负责还本付息，免缴利息税；⑤鼓励持有到期；⑥手续简化；⑦付息方式较为多样。

凭证式国债和储蓄国债（电子式）都在商业银行柜台发行，不能上市流通，但都是信用级别最高的债券，以国家信用作保证，而且免缴利息税。两者不同之处在于：

第一，申请购买手续不同。投资者购买凭证式国债，可持现金直接购买；购买储蓄国债（电子式），须开立个人国债托管账户并指定对应的资金账户后购买。

第二，债权记录方式不同。凭证式国债债权采取填制"中华人民共和国凭证式国债收款凭证"的形式记录，由各承销银行和投资者进行管理；储蓄国债（电子式）以电子记账方式记录债权。

第三，付息方式不同。凭证式国债为到期一次还本付息；储蓄国债（电子式）付息方式比较多样。

第四，到期兑付方式不同。凭证式国债到期后，须由投资者前往承销机构网点办理兑付事宜，逾期不加计利息；储蓄国债（电子式）到期后，承办银行自动将投资者应收本金和利息转入其资金账户，转入资金账户的本息资金作为居民存款，按活期存款利率计付利息。

第五，发行对象不同。凭证式国债的发行对象主要是个人，部分机构也可认购；储蓄国债（电子式）的发行对象仅限于个人，机构不允许购买或者持有。

第六，承办机构不同。

储蓄国债（电子式）与记账式国债都以电子记账方式记录债权，但具有下列不同之处：

第一，发行对象不同。记账式国债机构和个人都可以购买，而储蓄国债（电子式）的发行对象仅限个人。

第二，发行利率确定机制不同。记账式国债的发行利率是由记账式国债承销团成员投标确定的；储蓄国债（电子式）的发行利率是财政部参照同期银行存款利率及市场供求关系等因素确定的。

第三，流通或变现方式不同。记账式国债可以上市流通，可以从二级市场上购买，需要资金时可以按照市场价格卖出；储蓄国债（电子式）只能在发行期认购，不可以上市流通，但可以按照有关规定提前兑取。

第四，到期前变现收益预知程度不同。记账式国债二级市场交易价格是由市场决定的，到期前市场价格（净价）有可能高于或低于发行面值。而储蓄国债（电子式）在发行时就对提前兑取条件做出规定，也就是说，投资者提前兑取所能获得的收益是可以预知的，而且本金不会低于购买面值（因提前兑付带来的手续费除外），不承担由于市场利率变动而带来的价格风险。

知识拓展

**我国普通国债的发行总体情况**

我国目前普通国债的发行总体情况大致是：①规模越来越大；②期限趋于多样化；③发行方式趋于市场化——1991年之前我国普通国债发行主要采用行政摊派的发行方式，从1991年开始引入承购包销的发行方式，从1996年开始引入招标发行方式；④市场创新日新月异。

2. 其他类型国债

（1）特别国债。特别国债是为了特定的政策目标而发行的国债。我国的特别国债目前发行过两次：第一次，经第八届全国人大常委会第三十次会议审议批准，财政部于1998年8月向四大国有独资商业银行发行了2 700亿元长期特别国债，所筹集的资金全部用于补充国有独资商业银行资本金；第二次，2007年十届全国人大常委会第二十八次会议决定：批准发行15 500亿元特别国债，用于购买约2 000亿美元外汇，作为即将成立的国家外汇投资公司的资本金。

（2）长期建设国债。长期建设国债是财政部自1998年起向四大国有商业银行定向发行的十年期附息国债，专项用于国民经济和社会发展继续的基础设施投入。

## 知识点 3：地方政府债券

1. 地方政府债券的发行主体

地方政府债券是指地方政府根据信用原则、以承担还本付息责任为前提而筹集资金的债务凭证，是指有财政收入的地方政府及地方公共机构发行的债券。地方政府债券的发行主体是地方政府及地方政府所属的机构。

2. 地方政府债券的分类

地方政府债券分为一般债券（普通债券）和专项债券（收益债券）。前者是指地方政府为缓解资金紧张或解决临时经费不足而发行的债券，后者是指为筹集资金建设某项具体工程而发行的债券。

3. 我国的地方政府债券

中国特色的地方政府债券，即以企业债券的形式发行地方政府债券。

 案例分享

### 财政部代发安徽 40 亿元地方债 全部竞争性招标

财政部 24 日公布的通知显示，财政部代理发行的 2009 年安徽省政府债券（一期），为 3 年期固定利率附息债，计划发行面值总额 40 亿元，全部进行竞争性招标。

安徽债一期将于 2009 年 3 月 31 日上午 10：00—11：00 进行竞争性招标，4 月 1 日开始发行并计息，4 月 3 日发行结束，4 月 8 日起上市交易。招标方式采用单一价格荷兰式招标方式，标的为利率，全场最高中标利率为当期债券票面利率。

本期债券通过全国银行间债券市场、证券交易所市场发行，各交易场所交易方式为现券买卖和回购。本期债券上市后，可以在各交易场所间相互转托管。

安徽债一期利息按年支付，每年 4 月 1 日支付利息，2012 年 4 月 1 日偿还本金并支付最后一年利息。财政部代为办理本期债券还本付息。

（资料来源：中国政券报）

 想一想

根据上面案例，地方债券可以由地方政府自主发行吗？如果不可以，要用什么方式去发行？

【技能训练】

实训目的：掌握普通国债不同品种间的区别。

实训器材：多媒体教室。

实训要求：以个人为单位完成根据具体的实训内容。

实训步骤：

步骤一，以个人为单位分发实训具体内容和要求；

步骤二，根据该部分的操作流程对实训内容进行实操；

步骤三，学生之间相互讨论；

步骤四，教师公布结果并进行点评。

实训内容：请根据学习内容完成普通国债不同品种间的区别

1. 请分析凭证式与记账式国债的区别？
2. 请分析储蓄国债与记账式国债的区别？
3. 完成表2-1。

表2-1　　　　　　　　　　普通国债不同品种的区别

| 比较项目 | 凭证式国债 | 记账式国债 | 储蓄国债 |
| --- | --- | --- | --- |
| 交易场所 |  |  |  |
| 认购办法 |  |  |  |
| 发行对象 |  |  |  |
| 可否流通 |  |  |  |
| 付息方式 |  |  |  |
| 对付方式 |  |  |  |

## 活动三　金融债券与公司债券

【知识准备】

### 知识点1：金融债券

所谓金融债券，是指银行及非银行金融机构依照法定程序发行并约定在一定期限内还本付息的有价证券。从广义上讲，金融债券还包括中央银行债券，只不过它是一种特殊的金融债券。其特殊性表现在：一是期限较短；二是为实现金融宏观调控而发行。

我国的金融债券有以下几种：

1. 中央银行票据

中央银行票据简称央票，是央行为调节基础货币而向金融机构发行的票据，是一种重要的货币政策日常操作工具，其期限为3个月至3年。

## 2. 政策性金融债券

政策性金融债券是政策性银行在银行间债券市场发行的金融债券。

**政策性银行包括**：国家开发银行、中国进出口银行、中国农业发展银行。

金融债券的发行也进行了一些探索性改革：一是探索市场化发行方式；二是力求金融债券品种多样化。

从 1999 年起，我国银行间债券市场以政策性银行为发行主体开始发行浮动利率债券。浮息债券以上海银行间同业拆放利率（Shibor）为基准利率。Shibor 是中国货币市场的基准利率，是以 16 家银行的报价为基础，剔除一定比例的最高价和最低价后的算术平均值，2007 年 1 月 4 日正式运行。目前对外公布的 Shibor 共有 8 个品种，期限为隔夜到 1 年。

## 3. 商业银行债券

（1）金融债券：金融机构法人在全国银行间债券市场发行。

（2）商业银行次级债券：商业银行次级债券是指商业银行发行的、本金和利息的清偿顺序列于商业银行其他负债之后，先于商业银行股权资本的债券。

（3）混合资本债券：

《巴塞尔协议》并未对混合资本工具进行严格定义，仅规定了混合资本工具的一些原则特征，而赋予各国监管部门更大的自由裁量权，以确定本国混合资本工具的认可标准。

混合资本债券是一种混合资本工具，它比普通股票和债券更加复杂。我国的混合资本债券是指商业银行为补充附属资本发行的、清偿顺序位于股权资本之前但列在一般债务和次级债务之后、期限在 15 年以上、发行之日起 10 年内不可赎回的债券。

按照现行规定，我国的混合资本债券具有四个基本特征：

第一，期限在 15 年以上，发行之日起 10 年内不得赎回。

第二，混合资本债券到期前，如果发行人核心资本充足率低于 4%，发行人可以延期支付利息。

第三，当发行人清算时，混合资本债券本金和利息的清偿顺序列于一般债务和次级债务之后、先于股权资本。

第四，混合资本债券到期时，如果发行人无力支付清偿顺序在该债券之前的债务或支付该债券将导致无力支付清偿顺序在混合资本债券之前的债务，发行人可以延期支付该债券的本金和利息。

## 4. 证券公司债券

2004 年 10 月，经商中国证监会和中国银监会，中国人民银行制定并发布《证券公司短期融资券管理办法》。证券公司短期融资券是指证券公司以短期融资为目的，在银行间债券市场发行的约定在一定期限内还本付息的金融债券。

## 5. 保险公司次级债务

2004 年 9 月 29 日，中国保监会发布了《保险公司次级定期债务管理暂行办法》。

保险公司次级定期债务是指保险公司经批准定向募集的、期限在 5 年以上（含 5 年）、本金和利息的清偿顺序列于保单责任和其他负债之后、先于保险公司股权资本的保险公司债务。该办法所称的保险公司是指依照中国法律在中国境内设立的中资保险公司、中外合资保险公司和外资独资保险公司。中国保监会依法对保险公司次级定期债务的定向募集、转让、还本付息和信息披露行为进行监督管理。

与商业银行次级债务不同的是，按照《保险公司次级定期债务管理暂行办法》，保险公司次级债务的偿还只有在确保偿还次级债务本息后偿付能力充足率不低于 100% 的前提下，募集人才能偿付本息；并且，募集人在无法按时支付利息或偿还本金时，债权人无权向法院申请对募集人实施破产清偿。

6. 财务公司债券：银行间债券市场发行

2007 年 7 月，中国银监会下发《企业集团财务公司发行金融债券有关问题的通知》，明确规定企业集团财务公司发行债券的条件和程序，并允许财务公司在银行间债券市场发行财务公司债券。

## 知识点 2：公司债券

公司债券是公司依照法定程序发行的、约定在一定期限还本付息的有价证券。公司债券属于债券体系中的一个品种，它反映发行债券的公司和债券投资者之间的债权债务关系。公司债券的类型有以下几种：

1. 信用公司债券

信用公司债券是一种不以公司任何资产作担保而发行的债券，属于无担保证券范畴。一般来说，政府债券无须提供担保，因为政府掌握国家资源，可以征税，所以政府债券安全性最高。金融债券大多数也可免除担保，因为金融机构作为信用机构，本身就具有较高的信用。公司债券不同，一般公司的信用状况要比政府和金融机构差，所以，大多数公司发行债券被要求提供某种形式的担保。但少数大公司经营良好，信誉卓著，也会发行信用公司债券。信用公司债券的发行人实际上是将公司信誉作为担保。为了保护投资者的利益，可要求信用公司债券附上某些限制性条款，如公司债券不得随意增加、债券未清偿之前股东的分红要有限制等。

2. 不动产抵押公司债券

不动产抵押公司债券。不动产抵押公司债券是以公司的不动产（如房屋、土地等）作抵押而发行的债券，是抵押证券的一种。公司以房契或地契作抵押，如果发生了公司不能偿还债务的情况，抵押的财产将被出售，所得款项用来偿还债务。另外，用作抵押的财产价值不一定与发生的债务额相等，当某抵押品价值很大时，可以分作若干次抵押，这样就有第一抵押债券、第二抵押债券等之分。在处理抵押品偿债时，要按顺序依次偿还优先一级的抵押债券。

### 3. 保证公司债券

保证公司债券是公司发行的由第三者作为还本付息担保人的债券，是担保证券的一种。担保人是发行人以外的其他人（或称第三者），如政府、信誉好的银行或举债公司的母公司等。一般来说，投资者比较愿意购买保证公司债券，因为一旦公司到期不能偿还债务，担保人将负清偿之责。在实践中，保证行为常见于母子公司之间，如由母公司对子公司发行的公司债券予以保证。

### 4. 收益公司债券

收益公司债券是一种具有特殊性质的债券，它与一般债券相似，有固定到期日，清偿时债权排列顺序先于股票。但它又与一般债券不同，其利息只在公司有盈利时才支付，即发行公司的利润扣除各项固定支出后的余额用作债券利息的来源。如果余额不足支付，未付利息可以累加，待公司收益增加后再补发。所有应付利息付清后，公司才可对股东分红。

### 5. 可转换公司债券

可转换债券是可转换公司债券的简称，又称可转债，是一种可以在特定时间、按特定条件转换为普通股票的特殊企业债券。可转换公司债券兼有债权投资和股权投资的双重优势。

### 6. 附认股权证的公司债券

附认股权证的公司债券是公司发行的一种附有认购该公司股票权利的债券。这种债券的购买者可以按预先规定的条件在公司发行股票时享有优先购买权。

按照附新股认股权和债券本身能否分开来划分，这种债券有两种类型：一种是可分离型，即债券与认股权可以分开，可独立转让，即可分离交易的附认股权证公司债券；另一种是非分离型，即不能把认股权从债券上分离，认股权不能成为独立买卖的对象。按照行使认股权的方式，这种债券可以分为现金汇入型与抵缴型。现金汇入型指当持有人行使认股权时，必须再拿出现金来认购股票；抵缴型是指公司债券票面金额本身可按一定比例直接转股，如现行可转换公司债的方式。

对于发行人来说，发行附认股权证的公司债券可以起到一次发行、二次融资的作用。其不利影响主要体现在：第一，相对于普通可转债，发行人一直都有偿还本息的义务。第二，如果债券附带美式权证，会给发行人的资金规划带来一定的不利影响。第三，无赎回和强制转股条款，从而在发行人股票价格高涨或者市场利率大幅降低时，发行人需要承担一定的机会成本。

附认股权证的公司债券与可转换公司债券不同，前者在行使新股认购权之后，债券形态依然存在；而后者在行使转换权之后，债券形态随即消失。

### 7. 可交换债券

可交换债券是指上市公司的股东依法发行、在一定期限内依据约定的条件可以交换成该股东所持有的上市公司股份的公司债券。可交换债券和发行要素与可转换债券相似，包括票面利率、期限、换股价格和换股比率、换股期限等。对投资者来说持有可交换债券与持有标的上市公司的可转换债券相同,投资价值与上市公司价值相关,在约定期限内可以以约定的价格交换为标的股票。

可交换债券与可转换债券的不同之处:第一,发债主体和偿债主体不同,前者是上市公司的股东,通常是大股东,后者是上市公司本身;第二,适用的法规不同,在我国发行可交换债券的适用法规是《公司债券发行试点办法》,可转换债券的适用法规是《上市公司证券发行管理办法》,前者侧重于债券融资,后者更接近于股权融资;第三,发行目的不同,前者的发行目的包括投资退出、市值管理、资产流动性管理等,不一定要用于投资项目,后者和其他债券的发债目的一般是将募集的资金用于投资项目;第四,所换股份的来源不同,前者是发行人持有的其他公司的股份,后者是发行人未来发行的新股;第五,股权稀释效应不同,前者换股不会导致标的公司的总股本发生变化,也不会摊薄每股收益,后者会使发行人的总股本扩大,摊薄每股收益;第六,交割方式不同,前者在国外有股票、现金和混合3种交割方式,后者一般采用股票交割;第七,条款设置不同,前者一般不设置转股价向下修正条款,后者一般附有转股价向下修正条款。

## 知识点3:我国的企业债券与公司债券

(一)企业债券

发行人:我国境内有法人资格的企业。

我国的企业债券是指在中华人民共和国境内具有法人资格的企业在境内依照法定程序发行、约定在一定期限内还本付息的有价证券。但是,金融债券和外币债券除外。

我国企业债券的发展大致经历了4个阶段:

第一阶段,萌芽期。1984—1986年是我国企业债券发行的萌芽期。

第二阶段,发展期。1987—1992年是我国企业债券发行的第一个高潮期。

第三阶段,整顿期。1993—1995年是我国企业债券发行的整顿期。

第四阶段,再度发展期。从1996年起,我国企业债券的发行进入了再度发展期。在此期间,企业债券的发行也出现一些明显的变化:

(1)在发行主体上,突破了大型国有企业的限制。

(2)在发债募集资金的用途上,改变了以往仅用于基础设施建设或技改项目,开始用于替代发行主体的银团贷款。

(3)在债券发行方式上,将符合国际惯例的路演询价方式引入企业债券一级市场。

(4)在期限结构上,推出了我国超长期、固定利率企业债券。

(5)在投资者结构上,机构投资者逐渐成为企业债券的主要投资者。

(6)在利率确定上,弹性越来越大。在这方面有三点创新:一是附息债券的出现,使利息的计算走向复利化。二是浮动利率的采用打破了传统的固定利率。三是簿记建档确定发行利率的方式,使利率确定趋于市场化。

(7) 我国企业债券的品种不断丰富。

中国人民银行于 2008 年 4 月 13 日发布《银行间债券市场非金融企业债务融资工具管理办法》(以下简称《管理办法》),于 4 月 15 日起施行。非金融企业债务融资工具(以下简称"债务融资工具")是指具有法人资格的非金融企业(以下简称"企业")在银行间债券市场发行的、约定在一定期限内还本付息的有价证券。《管理办法》规定,企业发行债务融资工具应在中国银行间市场交易商协会注册,由在中国境内注册且具备债券评级资质的评级机构进行信用评级,由金融机构承销,在中央国债登记结算有限责任公司登记、托管、结算。全国银行间同业拆借中心为债务融资工具在银行间债券市场的交易提供服务。企业发行债务融资工具应在银行间债券市场披露信息。与《管理办法》配套的《银行间债券市场非金融企业中期票据业务指引》规定,企业发行中期票据应遵守国家相关法律法规,中期票据待偿还余额不得超过企业净资产的40%;企业发行中期票据所募集的资金应用于企业生产经营活动,并在发行文件中明确披露资金具体用途;企业在中期票据存续期内变更募集资金用途应提前披露。

(二) 公司债券

发行人:依照《公司法》在中国境内设立的股份有限公司、有限责任公司。

我国的公司债券是指公司依照法定程序发行、约定在 1 年以上期限内还本付息的有价证券。

### 知识拓展

**我国债券市场的发展历程**

我国首次发行的债券,是 1894 年清政府为支付甲午战争军费的需要,由户部向官商巨贾发行的,当时称作"息借商款",发行总额为白银 1 100 多万两。甲午战争后,清政府为交付赔款,又发行了公债,总额为白银 1 亿两(当时称"昭信股票")。

自清政府开始发行公债以后,旧中国历届政府为维持财政平衡都发行了大量公债。从北洋政府到蒋介石政府,先后发行了数十种债券。

中华人民共和国成立后,中央人民政府曾于 1950 年 1 月发行了人民胜利折实公债,实际发行额折合人民币为 2.6 亿元,该债券于 1956 年 11 月 30 日全部还清本息。1954 年,我国又发行了国家经济建设公债,到 1955 年共发行了 5 次,累计发行 39.35 亿元,至 1968 年全部偿清。此后 20 余年内,我国未再发行任何债券。

1981 年,为平衡财政预算,财政部开始发行国库券,发行对象是企业、政府机关、团体、部队、事业单位和个人,到 1997 年连续发行了 17 年。

1987 年,为促进国家的基础设施建设,为大型项目筹集中长期建设资金,我国发行了 3 年期的国家重点建设债券,发行对象是地方政府、地方企业、机关团体、事业单位和城乡居民,发行总额为 55 亿元。

1988 年,为支持国家重点建设,我国发行了 2 年期国家建设债券,发行对象为城乡居民、基金会组织、金融机构和企事业单位，发行额为80亿元。

同年，为弥补财政赤字、筹集建设资金，我国又发行了财政债券，至1992年共发行了5次该财政债券，发行总额为337.03亿元。除1988年发行的是2年期和5年期债券外，其余年份均为5年期债券。发行对象主要是专业银行、综合性银行及其他金融机构。

1989年，我国政府发行了只对企事业单位、不对个人的特种债券。该债券从1989年起共发行了4次，期限均为5年。

1989年，银行实行保值贴补率政策后，财政部开始发行国有保值贴补的保值公债。计划发行额为125亿元，期限3年，发行对象是城乡居民、个体工商户、各种基金会、保险公司以及有条件的公司，其年利率随银行3年期定期储蓄存款利率浮动，加保值贴补率，再外加1个百分点，1989年保值公债实际发行了87.43亿元，未发行完的部分，转入1990年继续发行。

1988年，我国国家专业投资公司和石油部、铁道部也发行了总额为80亿元的基本建设债券，发行对象是四大国家专业银行，期限为5年。1989年，又发行了14.59亿元的基本建设债券，发行对象为全国城乡个人，期限为3年。1992年，该债券与重点企业债券合并为国家投资公司债券。

1992年，我国还开办了国债期货交易，但由于国债期货投机现象严重，且风险控制滞后，监管力度不足。1995年5月17日，经国务院同意，国债期货市场暂时停止交易，随着国债市场的发展和壮大，我国金融债券和企业债券市场也应运而生，1984年，我国开始出现企业债券，当时主要是一些企业自发地向社会和企业内部职工筹资。1987年，我国一些大企业开始发行重点企业债券，1988年，重点企业债券改由各国家专业银行代理国家专业投资公司发行。后来，我国又陆续出现了企业短期融资债券、内部债券、住宅建设债券和地方投资公司债券。

1985年，中国工商银行、中国农业银行开始在国内发行人民币金融债券。此后，各银行及信托投资公司相继发行了人民币金融债券；1991年，中国人民建设银行和中国工商银行共同发行了100亿元的国家投资债券；1994年，随着各政策性银行的成立，政府性金融债券也开始诞生；1996年，为筹集资金专门用于偿还不规范证券回购债务，部分金融机构开始发行特种金融债券。

1982年，我国开始在国际资本市场发行债券，当年中国国际信托投资公司在东京发行了100亿日元的武士债券。此后，财政部、银行与信托投资公司、有关企业等相继进入国际债券市场，在日本、美国、新加坡、英国、德国、瑞士等国发行外国债券和欧洲债券。

从1981年恢复发行国债开始至今，中国债券市场经历了曲折的探索阶段和快速的发展阶段。目前，我国债券市场形成了银行间市场、交易所市场和商业银行柜台市场三个基本子市场在内的统一分层的市场体系。在中央国债登记结算有限公司实行集中统一托管，又根据参与主体层次的不同，相应地实行不同的托管结算安排。

（资料来源：新浪财经）

**【技能训练】**

实训目的：掌握可转债知识点。

实训场地：多媒体教室。

实训要求：以个人为单位完成实训内容，要有具体的分析过程。

实训步骤：

步骤一，以个人为单位分发实训具体内容和要求；

步骤二，学生之间相互讨论；

步骤三，教师公布结果并进行点评。

实训内容：上港集团分离交易可转债。

上海国际港务（集团）股份有限公司本次发行认股权和债券分离交易可转换公司债券（简称：分离交易可转债）已获中国证券监督管理委员会证监许可〔2008〕181号文核准。具体条款如下：

（1）本次发行245 000万元分离交易可转债。

（2）每张面值为100元人民币，按票面金额平价发行。

（3）债券期限为3年。

（4）票面利率预设区间为0.6%~1.2%。

（5）每手公司分离交易可转债的最终认购人可以同时获得公司派发的119份认股权证。

（6）权证的存续期自认股权证上市之日起12个月。

（7）认股权证的行权比例为1∶1，即每1份认股权证代表1股公司发行的A股股票的认购权利。

（8）初始行权价格为8.4元/股。

请根据实训内容中的案例分析什么情况下可转债持有者会行权将债权转成股权，什么情况下会行使认股权利。

## 活动四　国际债券

### 知识点1：国际债券的特征

国际债券是指一国借款人在国际证券市场上以外国货币为面值，向外国投资者发行的债券。

国际债券的特征有以下几点：

一是资金来源广、发行规模大。发行国际债券是在国际证券市场上筹措资金，发行对象为各国的投资者，因此，资金来源比国内债券广泛得多。

二是存在汇率风险。发行国内债券，筹集和还本付息的资金都是本国货币，所以不存在汇率风险。

三是有国家主权保障。在国际债券市场上筹集资金，有时可以得到一个主权国家政府最终偿债的承诺保证。

四是以自由兑换货币作为计量货币。国际通用货币有：美元、英镑、欧元、日元、瑞士法郎。

## 知识点 2：国际债券的分类

（一）外国债券

外国债券是指某一国借款人在本国以外的某一国家发行以该国货币为面值的债券，它的特点是债券发行人属于一个国家，债券的面值货币和发行市场则属于另一国家。

提示：在美国发行的外国债券被称为扬基债券。在日本发行的外国债券称为武士债券。

2005年2月18日，《国际开发机构人民币债券发行管理暂行办法》允许符合条件的国际开发机构在中国发行人民币债券。

2005年10月，中国人民银行批准国际金融公司和亚洲开发银行在全国银行间债券市场分别发行人民币债券11.3亿元和10亿元。这是中国债券市场首次引入外资机构发行主体，是中国市场对外开放的重要举措和有益尝试。国际多边金融机构首次在华发行的人民币债券被命名为"熊猫债券"。

（二）欧洲债券

欧洲债券的特点是债券发行者、债券发行地点和债券面值所使用的货币可以分别属于不同的国家。由于它不以发行市场所在国的货币为面值，故也称为无国籍债券。

欧洲债券与外国债券的区别有以下几方面：

第一，在发行方式方面，外国债券一般由发行地所在国的证券公司、金融机构承销，而欧洲债券则由一家或几家大银行牵头，组织十几家或几十家国际性银行在一个国家或几个国家同时承销。

第二，在发行法律方面，外国债券的发行受发行地所在国有关法规的管制和约束，并且必须经官方主管机构批准，而欧洲债券在法律上所受的限制比外国债券少得多，它不需要官方主管机构的批准，也不受货币发行国有关法令的管制和约束。

第三，在发行纳税方面，外国债券受发行地所在国的税法管制，而欧洲债券的预扣税一般可以豁免，投资者的利息收入也免缴所得税。

欧洲债券市场以众多创新品种而著称。在计息方式上既有传统的固定利率债券，也有种类繁多的浮动利率债券，还有零息债券、延付息票债券、利率递增债券（累进利率债券）和在一定条件下将浮动利率转换为固定利率的债券等。在附有选择权方面，有双货币债券、可转换债券和附权证债券等。

欧洲债券也称为无国籍债券。龙债券，是指除日本以外的亚洲地区发行的一种以非亚洲国家和地区货币标价的债券。一般是一次到期还本、每年付息一次的长期固定利率债券，或者是以美元计价，以伦敦银行同业拆放利率为基准，每一季或每半年重新定一次利率的浮动利率债券。龙债券的发行以非亚洲货币标定面额，尽管有一些债券以加拿大元、澳元和日元标价，但多数以美元标价。

## 知识点3：我国的国际债券

我国在国际市场筹集资金发行的债券品种：政府债券、金融债券、可转换公司债券。

1. 政府债券

1987年10月，财政部在德国法兰克福发行了3亿马克的公募债券，这是我国经济体制改革后政府首次在国外发行债券。

2. 金融债券

1982年1月，中国国际信托投资公司在日本东京资本市场上发行了100亿日元的债券。

3. 可转换公司债券

到2001年年底，南玻B股转券、镇海炼油、庆铃汽车H股转券、华能国际N股转券等4种可供境外投资者投资的券种已先后发行。

### 案例分享

**国家开发银行在纽约成功发行10亿美元债券**

2005年9月，中国国家开发银行29日在纽约成功发行了期限为10年，票面利率为5%的10亿美元全球债券。这是该行2004年成功发行全球债券后再次进入国际资本市场筹资。

在纽约花旗银行总部，国家开发银行副总裁高坚与美方代表举行了签字仪式。国家开发银行此次发行的债券规模为10亿美元，期限10年，票面利率为5%，分别被穆迪、标准普尔和惠誉评级公司评为A2、A-及A-等级，与中国主权信用评级完全一致。

由美林、法国巴黎银行、巴克莱银行、花旗集团、高盛、汇丰银行、摩根大通和瑞士银行担任联合主承销的国家开发银行债券，该债券得到了来自美国、欧洲和亚洲众多投资者的热烈欢迎，目前已收到62亿美元的订单，取得了圆满的成功。

美国花旗集团资深副主席罗德斯指出，中国债券作为准主权级发行体，依靠国际先进水平的经营业绩，在国际资本市场融资具有筹资金额大、成本低的优势。市场分析人士也认为，这次债券的顺利发行显示了国际资本市场对中国经济和社会的发展充满了信心，也对以往国家开发银行的业绩表示了肯定。

（资料来源：人民网）

### 想一想

根据上述学习内容分析国际债券的主要特征有哪些。

【技能训练】

实训目的：掌握外国债券种类。

实训场地：多媒体教室。

实训要求：以个人为单位根据具体的实训内容完成案例分析。

实训步骤：

步骤一，以个人为单位分发实训具体内容和要求；

步骤二，学生之间相互讨论；

步骤三，教师公布结果并进行点评。

实训内容：

2015年国际金融公司在我国银行间债券市场发行人民币债券。

发行规模：11.3亿元

期限：10年

年利率：3.40%

以下是中国人民银行关于2005年国际金融公司人民币债券在全国银行间债券市场交易流通的批复：

---

发布部门：中国人民银行
发布文号：银复〔2005〕101号
国际金融公司：
《关于2005年国际金融公司人民币债券交易流通的申请报告》收悉。根据《全国银行间债券市场债券交易流通审核规则》（中国人民银行公告〔2004〕第19号，以下称《审核规则》），现批复如下：
同意你公司发行的2005年国际金融公司人民币债券在中国全国银行间债券市场交易流通。请你公司按照《审核规则》有关规定向中国全国银行间同业拆借中心和中国中央国债登记结算有限责任公司提交交易流通公告所需材料，并认真履行市场义务。

2005年11月16日

---

国际金融公司在我国银行间债券市场发行的人民币债券是外国外国债券吗？为什么？请分析外国债券的类型。

# 任务三 证券投资产品——基金

【知识目标】

掌握基金份额持有人的权利与义务；

掌握基金管理人和托管人的概念、资格与职责以更换条件；

掌握基金当事人之间的关系；

掌握基金的管理费、托管费、运作费的含义和提取规定。

【能力目标】

能够掌握基金与股票、债券的区别；

能够区分契约型基金与公司型基金、封闭式基金与开放式基金的不同点；

能够分析交易所交易的开放式基金的运作机制和优势；

能够区分 ETF 和 LOF 的异同。

【情境引入】帮小张出主意他该如何投资？

近期股市行情回暖，小张想重回股市投资。但是又担心风险比国债大很多，自己不够专业造成损失。而且考虑到自己工作忙，投资股市有点困难。小张想寻找更稳一点、收益比国债高的投资渠道，选哪种投资呢？小张又犯难了。

老师：同学们，你能为小张出点子吗？

学生：投资基金。

老师：好，购买基金，那么大家对它了解吗？接下来我们就来学习这种投资方式。

## 活动一 证券投资基金

【知识准备】

### 知识点1：证券投资基金概况

（一）证券投资基金的产生与发展

证券投资基金是指通过公开发售基金份额募集资金，由基金托管人托管，由基金管理人管理和运用资金，为基金份额持有人的利益，以资产组合方式进行证券投资的一种利益共享、风险共担的集合投资方式。

各国对证券投资基金的称谓不尽相同,如美国称"共同基金",英国和我国香港地区称"单位信托基金",日本和我国台湾地区则称"证券投资信托基金"等。

英国1868年由政府出面组建了海外和殖民地政府信托组织,公开向社会发售受益凭证。

基金起源于英国,基金产业已经与银行业、证券业、保险业并驾齐驱,成为现代金融体系的四大支柱。

(二)我国证券投资基金业的发展概况

1997年11月,国务院颁布《证券投资基金管理暂行办法》;1998年3月,两只封闭式基金——基金金泰、基金开元设立,分别由国泰基金管理公司和南方基金管理公司管理。2004年6月1日,《中华人民共和国证券投资基金法》(以下简称《证券投资基金法》)正式实施。证券投资基金业从此进入崭新的发展阶段,基金数量和规模迅速增长,市场地位日趋重要,呈现出下列特点:

1. 基金规模快速增长,开放式基金后来居上,逐渐成为基金设立的主流形式

1998—2001年9月是我国封闭式基金发展阶段,在此期间,我国证券市场只有封闭式基金。2000年10月8日,中国证监会发布了《开放式证券投资基金试点办法》;2001年9月,我国第一只开放式基金诞生。此后,我国基金业进入开放式基金发展阶段,开放式基金成为基金设立的主要形式。

2. 基金产品差异化日益明显,基金的投资风格也趋于多样化

基金的投资风格也趋于多样化。我国的基金产品除股票型基金外,债券基金、货币市场基金、保本基金、指数基金等纷纷问世。

3. 中国基金业发展迅速,对外开放的步伐加快

近年来,我国基金业发展迅速,基金管理公司不断增加,管理基金规模不断扩大。

允许符合条件的基金管理公司开展为特定客户管理资产的业务。此外,2006年,中国基金业也开始了国际化航程,目前获得合格境内机构投资者(QDII)资格的国内基金管理公司已可以通过募集基金投资国际市场,即QDII基金。

(三)证券投资基金的特点

1. 集合投资

基金的特点是将零散的资金汇集起来,交给专业机构投资于各种金融工具,以谋取资产的增值。基金对投资的最低限额要求不高,投资者可以根据自己的经济能力决定购买数量,有些基金甚至不限制投资额大小。

2. 分散风险

以科学的投资组合降低风险、提高收益是基金的另一大特点。

3. 专业理财

将分散的资金集中起来以信托方式交给专业机构进行投资运作,既是证券投资基金的一个重要特点,也是它的一个重要功能。

（四）证券投资基金的作用

1. 基金为中小投资者拓宽了投资渠道

对中小投资者来说，存款或买债券较为稳妥，但收益率较低；投资股票有可能获得较高收益，但风险较大。证券投资基金作为一种新型的投资工具，将众多投资者的小额资金汇集起来进行组合投资，由专家来管理和运作，经营稳定，收益可观，为中小投资者提供了较为理想的间接投资工具，大大拓宽了中小投资者的投资渠道。

2. 有利于证券市场的稳定和发展

第一，基金的发展有利于证券市场的稳定。证券市场的稳定与否同市场的投资者结构密切相关。基金的出现和发展，能有效地改善证券市场的投资者结构。基金由专业投资人士经营管理，其投资经验比较丰富，搜集和分析信息的能力较强，投资行为相对理性，客观上能起到稳定市场的作用。同时，基金一般注重资本的长期增长，多采取长期的投资行为，较少在证券市场上频繁进出，能减少证券市场的波动。第二，基金作为一种主要投资于证券市场的金融工具，它的出现和发展增加了证券市场的投资品种，扩大了证券市场的交易规模，起到了丰富和活跃证券市场的作用。

（五）证券投资基金与股票、债券的区别

1. 反映的经济关系不同

股票反映的是所有权关系，债券反映的是债权债务关系，而基金反映的则是信托关系（公司型基金除外）。

2. 所筹集资金的投向不同

股票和债券是直接投资工具，而基金是间接投资工具。

3. 风险水平不同（股票>基金>债券）

股票的直接收益取决于发行公司的经营效益，不确定性强，投资于股票有较大的风险。债券的直接收益取决于债券利率，而债券利率一般是事先确定的，投资风险较小。基金主要投资于有价证券，投资选择灵活多样，从而使基金的收益有可能高于债券，投资风险又可能小于股票。

## 知识点2：证券投资基金的分类

（一）按基金的组织形式分类

按基金的组织形式不同，基金可分为契约型基金和公司型基金。

契约型基金又称为单位信托，是指将投资者、管理人、托管人三者作为基金的当事人，通过签订基金契约的形式发行受益凭证而设立的一种基金。

公司型基金是依据基金公司章程设立，在法律上具有独立法人地位的股份投资公司。公司型基金在组织形式上与股份有限公司类似，由股东选举董事会，由董事会选聘基金管理公司，基金管理公司负责管理基金的投资业务。公司型基金具有以下特点：

第一，基金的设立程序类似于一般的股份公司，基金本身为独立法人机构。但不同于一般股份公司的是，它委托基金管理公司作为专业的财务顾问或管理公司来经营、管理基金资产。

第二，基金的组织结构与一般股份公司类似，设有董事会和持有人大会。基金资产归基金公司所有。

契约型基金与公司型基金的区别：

第一，资金的性质不同。契约型基金的资金是通过发行基金份额筹集起来的信托财产；公司型基金的资金是通过发行普通股票筹集的公司法人资本。

第二，投资者的地位不同。契约型基金的投资者既是基金的委托人，又是基金的受益人，即享有基金的受益权。公司型基金的投资者对基金运作的影响比契约型基金的投资者大。

第三，基金的营运依据不同。契约型基金依据基金契约营运基金，公司型基金依据基金公司章程营运基金。

（二）按基金运作方式分类

按基金运作方式不同，基金可分为封闭式基金和开放式基金。

封闭式基金是指经核准的基金份额总额在基金合同期限内固定不变，基金份额可以在依法设立的证券交易场所交易，但基金份额持有人不得申请赎回原基金。决定基金期限长短的因素主要有两个：一是基金本身投资期限的长短；二是宏观经济形势。基金期限届满即为基金终止，管理人应组织清算小组对基金资产进行清产核资，并将清产核资后的基金净资产按照投资者的出资比例进行公正合理地分配。

开放式基金是指基金份额总额不固定，基金份额可以在基金合同约定的时间和场所申购或者赎回的基金。

封闭式基金与开放式基金有以下主要区别：第一，期限不同。第二，发行规模限制不同。第三，基金份额交易方式不同。第四，基金份额的交易价格计算标准不同。封闭式基金与开放式基金的基金份额首次发行价都是按面值加一定百分比的购买费计算，而以后的交易计价方式不同。封闭式基金的买卖价格受市场供求关系的影响，常出现溢价或折价现象，这并不必然反映单位基金份额的净资产值；开放式基金的交易价格则取决于每一基金份额净资产值的大小，其申购价一般是基金份额净资产值加一定的购买费，赎回价是基金份额净资产值减去一定的赎回费，不直接受市场供求影响。第五，基金份额资产净值公布的时间不同。封闭式基金一般每周或更长时间公布一次，开放式基金一般在每个交易日连续公布。第六，交易费用不同。投资者在买卖封闭式基金时，在基金价格之外要支付手续费；投资者在买卖开放式基金时，则要支付申购费和赎回费。第七，投资策略不同。封闭式基金在封闭期内基金规模不会减少，因此可进行长期投资，基金资产的投资组合能有效地在预定计划内进行。

（三）按投资标的分类

按投资标的不同，基金可分为国债基金、股票基金、货币市场基金等。

### 1. 国债基金

国债基金是一种以国债为主要投资对象的证券投资基金。由于国债的年利率固定，又有国家信用作为保证，因此这类基金的风险较低，适合于稳健型投资者。

### 2. 股票基金

股票基金是指以上市股票为主要投资对象的证券投资基金。股票基金的投资目标侧重于追求资本利得和长期资本增值。基金管理人拟定投资组合，将资金投放到一个或几个国家、甚至全球的股票市场，以达到分散投资、降低风险的目的。

按基金投资的分散化程度，可将股票基金划分为一般股票基金和专门化股票基金。前者分散投资于各种普通股票，风险较小；后者专门投资于某一行业、某一地区的股票，风险相对较大。

### 3. 货币市场基金

货币市场基金是以货币市场工具为投资对象的一种基金，其投资对象期限是1年以内，包括银行短期存款、国库券、公司债券、银行承兑票据及商业票据等货币市场工具。货币市场基金的优点是资本安全性高、购买限额低、流动性强、收益较高、管理费用低，有些还不收取赎回费用。因此，货币市场基金通常被认为是低风险的投资工具。

按照中国证监会发布的《货币市场基金管理暂行办法》以及其他有关规定，目前我国货币市场基金能够进行投资的金融工具主要包括：①现金；②1年以内（含1年）的银行定期存款、大额存单；③剩余期限在397天以内（含397天）的债券；④期限在1年以内（含1年）的债券回购；⑤期限在1年以内（含1年）的中央银行票据；⑥剩余期限在397天以内（含397天）的资产支持证券；⑦中国证监会、中国人民银行认可的其他具有良好流动性的货币市场工具。

货币市场基金不得投资于以下金融工具：①股票；②可转换债券；③剩余期限超过397天的债券；④信用等级在AAA级以下的企业债券；⑤国内信用评级机构评定的A-1级或相当于A-1级的短期信用级别及其该标准以下的短期融资券；⑥流通受限的证券；⑦中国证监会、中国人民银行禁止投资的其他金融工具；⑧以定期存款利率为基准利率的浮动利率债券；⑨锁定期不明确的证券。

### 4. 指数基金

投资组合模仿某一股价指数或债券指数，收益随着即期的价格指数上下波动。

指数基金的优势：第一，费用低廉。指数基金的管理费较低，尤其交易费用较低。第二，风险较小。由于指数基金的投资非常分散，可以完全消除投资组合的非系统风险，而且可以避免由于基金持股集中带来的流动性风险。第三，在以机构投资者为主的市场中，指数基金可获得市场平均收益率。第四，指数基金可以作为避险套利的工具。

### 5. 黄金基金

以黄金或其他贵金属及其相关产业的证券为主要投资对象的基金。

6. 衍生证券投资基金

这种基金的风险大，因为衍生证券一般是高风险的投资品种。

（四）按投资目标分类

按投资目标划分，基金可分为成长型基金、收入型基金和平衡型基金。

1. 成长型基金

基金管理人通常将基金资产投资于信用度较高、有长期成长前景或长期盈余的所谓成长公司的股票。该类型基金可分为：稳健成长型基金和积极成长型基金。

2. 收入型基金

收入型基金主要投资于可带来现金收入的有价证券，以获取当期最大收入为目的。该类型基金可分为：固定收入型基金和股票收入型基金。

3. 平衡型基金

平衡型基金将资产分别投资于两种不同特性的证券上，并在以取得收入为目的的债券及优先股和以资本增值为目的的普通股之间进行平衡。这种基金一般将25%~50%的资产投资于债券及优先股，其余的投资于普通股。平衡型基金的特点是风险比较低，缺点是成长的潜力不大。

（五）交易所交易的开放式基金

交易所交易的开放式基金是结合了传统封闭式基金的交易便利性与开放式基金可赎回性的一种新型基金。目前，我国沪、深交易所已经分别推出交易型开放式指数基金（ETF）和上市开放式基金（LOF）两类变种。

1. ETF

ETF结合了封闭式基金与开放式基金的运作特点，投资者一方面可以像封闭式基金一样在交易所二级市场进行ETF的买卖，另一方面又可以像开放式基金一样申购、赎回。不同的是，它的申购是用一揽子股票换取ETF份额，赎回时也是换回一揽子股票而不是现金。

（1）ETF的产生

ETF出现于20世纪90年代初期。

多伦多证券交易所于1991年推出的指数参与份额是严格意义上最早出现的交易所交易基金。

2004年12月30日，华夏基金管理公司设立50ETF，2005年2月23日，在上海证券交易所上市。

2006年2月21日，易方达深证100ETF发行，深交所第一只ETF。

（2）ETF的运行

ETF的运行如下：

首先，参与主体。ETF主要涉及3个参与主体，即发起人、受托人和投资者。发起人即基金产品创始人，一般为证券交易所或大型基金管理公司、证券公司。受托人受发起人委托托管和控制股票信托组合的所有资产。

其次，基础指数选择及模拟。指数型 ETF 能否发行成功与基础指数的选择有密切关系。

基础指数应该是有大量的市场参与者广泛使用的指数，以体现它的代表性和流动性，同时基础指数的调整频率不宜过于频繁，以免影响指数股票组合与基础指数间的关联性。

为实现模拟指数的目的，发起人将组合基础指数的成分股票，然后将构成指数的股票种类及权数交付受托机构托管形成信托资产。当指数编制机构对样本股票或权数进行调整时，受托机构必须对信托资产进行相应调整，同时在二级市场进行买进或卖出，使 ETF 的净值与指数始终保持联动关系。

再次，构造单位的分割。指数型 ETF 的发起人将组成基础指数的股票依照组成指数的权数交付信托机构托管成为信托资产后，即以此为实物担保通过信托机构向投资者发行 ETF。ETF 的发行量取决于每构造单位净值的高低。

一个构造单位的价值应符合投资者的交易习惯，不能太高或太低，通常将一个构造单位的净值设计为标准指数的某一百分比。构造单位的分割使投资者买卖 ETF 的最低投资金额远远低于买入各指数成分股所需的最低投资金额，实现了以较低金额投资整个市场的目的，并为投资者进行价值评估和市场交易提供了便利。

最后，构造单位的申购与赎回。ETF 的重要特征在于它独特的双重交易机制。ETF 的双重交易特点表现在它的申购和赎回与 ETF 本身的市场交易是分离的，分别在一级市场和二级市场进行。也就是说，ETF 同时为投资者提供了两种不同的交易方式：一方面投资者可以在一级市场交易 ETF，即进行申购与赎回；另一方面，投资者可以在二级市场交易 ETF，即在交易所挂牌交易。

在一级市场，ETF 的申购和赎回一般都规定了数量限制，即一个构造单位及其整数倍，低于一个构造单位的申购和赎回不予接受。投资者在申购和赎回时，使用的不是现金，而是一揽子股票。由于在一级市场 ETF 申购、赎回的金额巨大，而且是以实物股票的形式进行大宗交易，因此只适合于机构投资者。

ETF 的二级市场交易以在证券交易所挂牌交易方式进行，任何投资者，不管机构投资者，还是个人投资者，都可以通过经纪人在证券交易所随时购买或出售 ETF 份额。

2. LOF

LOF 是一种可以同时在场外市场进行基金份额申购、赎回，在交易所进行基金份额交易，并通过份额转托管机制将场外市场与场内市场有机地联系在一起的一种新的基金运作方式。

与 ETF 相区别，LOF 不一定采用指数基金模式，同时申购和赎回均以现金进行。

我国第一只 LOF 上市于 2004 年 10 月 14 日，南方基金管理公司募集设立了南方积极配置证券投资基金，并于 2004 年 12 月 20 日在深圳证券交易所上市交易。截至 2007 年年底，已经有 25 只 LOF 在深圳证券交易所上市交易。

### 知识拓展

**开放式基金在不同国家的称呼**

开放式基金（Open-End Fund），是和封闭式基金（Closed-End Fund）相对应的概念。

开放式基金在各国普遍存在，尽管叫法和规则不尽相同。在北美一般叫作 Mutual Funds（共同基金），在 UK 或者英联邦国家叫作 unit trusts（单位信托），OEICs（Open-Ended Investment Company）或者 ICVC（Investment Company With Variable Capital），在欧洲叫 SICAVs。对冲基金、EFT 等都属于开放式基金的范畴。在国内，还有 LOFs（上市开放式基金，Listed Open-Ended Funds）这类产品。

一般来说，关注一只基金，我们会关注以下参数：

基金名称、简称、代码（CUSIP，ISIN 等）、管理人、托管人、基金总净值、份额总数、合同生效日、分红周期、每份额净值、管理费率（分为 Gross Expense Ratio 和 Net Expense Ratio）、基金费率（又分为认购费，申购费和赎回费，一般都是分为不同档次）、资产配置类型（股票型，混合型，债券型或者货币型）

**【技能训练】**

实训目的：掌握封闭式基金与开放式基金的区别。

实训器材：多媒体教室。

实训要求：以个人为单位根据具体的实训内容完成案例分析。

实训步骤：

步骤一，以个人为单位分发实训具体内容和要求；

步骤二，学生之间相互讨论；

步骤三，教师公布结果并进行点评。

实训内容：

1. 图 3-1 和图 3-2 两种基金是按哪种方式进行分类？
2. 决定基金期限长短的因素有哪些？
3. 封闭式基金与开放式基金有哪些区别？

```
1.基金名称：天华证券投资基金
2.基金简称：基金天华
3.基金代码：184705
4.基金类型：契约型封闭式基金
5.基金规模：2 500 000 000
6.成立日期：1999-07-12
7.基金年限：10
8.到期日期：2009-07-11
9.上市日期：2001-08-08
10.托管人：中国农业银行股份有限公司
11.管理人：银华基金管理有限公司
```

图 3-1　封闭式基金

```
1.基金名称：华安创新证券投资基金
2.基金简称：华安创新
3.基金代码：160401
4.基金类型：契约型开放式基金
5.基金规模：13 148 931 634
6.成立日期：2001-09-21
7.基金年限：不定期
8.到期日期：（无）
9.上市日期：-
10.托管人：交通银行股份有限公司
11.管理人：华安基金管理有限公司
```

图 3-2　开放式基金

# 活动二　证券投资基金构成主体

【知识准备】

## 知识点1：证券投资基金份额持有人

基金份额持有人即基金投资者，是基金的出资人、基金资产的所有者和基金投资回报的受益人。

（一）基金持有人基本的权利

（1）基金收益的享有权。

（2）对基金份额的转让权。

（3）在一定程度上对基金经营决策的参与权。

我国《证券投资基金法》规定，基金份额持有人享有下列权利：分享基金财产收益；参与分配清算后的剩余基金财产；依法转让或者申请赎回其持有的基金份额；按照规定要求召开基金份额持有人大会;对基金份额持有人大会审议事项行使表决权;查阅或者复制公开披露的基金信息资料;对基金管理人、基金托管人、基金份额发售机构损害其合法权益的行为依法提起诉讼;基金合同约定的其他权利。

我国《证券投资基金法》规定,下列事项应当通过召开基金份额持有人大会审议决定:提前终止基金合同;基金扩募或者延长基金合同期限;转换基金运作方式;提高基金管理人、基金托管人的报酬标准;更换基金管理人、基金托管人;基金合同约定的其他事项。

基金份额持有人大会由基金管理人召集;基金管理人未按规定召集或者不能召集时,由基金托管人召集。代表基金份额10%以上的基金份额持有人就同一事项要求召开基金份额持有人大会,而基金管理人、基金托管人都不召集的,代表基金份额10%以上的基金份额持有人有权自行召集,并报国务院证券监督管理机构备案。

(二)基金持有人的义务

基金份额持有人必须承担一定的义务,这些义务包括:遵守基金契约;缴纳基金认购款项及规定的费用;承担基金亏损或终止的有限责任;不从事任何有损基金及其他基金投资人合法权益的活动;在封闭式基金存续期间,不得要求赎回基金份额;在封闭式基金存续期间,交易行为和信息披露必须遵守法律、法规的有关规定;法律、法规及基金契约规定的其他义务。

## 知识点2:证券投资基金管理人

(一)基金管理人的概念

基金管理人由依法设立的基金管理公司担任。基金管理公司通常由证券公司、信托投资公司或其他机构等发起成立。

(二)基金管理人的资格

基金管理人的主要业务是发起设立基金和管理基金。

《证券投资基金法》规定:"设立基金管理公司,应当具备下列条件,并经国务院证券监督管理机构批准:有符合本法和《公司法》规定的章程;注册资本不低于一亿元人民币,且必须为实缴货币资本;主要股东具有从事证券经营、证券投资咨询、信托资产管理或者其他金融资产管理的较好的经营业绩和良好的社会信誉,最近三年没有违法记录,注册资本不低于三亿元人民币;取得基金从业资格的人员达到法定人数;有符合要求的营业场所、安全防范设施和与基金管理业务有关的其他设施;有完善的内部稽核监控制度和风险控制制度;法律、行政法规规定的和经国务院批准的国务院证券监督管理机构规定的其他条件。"

(三)基金管理人的职责

《证券投资基金法》规定,基金管理人不得有下列行为:

(1)将其固有财产或者他人财产混同于基金财产从事证券投资。

（2）不公平地对待其管理的不同基金财产。

（3）利用基金财产为基金份额持有人以外的第三人牟取利益。

（4）向基金份额持有人违规承诺收益或者承担损失。

（四）基金管理人的更换条件

我国《证券投资基金法》规定："有下列情形之一的，基金管理人职责终止：被依法取消基金管理资格；被基金份额持有人大会解任；依法解散、被依法撤销或者被依法宣告破产；基金合同约定的其他情形。"

（五）我国基金管理公司的主要业务范围

1. 证券投资基金业务

证券投资基金业务是基金管理公司最核心的一项业务，主要包括基金募集与销售、基金的投资管理和基金营运服务。

2. 受托资产管理业务

根据2008年1月1日开始施行的《基金管理公司特定客户资产管理业务试点办法》的规定，符合条件的基金管理公司既可以为单一客户办理特定资产管理业务，也可以为特定的多个客户办理特定资产管理业务。但为特定多个客户办理资产管理业务还需中国证监会另行规定。基金管理公司为单一客户办理特定资产管理业务的，客户委托的初始资产不得低于5 000万元人民币。

基金管理公司申请开展特定客户资产管理业务需具备下列基本条件：①净资产不低于2亿元人民币；②在最近一个季度末资产管理规模不低于200亿元人民币或等值外汇资产；③经营行为规范，管理证券投资基金2年以上且最近1年内没有因违法违规行为受到行政处罚或被监管机构责令整改，没有因违法违规行为正在被监管机构调查。

3. 投资咨询服务

2006年2月，中国证监会基金部《关于基金管理公司向特定对象提供投资咨询服务有关问题的通知》规定，基金管理公司不需报经中国证监会审批，可以直接向合格境外机构投资者、境内保险公司及其他依法设立运作的机构等特定对象提供投资咨询服务。同时规定，基金管理公司向特定对象提供投资咨询服务时，不得有侵害基金份额持有人和其他客户的合法权益、承诺投资收益、与投资咨询客户约定分享投资收益或者分担投资损失、通过广告等公开方式招揽投资咨询客户以及代理投资咨询客户从事证券投资的行为。

## 知识点3：证券投资基金托管人

基金托管人又称基金保管人，是依据基金运行中"管理与保管分开"的原则对基金管理人进行监督和保管基金资产的机构，是基金持有人权益的代表，通常由有实力的商业银行或信托投资公司担任。基金托管人与基金管理人签订托管协议，在托管协议规定的范围内履行自己的职责并收取一定的报酬。

（一）基金托管人的条件

我国规定基金托管人由依法设立并取得基金托管资格的商业银行担任。

申请取得基金托管资格，应当具备下列条件，并经国务院证券监督管理机构和国务院银行业监督管理机构核准：净资产和资本充足率符合有关规定；设有专门的基金托管部门；取得基金从业资格的专职人员达到法定人数；有安全保管基金财产的条件；有安全高效的清算、交割系统；有符合要求的营业场所、安全防范设施和与基金托管业务有关的其他设施；有完善的内部稽核监控制度和风险控制制度；具有法律、行政法规规定的和经国务院批准的国务院证券监督管理机构、国务院银行业监督管理机构规定的其他条件。

（二）基金托管人的职责

我国《证券投资基金法》规定，基金托管人应当履行下列职责：安全保管基金财产；按照规定开设基金财产的资金账户和证券账户；对所托管的不同基金财产分别设置账户，确保基金财产的完整与独立；保存基金托管业务活动的记录、账册、报表和其他相关资料；按照基金合同的约定，根据基金管理人的投资指令，及时办理清算、交割事宜；办理与基金托管业务活动有关的信息披露事项；对基金财务会计报告、中期和年度基金报告出具意见；复核、审查基金管理人计算的基金资产净值和基金份额申购、赎回价格；按照规定召集基金份额持有人大会；按照规定监督基金管理人的投资运作；国务院证券监督管理机构规定的其他职责。

（三）基金托管人的更换条件

我国《证券投资基金法》规定，有下列情形之一的，基金托管人职责终止：被依法取消基金托管资格；被基金份额持有人大会解任；依法解散、被依法撤销或者被依法宣告破产；基金合同约定的其他情形。

## 知识点4：证券投资基金当事人之间的关系

（一）持有人与管理人之间的关系

基金持有人与基金管理人之间的关系是：委托人、受益人与受托人的关系，也是所有者和经营者之间的关系。

（二）管理人与托管人之间的关系

基金管理人与托管人的关系是相互制衡的关系。基金管理人和基金托管人均对基金份额持有人负责。他们的权利和义务在基金合同或基金公司章程中已预先界定清楚，任何一方有违规之处，对方都应当监督并及时制止，直至请求更换违规方。这种相互制衡的运行机制，有利于基金信托财产的安全和基金运营的绩效。但是这种机制的作用得以有效发挥的前提是基金托管人与基金管理人必须严格分开，由不具有任何关联关系的不同机构或公司担任，两者在财务上、人事上、法律地位上应该完全独立。

（三）持有人与托管人之间的关系

基金持有人与托管人的关系是委托与受托的关系。

## 知识拓展

### 我国《证券投资基金法》规定基金持有人的权利和义务

我国《证券投资基金法》规定基金持有人有以下义务：

（1）遵守基金契约。

（2）缴纳基金认购款项及规定的费用。

（3）承担基金亏损或终止的有限责任。

（4）不从事任何有损基金及其他基金投资人合法权益的活动。

（5）在封闭式基金存续期间，不得要求赎回基金份额。

（6）在封闭式基金存续期间，交易行为和信息披露必须遵守法律法规的有关规定。

（7）法律法规及基金契约规定的其他义务。

我国《证券投资基金法》规定基金份额持有人享有以下权利：

（1）分享基金财产收益。

（2）参与分配清算后的剩余基金财产。

（3）依法转让或者申请赎回其持有的基金份额。

（4）按照规定要求召开基金份额持有人大会。

（5）对基金份额持有人大会审议事项行使表决权。

（6）查阅或者复制公开披露的基金信息资料。

（7）对基金管理人、基金托管人、基金份额发售机构损害其合法权益的行为依法提起诉讼。

（8）基金合同约定的其他权利。

>>同步练习

银丰基金是我国第一只在契约中承诺封闭运作一年后，在一定条件下可由封闭式转为开放式的基金。但从2002年8月银河基金管理公司旗下的银丰封闭式基金宣布成立并发行30亿份至今，银丰基金尚未有转换的动静。

基金投资者要求封闭式基金转为开放式是因为封闭式基金如今大幅度折价交易（二级市场价格低于其基金净值）。当前封闭式基金的平均折价率约为20%。一旦转为开放式，基金投资者随时可按净资产价值赎回，以便摆脱目前折价交易造成的损失。

市场背景：2002年（大熊市中）

基金简况：30亿份契约型封闭式基金

叫阵者：王源新向银河基金管理有限公司提交了《关于召开持有人大会讨论转换基金类型的附议函》

助阵者：持有6.19亿万基金单位，占基金总份额的20.663%的8家保险公司

应阵者：骑虎难下

证监者态度：谨慎

结果：不了了之

在案例中基金份额持有人行使决策参与权了吗？为何难以实现持有人的目的？

**想一想**

根据上面案例分析证券投资基金份额持有人的权利有哪些。

**【技能训练】**

实训目的：掌握基金当事人之间的关系。

实训场地：多媒体教室。

实训要求：以个人为单位根据具体的实训内容完成案例分析。

实训步骤：

步骤一，以个人为单位分发实训具体内容和要求；

步骤二，学生之间相互讨论；

步骤三，教师公布结果并进行点评。

实训内容：

请根据图 3-3 分析基金当事人之间的关系。

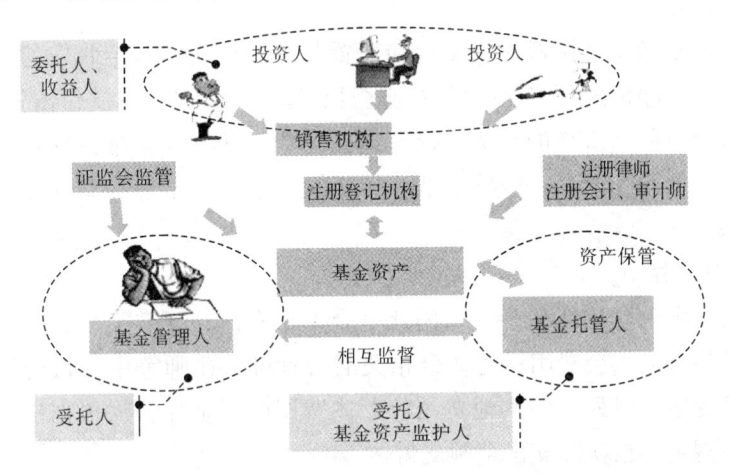

图 3-3　基金构成主体关系图

# 活动三  证券投资基金的费用与资产估值

【知识准备】

## 知识点1：证券投资基金的费用

（一）基金管理费

基金管理费是指从基金资产中提取的、支付给为基金提供专业化服务的基金管理人的费用，也就是管理人为管理和操作基金而收取的费用。基金管理费通常按照每个估值日基金净资产的一定比率（年率）逐日计提，累计至每月月底，按月支付。管理费费率的大小通常与基金规模成反比，与风险成正比。基金规模越大，风险越小，管理费率就越低；反之，则越高。不同的国家及不同种类的基金，管理费率不完全相同。目前，我国基金大部分按照1.5%的比例计提基金管理费，债券型基金的管理费率一般低于1%，货币基金的管理费率为0.33%。

（二）基金托管费

基金托管费是指基金托管人为保管和处置基金资产而向基金收取的费用。托管费通常按照基金资产净值的一定比率提取，逐日计算并累计，按月支付给托管人。目前，我国封闭式基金按照0.25%的比例计提基金托管费，开放式基金根据基金合同的规定比例计提，通常低于0.25%；股票型基金的托管费率要高于债券型基金及货币市场基金的托管费率。

（三）其他费用

证券投资基金的费用还包括：封闭式基金上市费用；证券交易费用；基金信息披露费用；基金持有人大会费用；与基金相关的会计师、律师等中介机构费用；法律法规及基金契约规定可以列入的其他费用。上述费用由基金托管人根据法律、法规及基金合同的相应规定，按实际支出金额支付。

## 知识点2：证券投资基金资产估值

基金资产总值是指基金所拥有的各类证券的价值、银行存款本息、基金应收的申购基金款以及其他投资所形成的价值总和。基金资产净值是指基金资产总值减去负债后的价值。

（一）基金资产净值

基金资产净值是衡量一个基金经营好坏的主要指标，也是基金份额交易价格的内在价值和计算依据。一般情况下，基金份额价格与资产净值趋于一致，即资产净值增长，基金价格也随之提高。尤其是开放式基金，其基金份额的申购或赎回价格都直接按基金份额资产净值来计价。

基金份额净值是指某一时点上某一投资基金每份基金份额实际代表的价值。

（二）基金资产的估值

1. 估值的目的

估值的目的是客观、准确地反映基金资产的价值。经基金资产估值后确定的基金资产值而计算出的基金份额净值，是计算基金份额转让价格尤其是计算开放式基金申购与赎回价格的基础。

2. 估值对象

估值对象为基金依法拥有的各类资产，如股票、债券、权证等。

3. 估值日的确定

基金管理人应于每个交易日当天对基金资产进行估值。

4. 估值暂停

基金管理人虽然必须按规定对基金净资产进行估值，但遇到下列特殊情况，可以暂停估值：

（1）基金投资所涉及的证券交易所遇法定节假日或因其他原因暂停营业时。

（2）因不可抗力或其他情形致使基金管理人、基金托管人无法准确评估基金资产价值时。

（3）占基金相当比例的投资品种的估值出现重大转变，而基金管理人为保障投资人的利益，已决定延迟估值。

（4）如出现基金管理人认为属于紧急事故的任何情况，会导致基金管理人不能出售或评估基金资产的。

（5）中国证监会和基金合同认定的其他情形。

5. 估值净值公式

基金资产净值 = 基金资产总值 − 基金负债

基金份额净值 = 基金资产净值÷基金份额总数

6. 估值原则

对存在活跃市场的投资品种，如估值日有市价的，应采用市价确定公允价值；估值日无市价的，但最近交易日后经济环境未发生重大变化，应采用最近交易市价确定公允价值；估值日无市价的，且最近交易日后经济环境发生了重大变化的，应参考类似投资品种的现行市价及重大变化因素，调整最近交易市价，确定公允价值，有充分证据表明最近交易市价不能真实反映公允价值的（如异常原因导致长期停牌或临时停牌的股票等），应对最近交易的市价进行调整，以确定投资品种的公允价值。

对不存在活跃市场的投资品种，应采用市场参与者普遍认同，且被以往市场实际交易价格验证具有可靠性的估值技术确定公允价值。运用估值技术得出的结果，应反映估值日在公平条件下进行正常商业交易所采用的交易价格。

有充足理由表明按以上估值原则仍不能客观反映相关投资品种的公允价值的,基金管理公司应根据具体情况与托管银行进行商定,按最能恰当反映公允价值的价格估值。

>>**同步练习**

请根据表 3-1 和表 3-2 分析基金管理费率高低和基金托管费率高低的影响因素有哪些。

表 3-1　　　　　　　　　银河基金管理费率,托管费率表

| 序号 | 基金名称 | 投资类型 | 投资风格 | 管理费率（%） | 托管费率（%） |
|---|---|---|---|---|---|
| 1 | 银河银泰理财 | 股票基金 | 平衡型基金 | 1.5 | 0.25 |
| 2 | 银河稳健 | 股票基金 | 平衡型基金 | 1.5 | 0.25 |
| 3 | 银河竞争优势成长 | 股票基金 | 成长型基金 | 1.5 | 0.25 |
| 4 | 银河收益 | 债券基金 | 收入型基金 | 0.75 | 0.2 |
| 5 | 银河银信添利债券 | 债券基金 | 收入型基金 | 0.65 | 0.2 |
| 6 | 银河银富 A | 货币市场基金 | 收入型基金 | 0.33 | 0.1 |

表 3-2　　　　　　　　　银河基金管理费率,托管费率表

| 投资类型 | 管理费率（%） | 托管费率（%） | 销售服务费（%） |
|---|---|---|---|
| 股票基金 | 1.5 | ≤0.25 | |
| 债券基金 | ≤1 | 0.2 | |
| 货币市场基金 | 0.33 | 0.1 | 0.25 |

**想一想**

请分析证券投资基金的费用除了基金管理费和托管费外还有哪些费用。

【技能训练】

实训目的:掌握证券投资基金资产估值的计算。

实训器材:金融计算器。

实训场地:多媒体教室。

实训要求:以个人为单位根据具体的实训内容完成证券投资基金资产估值的计算,要求有计算过程和结果。

实训步骤:

步骤一,以个人为单位分发实训具体内容和要求;

步骤二,根据该部分的操作流程对实训内容进行实操;

步骤三，学生之间相互讨论；
步骤四，教师公布结果并进行点评。
实训内容：
2008年8月1日某基金拥有的证券资产510 000万元，现金资产40万元，短期借款1 000万元，8月1日，基金份额有40亿份，问：该基金的基金份额资产净值是多少？

## 活动四　证券投资基金的收入、风险、信息披露与投资

【知识准备】

### 知识点1：证券投资基金的收入及利润分配

（一）证券投资基金的收入来源

证券投资基金的收入来源包括利息收入、投资收益、其他收入。基金资产估值引起的资产价值变动作为公允价值变动损益计入当期损益。

（二）证券投资基金的利润分配

分配的两种方式：一是分配现金，二是分配基金份额。

按照《证券投资基金运作管理办法》的规定：封闭式基金的收益分配每年不得少于一次，封闭式基金年度收益分配比例不得低于基金年度已实现收益的90%。开放式基金的基金合同应当约定每年基金收益分配的最多次数和基金收益分配的最低比例。基金收益分配应当采用现金方式。开放式基金的基金份额持有人可以事先选择将所获分配的现金收益按照基金合同有关基金份额申购的约定转为基金份额；基金份额持有人事先未做出选择的，基金管理人应当支付现金。

对货币市场基金的收益分配，中国证监会有专门的规定。《货币市场基金管理暂行规定》第九条规定："对于每日按照面值进行报价的货币市场基金，可以在基金合同中将收益分配的方式约定为红利再投资，并应当每日进行收益分配。"中国证监会下发的《关于货币市场基金投资等相关问题的通知》规定："当日申购的基金份额自下一个工作日起享有基金的分配权益，当日赎回的基金份额自下一个工作日起不享有基金的分配权益。"具体而言，货币市场基金每周五进行收益分配时，将同时分配周六和周日的收益；每周一至周四进行收益分配时，则仅对当日收益进行分配。投资者于周五申购或转换转入的基金份额不享有周五、周六和周日的收益；投资者于周五赎回或转换转出的基金份额享有周五和周六、周日的收益。

### 知识点2：证券投资基金的投资风险

证券投资基金是一种集中资金、专家管理、分散投资、降低风险的投资工具，但

仍有可能面临风险。证券投资基金存在的风险主要有：

（一）市场风险

基金主要投资于证券市场，投资者购买基金，相对于购买股票而言，由于能有效地分散投资和利用专家优势，可能对控制风险有利。分散投资虽能在一定程度上消除来自个别公司的非系统性风险，但无法消除市场的系统性风险。

（二）管理能力风险

基金管理人作为专业投资机构，虽然比普通投资者在风险管理方面确实有某些优势，如能较好地认识风险的性质、来源和种类，能较准确地度量风险，并通常能够按照自己的投资目标和风险承受能力构造有效的证券组合，在市场变动的情况下，及时地对投资组合进行更新，从而将基金资产风险控制在预定的范围内等。但是，不同的基金管理人的基金投资管理水平、管理手段和管理技术存在差异，从而对基金收益水平产生影响。

（三）技术风险

当计算机、通信系统、交易网络等技术保障系统或信息网络支持出现异常情况时，可能导致基金日常的申购或赎回无法按正常时限完成、注册登记系统瘫痪、核算系统无法按正常时限显示基金净值、基金的投资交易指令无法及时传输等风险。

（四）巨额赎回风险（特有的风险，区别于股票、债券）

这是开放式基金所特有的风险。若因市场剧烈波动或其他原因而连续出现巨额赎回，并导致基金管理人出现现金支付困难时，基金投资者申请赎回基金份额，可能会遇到部分顺延赎回或暂停赎回等风险。

## 知识点3：证券投资基金的信息披露

我国《证券投资基金法》规定，基金管理人、基金托管人和其他基金信息披露义务人应当依法披露基金信息，并保证所披露信息的真实性、准确性和完整性。

公开披露的基金信息包括：基金招募说明书、基金合同、基金托管协议；基金募集情况；基金份额上市交易公告书；基金资产净值、基金份额净值；基金份额申购、赎回价格；基金财产的资产组合季度报告、财务会计报告及中期和年度基金报告；临时报告；基金份额持有人大会决议；基金管理人、基金托管人的专门基金托管部门的重大人事变动；涉及基金管理人、基金财产、基金托管业务的诉讼；依照法律、行政法规有关规定，由国务院证券监督管理机构规定应予披露的其他信息。

公开披露基金信息，不得有下列行为：虚假记载、误导性陈述或者重大遗漏；对证券投资业绩进行预测；违规承诺收益或者承担损失；诋毁其他基金管理人、基金托管或者基金份额发售机构；依照法律、行政法规有关规定，由国务院证券监督管理机构规定禁止的其他行为。

## 知识点4：券投资基金的投资

（一）证券投资基金的投资范围
（1）上市交易的股票、债券；
（2）国务院证券监督管理机构规定的其他证券品种。

目前我国的基金主要投资于国内依法公开发行上市的股票、非公开发行股票、国债、企业债券、金融债券、公司债券、货币市场工具、资产支持证券、权证等。

（二）证券投资基金的投资限制

对基金投资进行限制的主要目的：一是引导基金分散投资，降低风险；二是避免基金操纵市场；三是发挥基金引导市场的积极作用。

按照《证券投资基金法》和其他相关法规的规定，基金财产不得用于下列投资或者活动：承销证券；向他人贷款或者提供担保；从事承担无限责任的投资；买卖其他基金份额（国务院另有规定的除外）；向其基金管理人、基金托管人出资或者买卖其基金管理人、基金托管人发行的股票或者债券；买卖与其基金管理人、基金托管人有控股关系的股东或者与其基金管理人、基金托管人有其他重大利害关系的公司发行的证券或者承销期内承销的证券；从事内幕交易、操纵证券交易价格及其他不正当的证券交易活动；依照法律、行政法规有关规定，由国务院证券监督管理机构规定禁止的其他活动。

股票基金应有60%以上的资产投资于股票，债券基金应有80%以上的资产投资于债券；货币市场基金仅投资于货币市场工具，不得投资于股票、可转债、剩余期限超过397天的债券、信用等级在AAA级以下的企业债、国内信用等级在AAA级以下的资产支持证券、以定期存款利率为基准利率的浮动利率债券、有锁定期但锁定期不明确的证券。货币市场基金、中短债基金不得投资于流通受限证券。封闭式基金投资于流通受限证券的锁定期不得超过封闭式基金的剩余存续期；基金投资的资产支持证券必须在全国银行间债券交易市场或证券交易所交易。

此外，基金管理人运用基金财产进行证券投资，不得有下列情形：①一只基金持有一家上市公司的股票，其市值超过基金资产净值的10%；②同一基金管理人管理的全部基金持有一家公司发行的证券，超过该证券的10%；③基金财产参与股票发行申购，单只基金所申报的金额超过该基金的总资产，单只基金所申报的股票数量超过拟发行股票公司本次发行股票的总量；④违反基金合同关于投资范围、投资策略和投资比例等约定；⑤中国证监会规定禁止的其他情形。完全按照有关指数的构成比例进行证券投资的基金品种可以不受第①、②项规定的比例限制。

### 知识拓展

**招商先锋证券投资基金收益分配条款**

（1）基金收益分配采用现金分红方式或红利再投资方式，红利再投资方式指投资者可选择将现金红利自动转为基金份额进行再投资。

（2）本基金默认的分红方式为现金分红方式。

（3）每一基金份额享有同等分配权。

（4）基金当期收益先弥补上期亏损后，方可进行当期收益分配。

（5）基金收益分配后每基金份额净值不能低于面值。

（6）如果基金当期出现净亏损，则不进行收益分配。

（7）在符合有关基金分红条件的前提下，本基金收益每年至少分配一次，基金收益分配每年不超过6次。

（8）基金每次收益分配比例不低于当期已实现净收益的90%。

（9）法律法规或监管机构另有规定的从其规定。

### 想一想

请根据上述材料分析证券投资基金的利润分配方式有哪些。

**【技能训练】**

实训目的：掌握证券投资基金的投资风险。

实训场地：多媒体教室。

实训要求：以个人为单位根据具体的实训内容完成案例分析。

实训步骤：

步骤一，以个人为单位分发实训具体内容和要求；

步骤二，学生之间相互讨论；

步骤三，教师公布结果并进行点评。

实训内容：

2014年12月29日交银施罗德基金公司旗下上证180治理ETF因为申购赎回清单计算偏差上午10点24分开始紧急停牌。

上证180治理ETF的申赎清单中，中国平安的数量原是900股，但昨天一下子就增加至10 100股。这多出的9 200股直接导致昨天该基金的参考单位基金净值（IOPV）比正常值高出一倍。根据昨天IOPV的计算结果，开盘价为1.75元，截至停牌达到了1.784元，这个价格区间要远远大于该基金二级市场不到1元的价格。

由于IOPV的计算错误，一些善于套利的投资者不断在二级市场买入该基金，然后赎回，得到股票后再在二级市场上卖出。

按照停盘时超过 1 亿元的总成交量计算，投资者的套利所得超过 1 亿元，而交银施罗德基金也就需要为此付出同等损失。

请根据案例分析：

1. 证券投资基金的投资风险主要有哪些？
2. 案例中的风险属于哪种风险？
3. 案例中的风险造成的损失由谁负责？

# 项目二　证券交易

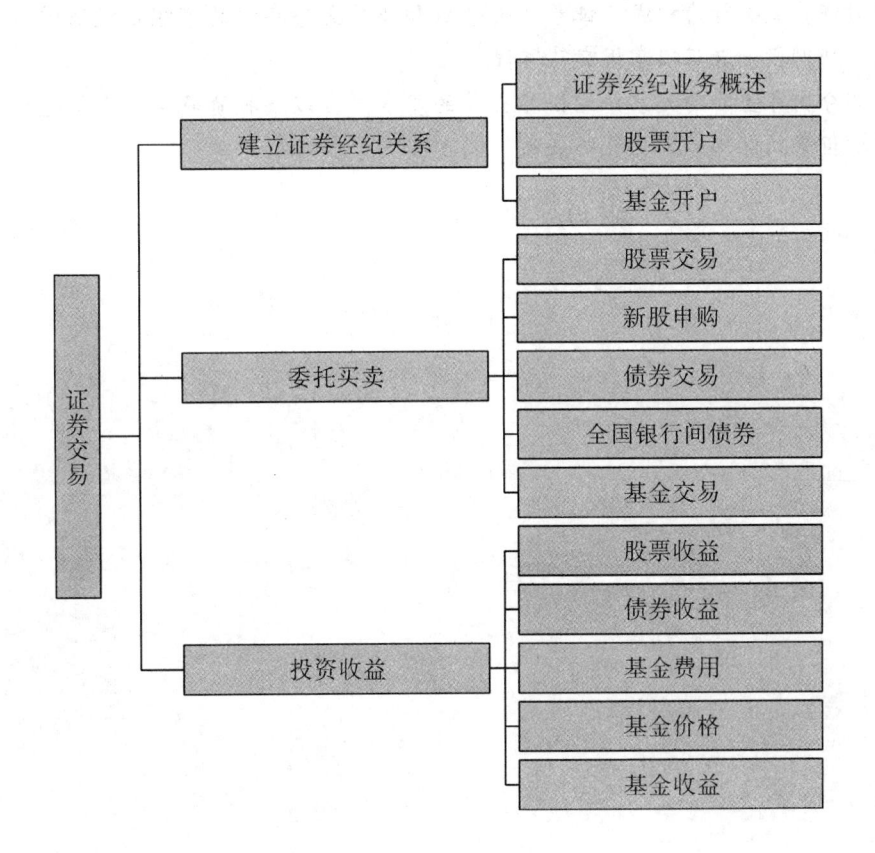

```
                              ┌─ 证券经纪业务概述
              ┌─ 建立证券经纪关系 ─┼─ 股票开户
              │                  └─ 基金开户
              │                  ┌─ 股票交易
              │                  ├─ 新股申购
  证券交易 ────┼─ 委托买卖 ───────┼─ 债券交易
              │                  ├─ 全国银行间债券
              │                  └─ 基金交易
              │                  ┌─ 股票收益
              │                  ├─ 债券收益
              └─ 投资收益 ───────┼─ 基金费用
                                 ├─ 基金价格
                                 └─ 基金收益
```

通过前面部分的学习，大家应该已经掌握了证券市场的基础知识，本部分内容将向大家介绍证券交易的基本流程，希望能帮助大家学习证券投资的基础知识。

证券交易是指证券持有人依照交易规则，将证券转让给其他投资者的行为。证券交易除应遵循《证券法》规定的证券交易规则，还应同时遵守《公司法》及《合同法》规则。证券交易一般分为两种形式：一种形式是上市交易，是指证券在证券交易所集中交易挂牌买卖。凡经批准在证券交易所内登记买卖的证券称为上市证券；其证券能在证券交易所上市交易的公司，称为上市公司。另一种形式是上柜交易，是指公开发行但未达上市标准的证券在证券柜台交易市场买卖。

学习证券交易基础知识目的是让学生掌握基本的证券交易理论和证券市场运作的基本方式，提高学生对证券交易的认知能力，提高对金融工具的理解和运用能力。而且通过对证券交易行为构成、证券规则分析和证券交易品种的掌握以提高学习者的分析能力，帮助投资者正确掌握交易流程。

本部分内容主要向大家介绍证券交易的基本流程以及投资收益，介绍过程中以同花顺模拟投资软件作为主要资料来源。

# 任务四　建立证券经纪关系

【知识目标】

学习掌握如何选择证券公司；

掌握在上海证券交易所和深圳证券交易所开设个人投资或机构投资的证券账户、资金账户相关内容；

掌握证券开户的相关内容；

掌握证券经纪关系建立的基本内容。

【能力目标】

掌握开立证券账户、资金账户、证券经纪业务的相关技能；

能够熟练进行证券开户。

【情境引入】

通过前期学习，小张终于弄明白了什么是股票，什么是基金等证券品种。接下来，小张准备正式加入证券投资大军，开启自己的投资生涯……

工作人员：您好，XX证券公司，请问有什么我能帮助您的？

小张：您好，我想开个户，我应该准备些什么材料？

工作人员：您带上你本人的有效身份证件在我们的营业时间上午9：30—11：30和下午13：00—15：00到我公司营业网点办理开户就行。

小张：好的，谢谢。

证券经纪业务是指证券公司通过其设立的证券营业部，接受客户委托，按照客户要求，代理客户买卖证券的业务。一般投资者不能直接进入证券交易所进行交易，故此只能通过特许的证券经纪商作中介来促成交易的完成。投资者需要与证券公司建立证券经纪关系，且完成一系列开户流程才可进行证券交易。那具体的开户流程是什么？证券经纪商和客户的权利和义务分别是什么？证券经纪关系该如何建立？

# 活动一　股票开户

## 【知识准备】

### 知识点1：开户的基本内容

开户有两个方面，即开立证券账户和开立资金账户。

证券账户是指证券登记结算机构为投资者设立的，用于准确记载投资者所持的证券种类、名称、数量及相应权益和变动情况的账册，是认定股东身份的重要凭证，具有证明股东身份的法律效力，同时也是投资者进行证券交易的先决条件。

资金账户即证券交易结算资金账户，是指投资者用于证券交易资金清算的专用账户。投资者只要在证券商或经纪人处开设了资金账户并存入了证券交易所需的资金，就具备了办理证券交易委托的条件。

开户流程是投资者开户必须遵守的流程，在证券公司的营业部柜台办理，柜台营业员会帮助办理相关事宜。投资者进行证券投资过程中，首先需要进行开户。开户的流程图4-1所示。

### 知识点2：选择证券公司

刚入市的投资者，炒股的第一步就是选择一个好的证券公司开户。投资者选择证券公司要考虑以下几个方面：

一是资本雄厚，信誉可靠。投资者本身不能进入证券交易所从事股票买卖，也不能全面了解有关股票交易的相关规则，他们所进行的交易都是通过证券公司。因此，选择一个资本雄厚、信誉度高的证券公司尤为重要。好的证券公司能很好地为客户服务，保证其资产安全。

二是规定合理、优惠的佣金。投资者在选定证券公司时一定要关注其服务体系是否完善、业务种类是否多样化、交易速度是否快速稳定、收费水平是否合理。目前大多证券公司提供的产品种类和服务大同小异，此时重点关注的是佣金和网上交易系统。佣金的范围在5元至成交额之千分之三。佣金比例越低越能节约成本。

三是证券经纪人资质。证券经纪人的良好资质能给予投资者很大的帮助。高素质、高水平、多经验的证券经纪人可以为投资者提供一些咨询服务，新股民可从中吸收市场经验，选择性地听取一些建议。目前，证券公司鱼龙混杂，大多证券经纪人知识和经验不够，投资者在选择时要谨慎，同时在选择证券公司的也要看经纪人的服务态度。

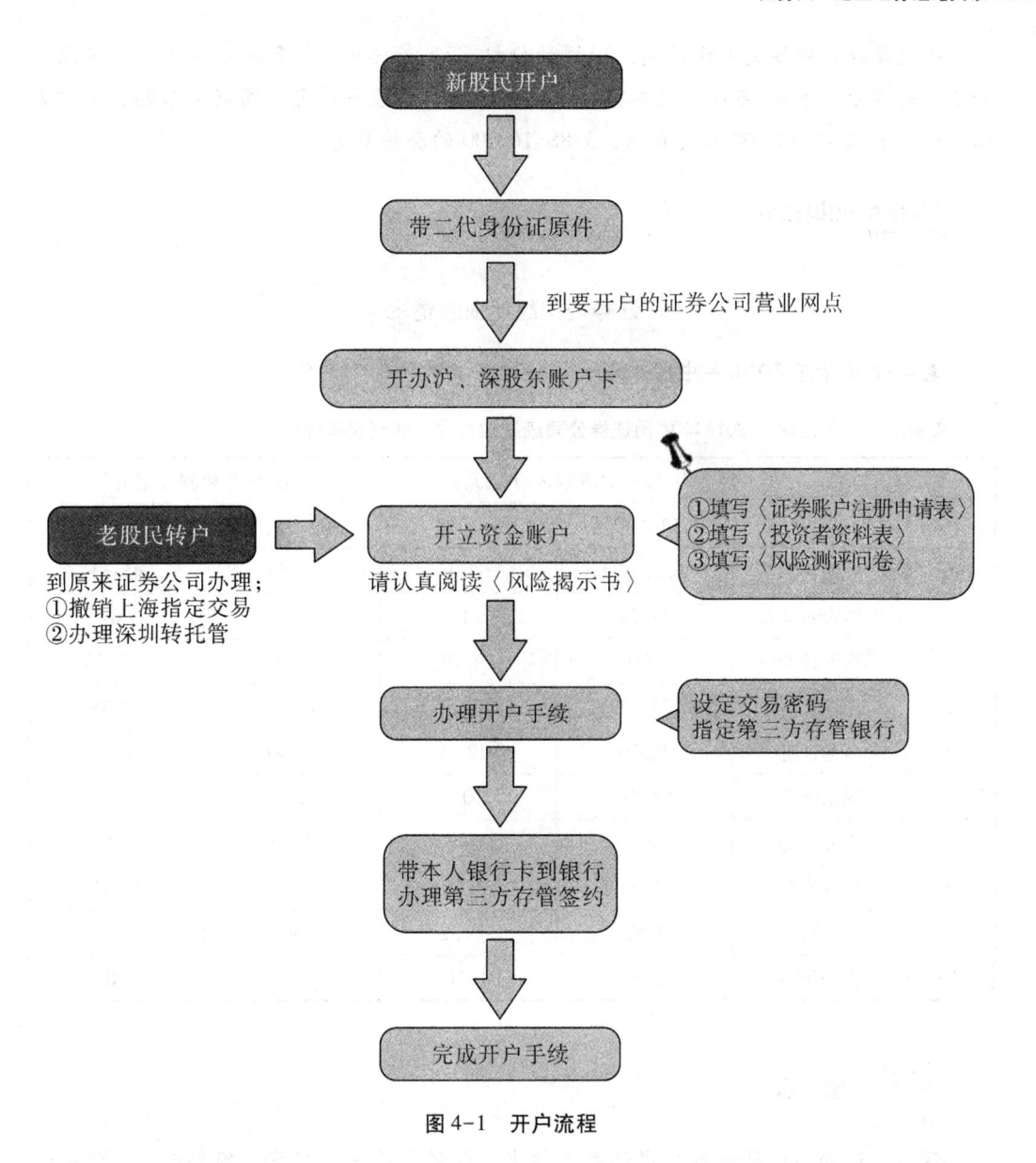

```
                    ┌─────────────┐
                    │  新股民开户  │
                    └──────┬──────┘
                           ↓
                    ┌─────────────┐
                    │ 带二代身份证原件│
                    └──────┬──────┘
                           ↓   到要开户的证券公司营业网点
                    ┌─────────────┐
                    │开办沪、深股东账户卡│
                    └──────┬──────┘
                           ↓
  ┌─────────┐        ┌─────────────┐        ①填写〈证券账户注册申请表〉
  │ 老股民转户│ ───→  │  开立资金账户 │ ←──── ②填写〈投资者资料表〉
  └─────────┘        │请认真阅读〈风险揭示书〉│    ③填写〈风险测评问卷〉
 到原来证券公司办理；    └──────┬──────┘
 ①撤销上海指定交易           ↓
 ②办理深圳转托管       ┌─────────────┐       设定交易密码
                    │  办理开户手续 │ ←──── 指定第三方存管银行
                    └──────┬──────┘
                           ↓
                    ┌─────────────┐
                    │带本人银行卡到银行│
                    │办理第三方存管签约│
                    └──────┬──────┘
                           ↓
                    ┌─────────────┐
                    │ 完成开户手续  │
                    └─────────────┘
```

图4-1 开户流程

## 知识拓展

### 证券公司的佣金

某股民有100万元本金，每天进出一次，就产生200万元交易量。作为短线高手，他每月这样操作10次是很平常的。这样下来，每个月就产生交易量2 000万元，一年就是24 000万元。

如果佣金是成交额的千分之三，那么一年的交易佣金高达72万元。

如果佣金成交额的是千分之一，一年的佣金仅仅24万元。

也就是说，同样是 100 万元，同样的价格买卖，一年之内千分之一的佣金要比千分之三的佣金省下 48 万元。且券商会依据客户所需的服务设定不同佣金套餐，如广发证券有佣金 2.88/10 000 的套餐 A，3.88/10 000 的套餐 B 等。

### 知识拓展

#### 证券公司经纪业务情况

表 4-1 显示了 2014 年中国证券公司经纪业务收入和利润排行榜。

表 4-1　　　　2014 年中国证券公司经纪业务收入和利润排行榜

| 排名 | 券商 | 经纪业务收入（亿元） 2014 年中报 | 同比（%） | 经纪业务利润（亿元） 2014 年中报 | 同比（%） |
|---|---|---|---|---|---|
| 1 | 中信证券 | 38.26 | 63.3 | 15.59 | 45.51 |
| 2 | 中国银河证券 | 28.24 | 0 | 0 | 0 |
| 3 | 华泰证券 | 27.1 | 79.19 | 15.98 | 132.35 |
| 4 | 招商证券 | 23.13 | 23.57 | 12.27 | 33.78 |
| 5 | 海通证券 | 20.36 | -12.39 | 10.04 | -29.57 |
| 6 | 国信证券 | 18.44 | 0 | 9.99 | 0 |
| 7 | 广发证券 | 16.2 | 1.49 | 7.79 | 1.46 |
| 8 | 长江证券 | 11.36 | 21.78 | 6.62 | 30.71 |
| 9 | 光大证券 | 8.87 | -6.22 | 0 | 0 |
| 10 | 方正证券 | 7.24 | 1.71 | 3.93 | 1.08 |

### 想一想

通过上述介绍选择证券公司的基本要求，如果您是一个客户，想要开户，该如何选择？具体的步骤是什么？如果您是某证券公司客户经理，您又如何说服客户到您公司开户呢？

## 知识点 2：开立证券账户

证券账户按第一开户网类别分为上海证券账户和深圳证券账户。

上海证券账户和深圳证券账户按证券账户的用户分为人民币普通股票账户（A 股账户）、人民币特种股票账户（B 股账户）、证券投资基金账户（基金账户）及其他账户。A 股账户仅限于国家法律法规和行政规章允许买卖 A 股的境内投资者开立。A 股账户按持有人分为：自然人证券账户、一般机构证券账户、证券公司和基金管理公司等机构证券账户。B股账户按持有人分为：境内个人投资者证券账户、境外投资者证券。开立证券账户流程如图4-2所示。

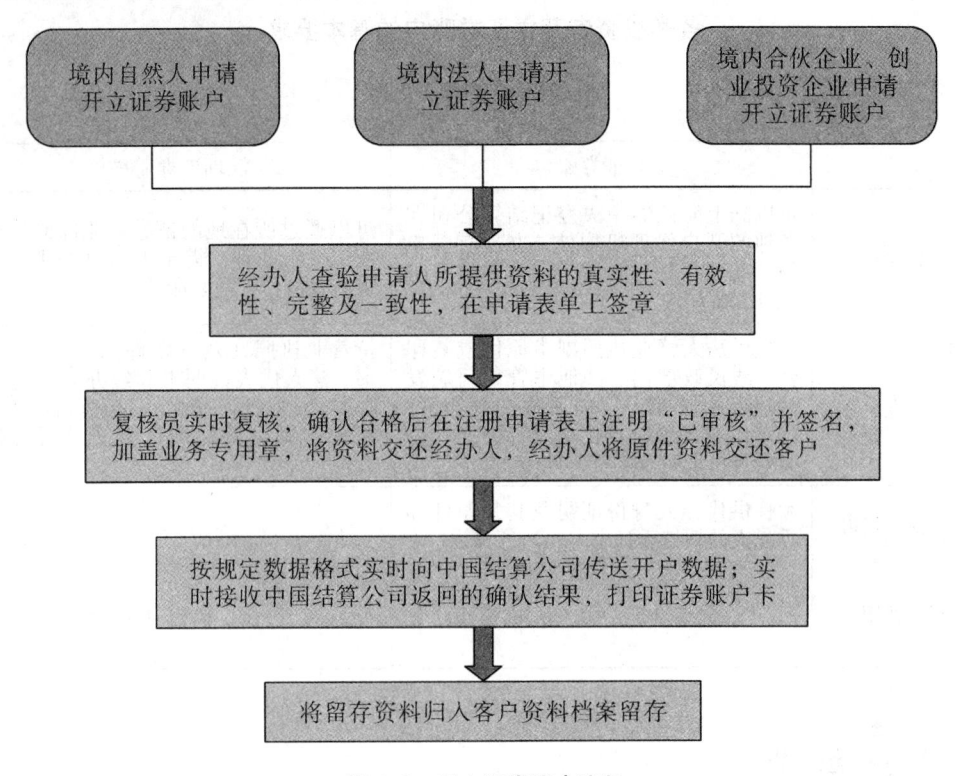

```
┌─────────────┐  ┌─────────────┐  ┌─────────────────┐
│ 境内自然人申请│  │ 境内法人申请开│  │ 境内合伙企业、创 │
│ 开立证券账户 │  │ 立证券账户  │  │ 业投资企业申请  │
│             │  │             │  │ 开立证券账户   │
└──────┬──────┘  └──────┬──────┘  └────────┬────────┘
       │                │                    │
       └────────────────┼────────────────────┘
                        ▼
┌─────────────────────────────────────────────────┐
│ 经办人查验申请人所提供资料的真实性、有效        │
│ 性、完整及一致性，在申请表单上签章              │
└─────────────────────┬───────────────────────────┘
                      ▼
┌─────────────────────────────────────────────────┐
│ 复核员实时复核，确认合格后在注册申请表上注明"已审核"并签名，│
│ 加盖业务专用章，将资料交还经办人，经办人将原件资料交还客户 │
└─────────────────────┬───────────────────────────┘
                      ▼
┌─────────────────────────────────────────────────┐
│ 按规定数据格式实时向中国结算公司传送开户数据；实 │
│ 时接收中国结算公司返回的确认结果，打印证券账户卡 │
└─────────────────────┬───────────────────────────┘
                      ▼
┌─────────────────────────────────────────────────┐
│        将留存资料归入客户资料档案留存           │
└─────────────────────────────────────────────────┘
```

**图4-2 开立证券账户流程**

投资者入市，需要先开立证券账户，分别为上海证券账户和深圳证券账户。证券账户又叫股东账户，股东卡。它相当于一个股票存折，一旦开立，就可以在证券交易所里拥有一个证券账户，通过交易所对投资者的证券交易进行准确高效的记载、清算和交割。如果投资者要同时买卖在上海、深圳两个证券交易所上市的股票，就需分别开设上海证券交易所证券账户和深圳证券交易所证券账户。开设上海、深圳证券账户必须到各地证券登记公司或被授权开户代理处办理。例如，北京证券登记有限公司是北京地区投资者办理上海、深圳证券账户开户业务的唯一一家法定机构，同时北京证券登记有限公司还在赛格证券北证、国信证券北证等开设代理处办理证券账户的开户业务。具体步骤如下：

步骤一，到营业柜台办理时，如实填写《自然人证券账户注册申请表》（见附录A）或《机构证券账户注册申请表》的"申请人填写"栏。

步骤二，交纳费用。

步骤三，待开户柜员输入资料，合法开户信息返回后，打印，领回证券账户卡。深、沪股东代码卡都是10位，深圳A股以0开头，上海A股以A开头，深圳B股以2开头，上海B股以C开头。

### 知识拓展

**各类投资者开立证券账户的基本要求**

表 4-2 开立证券账户相关内容

|  | 上海证券账户 | 深圳证券账户 |
|---|---|---|
| 投资者 | 可以到上海证券中央登记结算公司在各地的开户代理机构处,办理有关申请开立证券账户手续,带齐有效身份证件和复印件 | 可以通过所在地的证券营业部或证券登记机构办理,需本人亲自办理,携带有效身份证及复印件 |
| 法人 | 需提供法人营业执照副本原件或复印件,或民政部门、其他主管部门颁发的法人注册登记证书原件和复印件;法定代表人授权委托书以及经办人的有效身份证明及其复印件 | 持营业执照(及复印件)、法人委托书、法人代表证明书和经办人身份证办理。证券投资基金、保险公司:开设账户卡则需到深圳证券交易所直接办理 |
| 委托他人代办 | 须提供代办人身份证明及其复印件和委托人的授权委托书 |  |
| 开户费用 | 个人纸卡 40 元,个人磁卡本地 40 元/个,异地 70 元/账户;机构 400 元/个 | 个人 50 元/个;机构 500 元/个。 |

### 想一想

依据自然人证券账户注册申请表的训练了解开立证券账户的基本要求;如果申请人是机构,又有什么不同呢?

## 知识点 3:开立资金账户

开立了证券账户后,投资者就具有了进行证券投资的资格,但是投资者不能直接与交易所联系进行交易,因为只有交易所的会员才能在交易所里进行交易,因此投资者还必须选择一家具有交易所会员资格的、可以从事证券经营业务的证券营业部作为自己证券交易的经纪商,并在证券营业部开立资金账户,由证券营业部代理个人到交易所内进行交易,并办理清算、交割、过户等手续。

资金账户是投资者在证券交易机构(证券公司)开立的,用于结算股市交易的现金账户,可以在银行和证券公司之间进行资金流转。投资者只有通过资金账户才可以从事股票交易。开立资金账户步骤如下:

步骤一,将深、沪证券账户卡原件、身份证原件及签署的《证券买卖委托合同》和《资金账户开户申请表》(见附录 B)等资料交柜台审核。

步骤二，柜员将资料输入，客户自行输入交易密码及取款密码，成功注册为某证券交易客户；身份证、证券账户卡复印留底。

步骤三，获得某证券客户号或资金账号。

## 知识点 4：开立第三方银行转账

第三方转账是指按照《证券法》的有关规定，由商业银行作为独立第三方，为证券公司客户建立客户交易结算资金明细账，通过银证转账实行客户交易结算资金的定向划转，对客户交易结算资金进行监管并对客户交易结算资金总额与明细账进行账务核对，以监控客户交易结算资金的安全。投资者开立证券账户和资金账户后，通过银证转账功能实现资金的划转，以此可进行证券的买卖（如图4-3所示）。

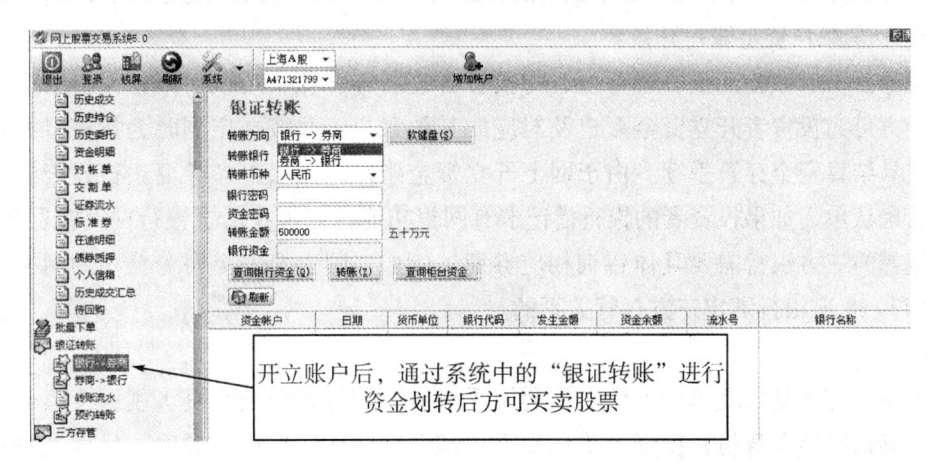

图 4-3　银证转账系统

客户在证券公司预指定第三方存管银行后，必须及时去银行办理指定，否则无法转账。客户填写完第三方存管协议，见证人或经办人审核后，证券公司留存一份经客户签字的券商联，另两份由客户带去银行办理手续。客户当天有资金业务发生（包括柜台资金存取、普通银证转账），不可进行预指定；开户时，如录入重要信息（客户全名、证件号码）有误，则客户在银行端将无法指定。每家证券有合作的银行。

## 知识点 5：网上开户

网上开户，是指投资者凭有效的数字证书登录证券公司网上开户系统、签署开户相关协议后，证券公司按规定程序为投资者办理开户。这属于一种投资者自主、自助开户的开户形式。在开户过程中，投资者全程不需要与券商工作人员现场见面交流，利用视频完成整个开户操作流程，且可以开设沪、深两市股东账户。网上开户是一种创新业务，互联网金融时代的来临促使金融机构创新。这种网上开户方式突破了时间地域限制，将来可以实现7×24小时开户。

网上开户包括身份认证、安装数字证书、账户开设、风险测评、回访、投资者教育等步骤。

1. 身份认证

身份认证包括但不限于以下几个方面：本人身份证号码、姓名、证件签发日期、证件地址等信息；本人第二代居民身份证的正、反面图片，只允许实物扫描件或照片；拍摄投资者本人头部正面照；本人移动电话号码，并进行动态密码验证。

2. 安装数字证书

经过身份认证之后，下载安装中国登记结算公司或者开户代理机构（即券商）的数字证书，并用其数字证书对投资者的风险承受能力进行评估、阅读开户协议与电子签名约定书等开户相关合同和协议进行电子签名。数字证书下载后只能在本机上使用，投资者如果要更换其他计算机使用数字证书的，必须重新办理身份识别和数字证书申请手续。

3. 股东账户资金账户开设

证券公司应在验证投资者身份、与投资者签署开户相关协议、审核投资者资料合格后，方可为投资者开立资金账户及对应的其他账户，并按规定同时为投资者办理投资者交易结算资金存管手续。由于网上开立资金账户，无法打印券商银行投资者的三方存管确认单，如果投资者的银行借记卡有网银功能，方可在所选银行网上银行确认。可以选择的三方银行需要具体咨询相应券商。例如，国泰君安上海分公司的网上开户是可以和18家银行绑定三方存管关系的。

4. 回访

回访的方式是代理机构工作人员利用手机或电脑等设备与投资者视频交流，回访目的：确认投资者身份；投资者委托他人代理开户的，应向投资者确认代理人身份及代理权限；确认投资者已阅读各类风险揭示文件并理解相关条款；确认投资者开户为其真实意愿；提醒投资者自行设置和妥善保管密码；确认投资者开户方式。

5. 投资者教育

投资者开户成功后，开户网站应当引导投资者进入公司投资者教育专栏，对投资者进行教育，让投资者为即将进行的投资行为做好准备。

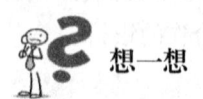

**想一想**

上述开户流程中需要对投资者进行风险测评，请问风险测评包括哪些内容？如果对客户进行评估呢，有哪些内容？

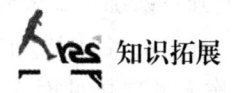

**知识拓展**

**债券开户**

债券经上网发行后，可安排在深、沪证券交易所上市交易。债券投资者要进入证券交易所参与债券交易，首先必须选择一家可靠的证券公司，并在该公司办理开户手续。

1. 订立开户合同

开户合同应包括：委托人的真实姓名、住址、年龄、职业、身份证号码等；委托人与证券公司之间的权利和义务，并同时认可证券交易所营业细则和相关规定以及经纪商公会的规章作为开户合同的有效组成部分；确立开户合同的有效期限，以及延长合同期限的条件和程序。

2. 开立账户

投资者与证券公司订立开户合同后，就可以开立账户，为自己从事债券交易做准备开立资金账户和证券账户的流程与股票账户流程一样。通常开通了股票账户即可进行债券交易。

【技能训练】

实训目的：掌握网上开户流程。

实训要求：个人注册并完成网上开户流程。

实训场地：多媒体教室。

实训步骤：

步骤一，以2~3人单位熟悉开户流程的内容和要求；

步骤二，根据该部分的操作流程对实训内容进行实操；

步骤三，学生之间互相讨论且互换角色进行操作；

步骤四，教师点评。

实训内容：

完成股票开户操作。

## 活动二 基金开户

【知识准备】

基金开户不同于股票和债券，他有多渠道开户方式。客户可选择证券公司、基金公司或是平台网站进行开户以及基金的申购、认购与赎回。

### 知识点1：网上自助开户

某证券公司基金账户客户网上交易自助开户具体操作如下：

（1）登录某证券客户网上交易系统。找到左下"开放式基金"模块（如图4-4所示）。

（2）进入"开放式基金"模块，单击"基金开户"菜单。

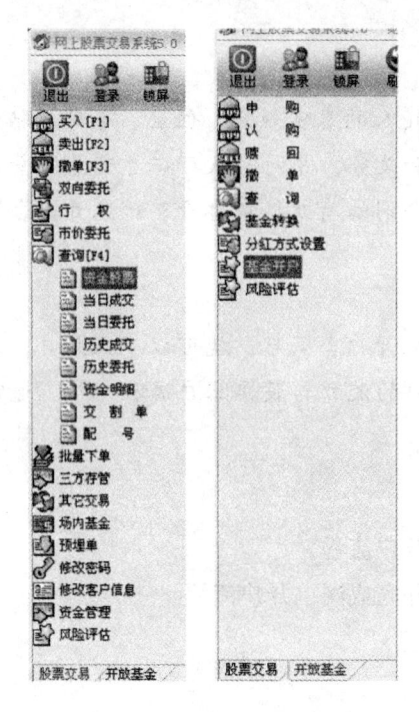

图 4-4　基金开户菜单

（3）单击"未开户公司"，在"某基金"前打钩，点击"开户"，如图 4-5 所示。

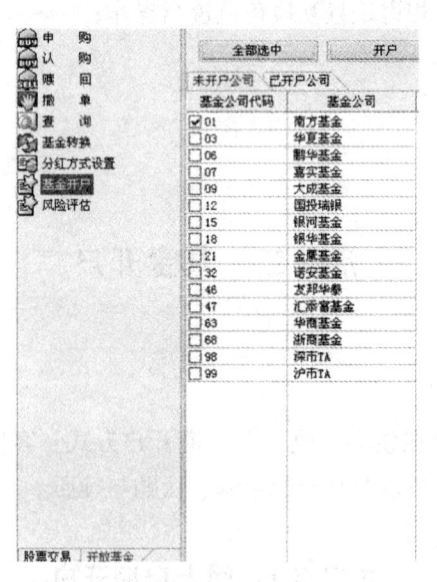

图 4-5　基金开户菜单

（4）弹出"某证券开放式基金网上交易委托服务协议"窗口，认真阅读后在"已阅读网上交易用户协议"前打钩，并点"同意"，如图 4-6 所示。

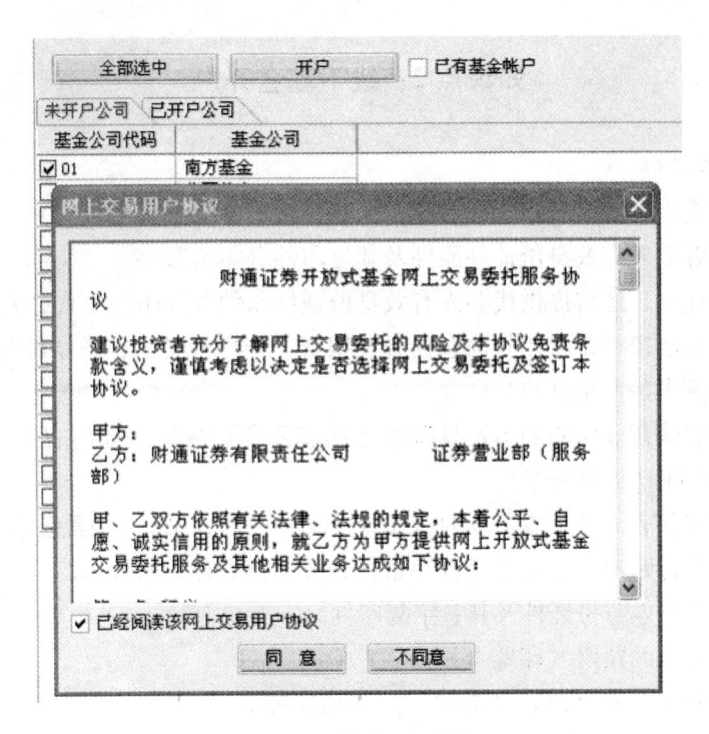

图 4-6　基金委托协议

（5）对话框弹出基金开户结果，请确认开户成功后认购基金，如图 4-7 所示。

图 4-7　基金开户结果

温馨提示：网上自助开基金账户的前提是该资金账户已经开通了一家开放式基金账户，基金开户时间为交易时间。

## 知识点2：线下基金开户

（一）准备材料

1. 个人投资者的基金开户

（1）投资者个人有效身份证件原件及其复印件（本人签字）。

（2）如为代办，还需提供代办人有效身份证件原件及复印件（代办人签字）。

（3）本人指定银行账户账号信息（开户银行、开户行名称、账号）及银行卡。

2. 机构投资者的基金开户

（1）企业有效营业执照副本及复印件（加盖公章）或民政部门有效注册登记证书原件及其复印原件（加盖公章）。

（2）经法定代表人签字或盖章的《基金业务授权委托书》（加盖公章）。

（3）指定银行账户账号信息（开户银行、开户行名称、账号）。

（4）经办人有效身份证件及其签字复印件。

（5）填制完毕的预留《印鉴卡》一式三份。

（6）填妥的《开户申请表（机构）》并加盖公章。

（二）填写及阅读材料

个人投资者填写的基金开户申请表、个人身份信息、同名银行卡信息等；阅读投资者权益须知，包含基金基础知识、基金与其他证券的区别、基金费用、投资者权利和风险及业务流程等。

（三）客户风险承受能力测评

投资有风险，不同风险偏好和承受能力的客户，应选择不同的投资产品或投资组合。通过风险承受能力测评帮助客户更好地了解自己的风险偏好和风险承受能力。（附录C是一份客户风险承受能力问卷）

### 知识拓展

**基金网站**

客户如果没有开证券账户，但又想做基金交易，他们可选择另一个渠道基金网站进行开户交易。首先登陆某基金网站首页，从首页找到网上交易并进入，找直销客户（或代销客户）开户即可。基金公司开户方式有一定的局限性，其交易只有该基金公司管理的基金。对客户而言，可选择合适的第三方平台进行交易。

天天基金网作为国内访问量最大、用户影响力最大的基金网站一直致力于为广大的基民服务，致力向投资者提供权威、专业、及时、全面的理财服务，该基金网站涵盖基金交易、资讯、行业动态、数据、评级、分析等内容。

2016年上半年，天天基金网日均页面浏览量为625.52万，其中，交易日日均页面浏览量为 832.49 万，非交易日日均页面浏览量为 224.93 万；日均独立访问用户数为 76.19 万人，其中，交易日日均独立访问用户数为 94.06 万，非交易日日均独立访问用户数为 41.62 万。

### 案例分享

#### "私募基金"的大忽悠

投资者张某在家接到电话，对方称自己是国内知名私募基金公司，拥有大量的内幕信息，具有超强的资金实力，能为其提供证券投资咨询服务。于是张某经上网浏览了该公司网站，看见网站上公布了大量股票研究报告和行情分析，觉得该公司非常专业，便同意接受该公司的咨询服务并缴纳了 8 000 元服务费。事实上该公司只是个皮包公司，并不具有投资咨询资质，而张某缴纳的服务费也打了水漂。

（资料来源：中州期货官网）

### 想一想

上述各类基金开户方式的优缺点有哪些？如果您作为客户，您会选择哪种方式呢？理由是什么？

【技能训练】

实训目的：掌握基金开户的基本要求和流程。
实训场地：多媒体教室。
实训要求：以 2~3 人为单位根据具体的实训内容完成基金开户。
实训步骤：
步骤一，以 2~3 人为单位分发实训具体内容和要求；
步骤二，根据该部分的操作流程对实训内容进行实操；
步骤三，学生之间相互讨论与点评；
步骤四，教师进行点评。
实训内容：
完成基金各类方式的开户。

# 活动三 证券经纪业务概述

## 【知识准备】

### 知识点1：证券经纪业务

证券经纪业务又称为大力买卖证券业务，是一种代理买卖有价证券的行为。他的具体含义是客户通过选择证券公司，依靠证券公司在证券交易所的席位，委托证券公司按照自身的要求帮助其买卖证券的业务。证券经纪业务属于一种中介服务，证券公司在受托期间不得向客户垫付资金，也不得赚取客户买卖证券的差价，不承担客户的价格风险，只收取一定比例的佣金作为业务收入。在证券经纪业务中，包含的要素有：委托人、证券经纪商、证券交易所和证券交易对象。

证券经纪商，是指接受客户委托、代客买卖证券并以此收取佣金的中间人。证券经纪商以代理人的身份从事证券交易，与客户是委托代理关系。证券经纪商必须遵照客户发出的委托指令进行证券买卖，并尽可能以最有利的价格使委托指令得以执行；但证券经纪商并不承担交易中的价格风险。证券经纪商向客户提供服务以收取佣金作为报酬。

### 案例分享

#### 客户的疑问

A客户2018年5月22日找到某券商营业部，声称营业部盗用其账户进行权证交易，导致其在不知情的情况下损失资金50万元，要求营业部全额赔偿损失。协商未果，客户向司法部门提出诉讼。经查，情况如下：

A某与营业部签订了权证交易风险揭示书，书面签署日期为2018年5月21日，而营业部柜面系统中客户开通权证交易权限日期为同年5月19日。A某在营业部办理清密码业务的单证日期为2018年5月21日，而系统中A某办理清密码业务时间为2018年5月19日。

A某称：本人是在5月21日申请办理上述两项业务的，5月19日，营业部私自为其开通权证交易权限，并办理清密码业务，导致账户被人盗用，资金损失50万元。要求营业部赔偿其5月19日至5月21日之间的权证业务损失。

事实可能是客户5月19日办理业务时无意或恶意写错了日期。但因系统办理日期先于书面协议日期，营业部又无法举证客户过错，所以营业部负有直接责任。

（资料来源：豆丁网）

## 知识拓展

### 证券经纪商的作用

在证券代理买卖业务中,证券公司作为证券经纪商,发挥着重要作用。由于证券交易方式的特殊性、交易规则的严密性和操作程序的复杂性,决定了广大投资者不能直接进入证券交易所买卖证券,而只能由经过批准并具备一定条件的证券经纪商进入交易所进行交易,投资者则需委托证券经纪商代理买卖来完成交易过程。因此,证券经纪商是证券市场的中坚力量,其作用主要表现在:

第一,充当证券买卖的媒介。证券经纪商充当证券买方和卖方的经纪人,发挥着沟通买卖双方并按一定要求迅速、准确地执行指令和代办手续的媒介作用,提高了证券市场的流动性和效率。

第二,提供信息服务。证券经纪商一旦和客户建立了买卖委托关系,客户往往希望证券经纪商提供及时、准确的信息服务。这些信息服务包括:上市公司的详细资料、公司和行业的研究报告、经济前景的预测分析和展望研究、有关股票市场变动态势的商情报告等。

例4-1:
(判断题)证券经纪商与客户之间的关系是买卖关系。

例4-2:
在证券经纪业务中,证券经营机构的收入来自( )。
　A. 收取佣金　　　　　　　　B. 赚取差价
　C. 收取的咨询费用　　　　　D. 证券发行费用

例4-3:
下列选项中,不是证券经纪商应发挥的作用是( )。
　A. 充当证券买卖的媒介　　　B. 提高证券市场效率
　C. 提供信息服务　　　　　　D. 防止股价波动

答案:错、A、D

## 知识点2:证券经纪关系建立流程

证券经纪商与投资者签订证券买卖代理协议,同时为投资者开立证券交易结算资金账户,经过这两个环节才能建立经纪关系。证券经纪关系的建立包括讲解业务规则、协议内容,揭示风险,签署《风险揭示书》;签订《证券交易委托代理协议书》和《客户交易结算资金第三方存管协议》;开立资金账户与建立第三方存管关系(见图4-8)。

```
投资者开立证券账户
    ↓
讲解业务规则、协议内容和揭示风险，签署《风险揭示书》
    ↓
签订《证券交易委托代理协议书》和《客户交易结算资金第三方存管协议》
    ↓
开立资金账户与建立第三方存管关系
```

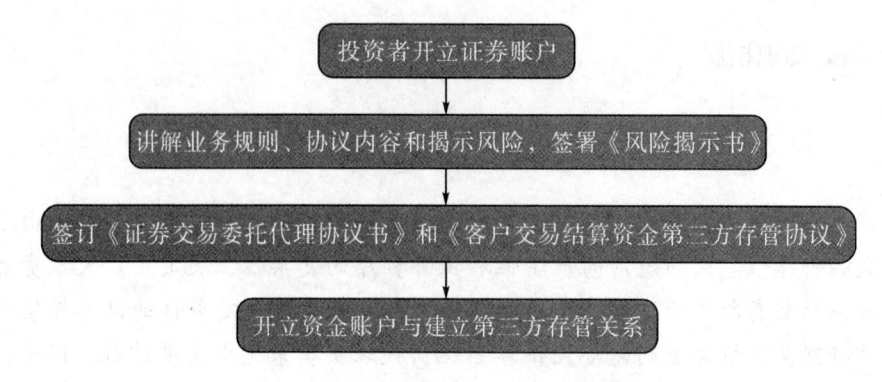

图 4-8  证券经纪关系建立的流程

1. 签署《风险揭示书》和《客户须知》

讲解业务规则、协议内容和揭示风险，签署《风险揭示书》和《客户须知》，这一环节是对投资者的一种教育。证券公司工作人员事先向客户讲解证券投资的相关规章制度和协议内容，告知其在投资过程中会获取较高收益的同时也会存在较大的投资风险。《风险揭示书》告知客户从事证券投资风险的种类：宏观经济风险、政策风险、上市公司经营风险、技术风险、不可抗力因素导致的风险及其他风险等。《客户须知》让投资者了解股市的风险、合法的证券公司及证券营业部、投资品种与委托买卖方式的选择、客户与代理人的关系、个人证券账户与资金账户实名制、严禁全权委托、公司客户投诉电话等事项。

**想一想**

证券交易风险揭示书应该包括哪些内容？

2. 签订《证券交易委托代理协议书》和《客户交易结算资金第三方存管协议》

（1）《证券交易委托代理协议书》。

《证券交易委托代理协议书》是客户与证券经纪商之间在委托买卖过程中有关权利、义务、业务规则和责任的基本约定，也是保障客户与证券经纪商双方权益的基本法律文书。它包括的内容有双方声明及承诺、协议标的、资金账户、交易代理、网上委托、变更和撤销、甲方授权代理人委托、甲乙双方的责任及免赔条款、争议的解决、机构客户、附则。

（2）《客户交易结算资金第三方存管协议》。

我国《证券法》规定："证券客户的交易结算资金应当存放在商业银行，以每个客户的名义单独设立账户。"根据此规定，证券公司已全面实施"客户交易结算资金第三方存管"。

客户开立资金账户时，还需要在证券公司的合作存管银行中指定一家作为其交易结算资金的存管银行，并与其指定的存管银行、证券公司三方共同签署《客户交易结算资金第三方存管协议》。证券公司客户包含"管理账户"和"客户交易结算资金汇总账户"两个账户。

3. 开立资金账户与建立第三方存管关系

资金账户是指客户在证券公司开立的专门用于证券交易结算的账户，即《客户交易结算资金第三方存管协议书》所指的"客户证券资金台账"。证券公司通过该账户对客户的证券买卖交易、证券交易资金支取进行前端控制，对客户证券交易结算资金进行清算交收和计付利息等。资金账户包含投资者现有的股票名称、数量、剩余资金、历史交易、当日委托、银行与证券公司间的资金转账等项目。开立资金账户遵守实名制。

### 案例分享

**多途径招收会员，推荐股票骗取钱财**

李某在浏览网页时，看到一个财经类博客，该博客发布了"重大借壳机会，潜在暴力黑马"等40多篇股评、荐股文章。在对这些文章的评论中，有一些匿名的，如回复"绝对高手""好厉害，我佩服死了""继续跟你做"等。李某通过博客中提供的QQ号码与博主取得了联系，缴纳3 600元咨询年费后成为会员，但换来的却是几只连续下跌的股票，李某追悔莫及。

案例剖析：不法分子通常在网络上采取"撒网钓鱼"的方法，通过群发帖子及选择性荐股树立起网络荐股"专家"的形象。这些所谓的"专业公司"都是无证券经营资质的假"公司"，所谓的"专家"并不具备更高超的证券投资知识和技巧。投资者接受证券期货投资咨询和理财服务应当委托经中国证监会批准的具有证券经营业务资格的合法机构进行。合法证券经营机构名录可通过中国证监会网站（www.csrc.gov.cn）、中国证券业协会网站（www.sac.net.cn）、中国证券投资者保护基金公司网站（www.sipf.com.cn）查询。

（资料来源：搜狐财经）

## 知识点3：证券托管与存管

证券托管是投资者将持有的证券委托给证券公司保管，并由后者代为处理有关证券权益事务的行为。

证券存管是证券公司将投资者交给其持有的证券统一送交给中央证券存管机构保管，并由后者代为处理有关证券权益事务的行为。

我国上海证券交易所和深圳交易所的托管制度不一样。

1. 上海证券交易所托管制度

该交易证券所的托管制度是和指定交易相联系的。指定交易是指投资者与某一证券营业部签订协议后，指定该机构为自己买卖证券的唯一交易点。未办理指定交易的投资者的证券暂由中国结算上海分公司托管,其红利、股息、债息、债券兑付款应在办理指定交易后领取。投资者必须在某一证券营业部办理证券账户的指定交易后,才可进行证券买卖或查询。投资者转换证券营业部买卖证券时,必须在原证券营业部申请办理撤销指定交易,然后再到转换的新证券营业部办理指定交易手续。投资者应当与指定交易的会员签指定交易协议,明确双方的权利、义务和责任。

2. 深圳证券交易所托管制度

拟持有和买卖深圳证券交易所上市证券的投资者,在选定的证券经营机构买入证券成功后,便与该证券经营机构的托管关系即建立。这一制度可概括为:自动托管,随处通买,哪买哪卖,转托不限。深圳证券市场的投资者持有的证券需在自己选定的证券营业部托管,由证券营业部管理其名下明细证券资料,投资者的证券托管是自动实现的;投资者在任一证券营业部买入证券,这些证券就自动托管在该证券营业部;投资者可以利用同一证券账户在国内任一证券营业部买入证券;投资者要卖出证券必须到证券托管营业部进行交易(在哪里买入就在哪里卖出);投资者也可以将其托管证券从一个证券营业部转移到另一个证券营业部托管,此操作称为"证券转托管"。转托管可以是一只证券或多只证券,也可以是一只证券的部分或全部。

### 案例分享

**投资者应注意防范证券经纪业务中的风险**

投资者钱某在某证券公司开立证券账户和资金账户,并从其银行储蓄账户转出资金120万元到其资金账户,准备进行证券买卖交易。当日,证券公司营业部人员找到钱某,协商与其另行签订借款合同,借款120万元,期限一年,2003年6月10日至2004年6月10日,约定年利息10%。在利益的驱使下,钱某同意,双方签订借款合同,证券公司在借款合同签订后当日即通过柜台向钱某预先支付借款利息6万元。随后,钱某将账户的资金密码、证券交易密码全部交给了证券公司,证券公司修改了密码后,则将钱某账户资金进行证券回购业务。后该证券公司因违规经营形成巨大客户证券交易结算资金缺口,被监管部门关闭清算,而此时钱某账户内已无资金,券商也无力偿还。

(资料来源:豆丁网)

## 知识点4:债券跨市场转托管

转托管是指可跨市场交易的投资者将其持有的可跨市场上市交易的债券在全国银行间债券市场、交易所市场、记账式国债柜台市场之间进行的债券托管转移。目前我国跨市场转托管仅限部分国债。

1. 转托管条件

办理国债跨市场转托管的申请人，应具备以下条件：

（1）具有所转入交易场所交易国债的资格；

（2）在申请转托管前应在拟转入交易场所的托管机构开有债券或证券账户，且与其在转出交易场所托管机构的债券或证券账户的户名完全一致；

（3）投资人申请转托管的国债应是转入方交易场所上市交易的国债。

2. 转托管时间

银行间市场可在工作日内的任何时间（8：30—16：30）实时办理转出、转入业务，但交易所市场必须在该日闭市以后（15：00）才能进行清算，也就是说，交易所必须在15：00前完成转入或转出指令的录入，才能保证客户在次一个工作日可以使用转入或转出的债券。

3. 转托管流程

（1）银行间市场转托管到交易所市场

中央结算公司设置甲、乙、丙三种债券一级托管账户。托管部负责为投资人办理开户手续。

甲类托管账户：只有具备资格办理债券结算代理业务的结算代理人或办理债券柜台交易业务的商业银行法人机构方可开立甲类账户。甲类账户持有人与中央债券综合业务系统联网后通过该系统直接办理债券结算自营业务和债券结算代理业务。

乙类托管账户：不具备债券结算代理业务或不具备债券柜台业务资格的金融机构以及金融机构的分支机构可开立乙类账户。乙类账户持有人与中央债券综合业务系统联网后可以通过该系统直接办理其债券结算自营业务。

丙类托管账户：满足乙类托管账户所列条件的机构亦可开立丙类账户。丙类账户持有人（以下称委托人）以委托的方式通过结算代理人在中央结算公司办理其自营债券的相关业务，不需与中央债券综合业务系统联网。

甲类或乙类成员办理跨市场转托管时，应于14：00前通过簿记系统发送转托管指令；丙类成员填写申请书交给结算代理人，后者代发转托管指令。转入交易场所登记公司确认收到转托管指令，于交易场所闭市后，根据簿记系统终端输出的"转托管记账通知单"，增记申请人在交易所登记公司的二级债券账户（证券账户）。申请人次日即可使用该债券。

（2）交易所向银行间市场、或从一个交易所向另一个交易所转托管

申请人向转出方交易场所托管机构提出申请，具体手续按转出方交易所托管机构的规定办理。转出方交易所托管机构受理并审核无误后，通过簿记系统终端发送转托管指令。转托管成功后，申请人即可使用该债券。

## 知识点5：基金转托管

基金转托管，指基金份额持有人申请将其在某一销售机构交易账户持有的基金份

额全部或部分转出并转入另一销售机构交易账户的行为，也可以说转托管是指同一投资人将托管在一个代销机构的基金份额转出至另一代销机构的业务。办理转托管业务需携带的证件和资料种类与办理申购与赎回时需携带的相同。

1. 证券公司到证券公司之间的系统内转托管

证券公司到证券公司的系统内转托管与深 A 的股票转托管相同，此处不重复说明。

2. 证券公司到基金管理人（基金公司）的跨系统转托管流程——以深圳证券交易所为例

（1）投资者在正式申请办理转托管手续前，应确保已在转入方代销机构或基金管理人处成功办理开放式基金账户注册或开放式基金账户注册确认，并获知该代销机构或基金管理人代码（该代码为六位阿拉伯数字，首位数字为 6）。

（2）T 日，投资者持有效身份证明文件和深圳证券账户卡到转出方证券营业部提出跨系统转托管申请，转出方证券营业部按照中登深圳分公司相关数据接口规范申报转托管，必须注明转入方代销机构/基金管理人代码、证券账户号码、基金代码和转托管数量，申报转出的基金代码不能为空，委托数量须为大于 0 的整数份。T 日日终，TA 系统对转托管理申报进行检查，并对合格转托管申报进行相关操作处理。

（3）T+1 日，TA 系统向转出方代销机构/基金管理人发送成功及失败转托管处理回报，并向转入方代销机构/基金管理人发送成功转托管处理回报。

（4）自 T+2 日始，基金份额正式登记在场外的注册登记系统，投资者可从场外赎回基金份额（其中银华信用债券封闭需要在转为 LOF 并开始办理赎回业务之后才能赎回）。

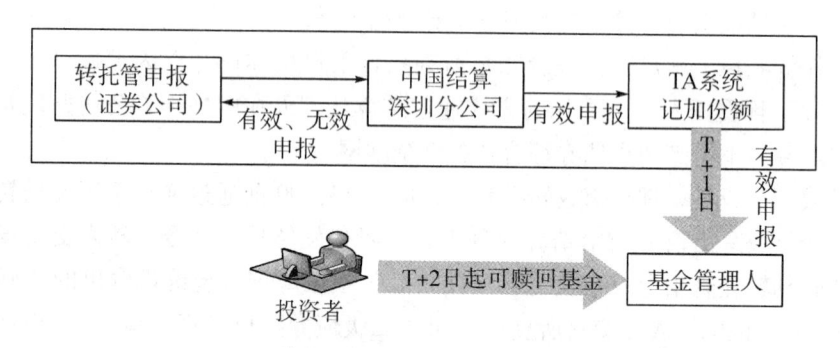

图 4-9　证券公司到基金管理人（基金公司）的跨系统转托管流程

3. 基金管理人到证券公司的跨系统转托管流程

投资者如需将基金份额从场外的注册登记系统转入到场内的证券登记结算系统，应按以下程序办理：

（1）在正式申请办理转托管之前，投资者须确定其基金份额拟转入证券营业部的深圳席位代码。

（2）开立资金账户，并建立托管关系。如果投资者尚未开立深交所证券投资基金账户（即深交所场内基金账户）或深交所人民币普通股票账户（即深圳 A 股账户），不需要新开立深交所场内基金账户或深圳 A 股账户，仅须持中登公司深圳开放式基金账户对应的场内基础证券账户号（场内基础证券账户号为中登公司深圳开放式基金账户去掉开头 98 后剩下的后 10 位账户号）到场内拟转入的证券公司处开立资金账户，并建立托管关系。

（3）T 日，投资者携带身份证，在转出方代销机构提出跨系统转托管申请，注明转入证券营业部的深圳席位代码、中登公司深圳开放式基金账户号码、基金代码、转托管数量，其中转托管数量须为整数份。T 日日终，TA 系统对转托管申报进行检查，并对合格转托管申报进行相关操作处理。由于跨系统转托管导致份额低于最低持有限额时，TA 系统对剩余基金份额进行强制赎回处理。

（4）T+1 日，TA 系统向转入方代销机构/基金管理人发送成功及失败转托管处理回报，并向转出方代销机构/基金管理人发送成功转托管处理回报。

（5）自 T+2 日始，投资者可以通过转入方证券营业部申报在深交所卖出基金份额，也可选择从场内赎回基金份额（其中银华信用债券封闭需要在转为 LOF 并开始办理赎回业务之后才能从场内赎回）。

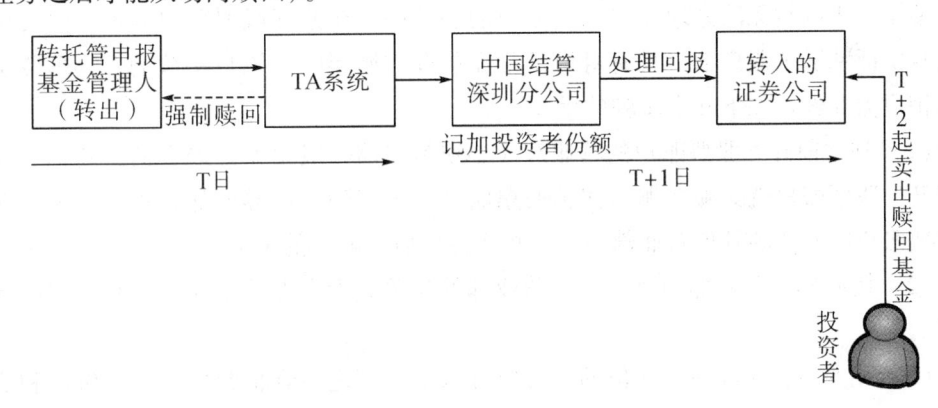

图 4-10　基金管理人到证券公司的跨系统转托管流程

## 知识点 6：账户其他业务操作

1. 自然人和法人挂失补办证券账户卡

投资者在股票开户后，一般都会有证券账户卡，一张上海证券交易所的、一张深圳证券交易所的。但是如果投资者不小心遗失后，需要去股票开户的券商营业部重新办理。不同证券账户程序稍有不同，深圳证券账户的程序如下：

（1）投资者遗失证券账户卡，可凭身份证到中证登记深圳分公司或其指定的证券营业部办理挂失并补办证券账号新号码的手续。

（2）如投资者同时遗失证券账户和身份证，需持公安机关出具的身份证遗失证明、户口本及其复印件办理挂失和补办手续。

（3）投资者如委托他人代办挂失，代办人应同时出示法律公证文件。

**想一想**

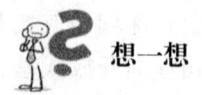

上海证券账户挂失与补办的程序是怎样的？

2. 证券账户注册资料查询

投资者可通过申请对自己的证券账户注册资料进行查询。

上海证券账户已办理指定交易的，投资者可凭本人有效身份证件、证券账户卡到指定交易证券公司营业部查询；未办理指定交易的，可在办理指定交易后委托证券公司查询或直接通过中国结算上海分公司查询；深圳证券账户的投资者可凭本人有效身份证件、证券账户卡到任意一家证券公司营业部或中国结算深圳分公司柜台查询。此外，上海、深圳证券账户开通中国结算公司网络服务功能的，还可通过中国结算公司网站（www.chinaclear.cn）进行网络查询。

3. 注销证券账号

投资者要注销自己的股票账户，前提是开立过自己的股票账户并保证该账户能够正常使用，否则是无法办理注销股票账户的手续的。在办理股票账户的销户时必须带上的身份证和股东账户卡，没有身份证是无法办理股票账户销户手续的。办理股票账户的销户需要经过如下几个步骤的手续：

（1）到之前开立股票账户的营业部（必须是之前开股票账户的券商营业部，即在哪里开的股票账户就必须在哪里注销股票账户，不能到其他券商那办理，也无法在你开股票账户的券商的其他营业部办理）提出注销股票账户的申请。

（2）按照券商营业部的要求让该营业部的相关负责人上签字在券商营业部所给的单子。

（3）在券商营业部各个岗位的相关负责人签完字之后到柜台凭本人身份证和股东账户卡办理的股票账户的销户手续。

（4）在办理股票账户的销户手续之后的第二天便可办理者本人的证券资金账户的销户手续。

注意事项：在办理股票账户的销户的时候只需要携带投资者本人的股东账户卡和身份证就可以了。但办理股票账户的销户的当天该账户不能够进行股票买卖的交易，否则是无法在当天办理股票账户的销户手续。

**案例分享**

### 海外上市骗局

2006年2月，某证券公司营业部客户服务中心正式对外营业，该营业部工作人员自称这里的团队是某大型投资公司的经纪人团队。客户服务中心业务员告诉该营业部股民苏某："四川某公司即将在美国上市，现有部分原始股正在转让，届时将有10倍收益，你购买后，公司还会给你出具股票托管卡，保证风险无虞。"在几位业务员的极力鼓动下，舒某把自己多年的积蓄统统拿了出来交给这几位经纪人，并现场签订了股份转让协议、办理了过户手续。

几天后，舒某前去询问四川某公司海外上市事宜时，发现这个客户服务中心已经人去楼空了，而证券营业部的工作人员却称该服务中心与其无任何关系。舒某这才发现自己上当受骗了。

从这一案例来看，不法分子利用投资者相关法制知识欠缺的弱点，通过虚假宣传、虚构材料，向社会公众销售未上市公司所谓原始股。根据法律规定，未经中国证监会核准，未上市公司原始股在我国境内不得面向社会公众公开销售且股东累计不得超过200人；凡在我国境内从事代理销售股票等证券经营活动都需经中国证监会核准，未经核准的均属非法证券经营行为。投资者在买入股票之前，可登录中国证监会网站或致电当地证券监管部门，查询相关公司是否具有公开发行股票的资格，以防上当受骗。

（资料来源：搜狐财经）

# 任务五　委托买卖

【知识目标】

学习委托的各种种类和委托形式；

掌握委托单的基本内容；

掌握委托买卖的流程；

掌握网上委托申报流程。

【能力目标】

能够熟练填写委托单；

能够熟练进行网上委托买卖。

【情境引入】

小张：您好，我之前在您这边开户了，想咨询一下关于委托买卖的相关事宜。

工作人员：您好，您可以登录我们的官网，下载一个App，可直接进系统进行委托买卖。系统的交易时间是上午9：30—11：30和下午13：00—15：00。您也可以填写委托单，具体您看下桌面上那个样表。

小张：好的，谢谢。

委托买卖是指证券经纪商接受投资者委托，代理投资者买卖证券，从中收取佣金的交易行为。投资者办理委托买卖证券时，必须向证券经纪商下达委托指令。因此，委托指令是投资者要求证券经纪商代理买卖证券的指示。在委托指令中，需要反映投资者买卖证券的基本要求或具体内容，这些主要体现在委托指令的基本要素中。另外，委托指令可以有不同的形式，这些形式应符合证券市场相关的规定。委托指令一般由投资者自行下达。个人投资者如委托他人买卖证券，必须有书面委托书，并且出示委托人、受托人的身份证件。

## 活动一 股票交易

【知识准备】

### 知识点1：委托买卖认知

客户开户后，即可在证券营业部办理委托买卖。委托买卖是指专营经纪人或兼营自营与经纪的证券商接受股票投资者（委托人）买进或卖出股票的委托，依据买卖双方各自提出的条件，代其买卖股票的交易活动，并从中收取佣金。代理买卖的经纪人即为充当股票买卖双方的中介者。

投资者办理委托买卖证券时，必须向证券经纪商下达委托指令。在委托指令中，需要反映投资者买卖证券的基本要求或具体内容，这些主要体现在委托指令的基本要素中。委托指令一般由投资者自行下达。个人投资者如委托他人买卖证券，必须有书面委托书，并且出示委托人、受托人的身份证件。委托指令的内容有多项，如证券账户号码、证券代码、买卖方向、委托数量、委托价格等。正确填写委托单或输入委托指令是投资决策得以实施和保护投资者权益的重要环节。委托买卖具体形式如下：

1. 委托形式分类

（1）当面委托，即委托人以面对面的形式当面委托证券商，确定具体的委托内容与要求，由证券商受理股票的买卖。

（2）电话委托，即委托人以电话形式委托证券商，确定具体的委托内容和要求，由证券商、经纪人受理股票的买卖交易。

（3）电传委托，即委托人通过发电传给证券商，确定具体的委托内容和要求，委托证券商代理买卖股票。

（4）传真委托，即委托人以传真的形式，将确定的委托内容与要求传真给证券商，委托他们代理买卖股票交易。

（5）信函委托，即委托人用信函形式，将确定的委托内容和要求告知证券商，并委托他们代办买卖股票的交易。

我国深圳、上海证券交易所目前主要是当面委托。当面委托一般要委托人加以确认，受托证券商才予办理委托手续，而电话委托，则必须在证券商具备录音电话的条件下，才可办理。委托人以电话委托买卖成交后应补交签章，如有错误原因不是由证券商造成的，证券商不负责任。

2. 以委托人委托的价格条件划分

（1）市价委托，即委托人在委托证券商代理买卖股票的价格条件中，明确其买卖可随行就市。也就是说，证券商在受理随市委托的交易中，可以根据市场价格的变动决定股票的买入或卖出，即最高时卖出，最低时买入。大部分委托均属随市价委托。不同交易所中市价的申报也有所不同。上海证券交易所市价申报类型有两种：一是最优五档即时成交剩余撤销申报，即该申报在对手方实时最优五个价位内以对手方价格为成交价逐次成交，剩余未成交部分自动撤销。二是最优五档即时成交剩余转限价申报，即该申报在对手方实时五个最优价位内以对手方价格为成交价逐次成交，剩余未成交部分按本方申报最新成交价转为限价申报；如该申报无成交的，按本方最优报价转为限价申报；如无本方申报的，该申报撤销。图5-1为上海证券交易所市价买卖申报时的示例。

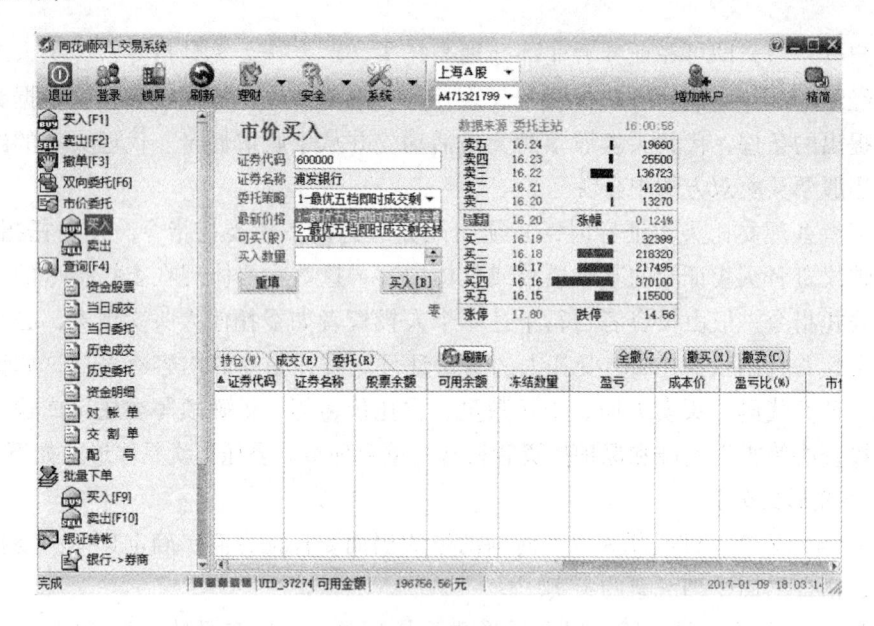

图5-1 上海证券交易所市价买卖申报类型

（2）限价委托，即委托人在委托证券商代理股票买卖过程中，确定买入股票的最高价和卖出股票的最低价，并由证券商在买入股票的限定价格以下买进，在卖出股票的限定价格以上卖出。

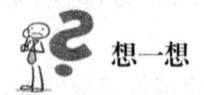

**想一想**

深圳证券交易所市价申报类型包含哪些？具体内容是什么？

### 3. 以委托性质来划分

（1）买进委托，指客户委托证券商买进某种证券。

（2）卖出委托，指客户委托证券商卖出某种证券。

深圳证券交易所规定，委托书中记载委托人姓名、股东代码、委托日期时分、证券种类、股数或面额、限价、有效期间、营业员签章、委托人签章、委托方式（电话、电报、书信、当面委托）、保管方式（领回证券、集中保管），并应附注下列各款内容：未填写"有效期限"者视为当日有效；委托方式未填写"限价"者视为市价委托。

4. 以委托人的委托期限划分

(1) 当日委托，即指委托人的委托期限只于当日有效的委托。

(2) 五日有效委托，即指开市第五日收盘时自动失效的委托。

(3) 一月有效委托，即指每月末交易所最后一个营业日收时自动失效的委托。

(4) 撤销前有效委托，即指客户未通知撤销，则始终有效的委托。产生此种委托的理论认为，有的客户深信市场力长期发展的作用，因而无须计较暂时的得失，也不计较较长时间的等待。

5. 以委托数量为标准来划分

(1) 整数委托，指委托的数量是交易所规定的成交单位或其倍数。股票交易中常用"手"作为标准单位，通常100股为一标准手，一标准手为股票100股；若是债券，则以1 000元为一手。

(2) 零数委托，指委托的数量不足交易所规定的成交单位。虽然证券商一般不接受不足一个成交单位的委托，但经纪人可将客户的零数委托转变给专门从事零数买卖的零数自营商。零数自营商一方面必须在交易厅内零星买进不足一个成交单位的股票，凑成整数股后转卖给佣金经纪人；另一方面又必须在交易厅内买进整数股，然后化整为零地转卖给需要不足一个成交单位的佣金经纪人。这样，零数自营商必须承担一定的风险。目前，我国只有在卖出证券时才有零数委托。

**案例分享**

### 违规操作

冯泽良于2010年8月1日至2011年5月18日在某证券公司营业部任职，从事市场营销工作，是证券从业人员。2010年11月15日，客户蔡某将证券账户转托管到该证券公司，委托冯泽良操作其证券账户，未签订书面协议。由于亏损，2011年6月22日，冯泽良与蔡某补充签订了《理财协议》，约定理财期限为2010年11月15日至2012年1月底，冯泽良保证补偿账户上的亏损。为弥补蔡某账户亏损，冯泽良分别于2012年4月、10月向蔡某的三方存管账户转入30万元、20万元。2012年10月，蔡某修改了证券账户密码，不再给冯泽良操作。2010年11月15日至2011年5月18日期间，冯泽良操作蔡某证券账户未获得收益。

冯泽良作为证券从业人员，在从业期间私下接受客户委托买卖证券的行为违反了我国《证券法》第一百四十五条的规定。根据《证券法》第二百一十五条的规定，深圳证监局依法对冯泽良做出给予警告，并处以10万元罚款的行政处罚决定。

（资料来源：豆丁网）

>>同步练习

某股票的买卖方五档价格，如图5-2所示。

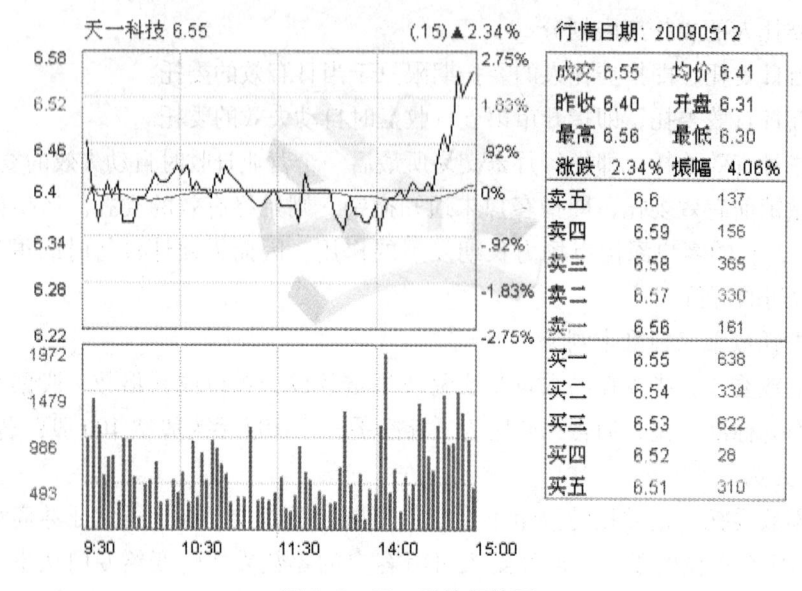

图 5-2 天一科技行情图

假如买方选择按对手方最优价格申报方式进行申报，申报手数为 1 000 手，那么该笔买入的委托价为对手方的最优价格——卖一价 6.56 元作为委托价格进行申报。

假如卖方选择按对本方最优价格申报方式进行申报，申报手数为 1 000 手，那么该笔卖出的申报价为买方的最优价格——买一价 6.55 元作为委托价格进行委托。

## 知识点 2：委托时间

不同证券公司委托时间有所不同。申银万国证券，国泰君安证券可以随时委托；闽发证券，银河证券只能开市委托；中投证券可以在数据处理前委托，等等。客户可与证券公司商量确定委托方式和委托时间。但所有证券公司交易时间都相同，具体时间如下：

9：15—9：25 集合竞价（9：15—9：20 可以申报和撤销；9：20—9：25 可以申报，不可以撤销）。

9：30—11：30 前市，连续竞价。

13：00—15：00 后市，连续竞价。

其他时间交易系统不接受申报单（如，9：25—9：30 不接受申报单和撤单）。

对于停牌一小时的股票，在停牌期间（9：30—10：30）交易系统不接受该股票的申报单和撤单。

上海证券交易所每个交易日接受大宗交易申报的时间分别为：

9：30—11：30，13：00—15：30 接受意向申报；

9：30—11：30，13：00—15：30，16：00—17：00 接受成交申报；

15：00—15：30 接受固定价格申报。

交易日的 15：00 仍处于停牌状态的证券，本所当日不再接受其大宗交易的申报。

每个交易日 9：30—15：30 时段确认的成交，于当日进行清算交收。每个交易日 16：00—17：00 时段确认的成交，于次一交易日进行清算交收。

深交所大宗交易采用协议大宗交易和盘后定价大宗交易方式。协议大宗交易，是指大宗交易双方互为指定交易对手方，协商确定交易价格及数量的交易方式。盘后定价大宗交易，是指证券交易收盘后按照时间优先的原则，以证券当日收盘价或证券当日成交量加权平均价格对大宗交易买卖申报逐笔连续撮合的交易方式。采用协议大宗交易方式的，接受申报的时间为每个交易日 9：15 — 11：30，13：00 — 15：30。采用盘后定价大宗交易方式的，接受申报的时间为每个交易日 15：05 — 15：30。当天全天停牌的证券，深交所不接受其大宗交易申报。

在以上时间内下单的都是被交易所所认可的，属于有效委托。客户与证券公司之间的协商可存在提前委托。提前委托是地方证券公司的扩展业务，平时你的提前委托被地方证券公司接受，并没有提供给深、沪交易所，只有在符合深、沪交易时间，才提供给交易所，属于临时接受。但是，这给证券交易提供了非常方便的通道。因为不是所有人都会在交易时间进行委托的，提前委托无疑是一件利人的好事，也会给证券公司带来可观的利润。

## 知识点 3：委托单

客户进行委托买卖需要填写委托单，委托单里的具体内容如下：

1. 证券账号

投资者在买卖上海证券交易所上市的证券时，必须填写在中国结算上海分公司开设的证券账户号码；买卖深圳证券交易所上市的证券时，必须填写在中国结算深圳分公司开设的证券账户号码。

2. 日期

日期即客户委托买卖的日期，要填写年、月、日。

3. 品种

品种指客户委托买卖证券的名称，也是填写委托单的第一要点。通常的做法是填写代码及简称。在上海证券交易所上市的证券，其代码为一组 6 位数字；在深圳证券交易所上市的证券，其证券代码以前为 4 位数字，现在也改为一组 6 位数字。委托买卖的证券代码与简称必须一致。

表 5-1　　　　　　　　股票代码、简称和全称的举例

| 市场 | 代码 | 简称 | 全称 |
| --- | --- | --- | --- |
| 上海证券交易所 | 600000<br>600001 | 浦发银行<br>邯郸钢铁 | 上海浦东发展银行股份有限公司<br>邯郸钢铁股份有限公司 |
| 深圳证券交易所 | 000001<br>000002 | 深发展<br>万科 A | 深圳发展银行股份有限公司<br>万科企业股份有限公司 |

4. 买卖方向

投资者在委托指令中必须明确表明委托买卖的方向，即是买进证券还是卖出证券。

5. 数量

这是指买卖证券的数量，可分为整数委托和零数委托。整数委托是指委托买卖证券的数量为1个交易单位或交易单位的整数倍。1个交易单位俗称"1手"。零数委托是指投资者委托证券经纪商买卖证券时，买进或卖出的证券不足证券交易所规定的1个交易单位。中国只在卖出证券时才有零数委托。

6. 价格

这是指委托买卖证券的价格，是委托能否成交和盈亏的关键。一般分为市价委托和限价委托。涉及委托买卖证券价格的内容包括委托价格限制形式、证券交易的计价单位、申报价格最小变动单位、债券交易报价组成等方面。

7. 时间

这是指客户填写委托单的具体时点，也可由证券经纪商填写委托时点，即上午×时×分或下午×时×分。

8. 有效期

这是指委托指令的有效期间。如果委托指令未能成交或未能全部成交，证券经纪商应继续执行委托。委托有效期满，委托指令自然失效。

委托指令有效期一般有当日有效与约定日有效两种。如不在委托单上特别注明，均按当日有效处理。

9. 签名

客户签名以示对所做的委托负责。若预留印鉴，则应盖章。

10. 其他内容

其他内容涉及委托人的身份证号码、资金账号等。

## 知识点4：网上股票交易

客户利用网上股票交易系统委托买卖证券包含的指令要素和委托单基本一致。投资者登陆自己的证券账户后通过银证转账功能转入相应资金进入资金账户，可利用交易系统选择相应的股票在可用资金范围内设定买入或卖出价格委托买或卖相应数量的股票。且可利用此系统查询资金、股票、持仓、成交、委托交易记录。

1. 登录网上股票交易系统

登录网上股票交易系统，出现如图5-3所示的界面。

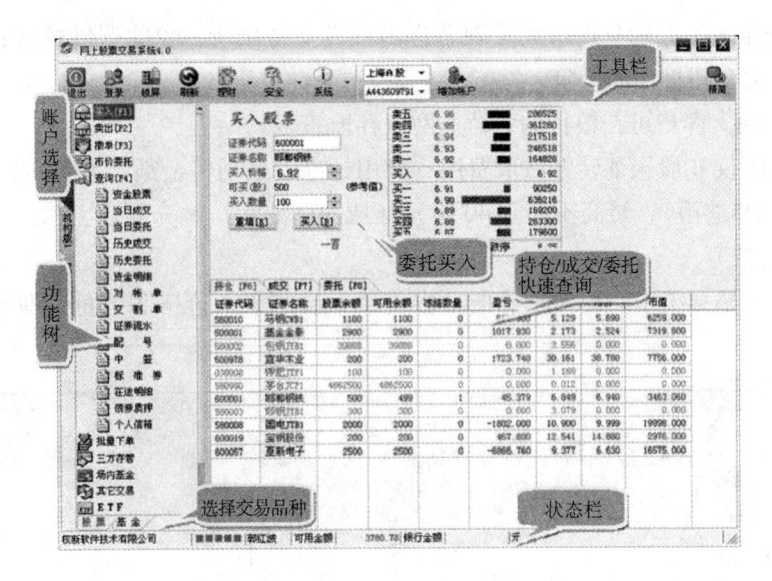

图 5-3　网上股票交易系统

2. 银证转账

银证转账是指将股民在银行开立的个人结算存款账户（或借记卡）与证券公司的资金账户建立对应关系，通过银行的电话银行、网上银行、网点自助设备和证券公司的电话、网上交易系统及证券公司营业部的自助设备将资金在银行和证券公司之间划转，为股民存取款提供便利。具体操作界面如图 5-4 所示。

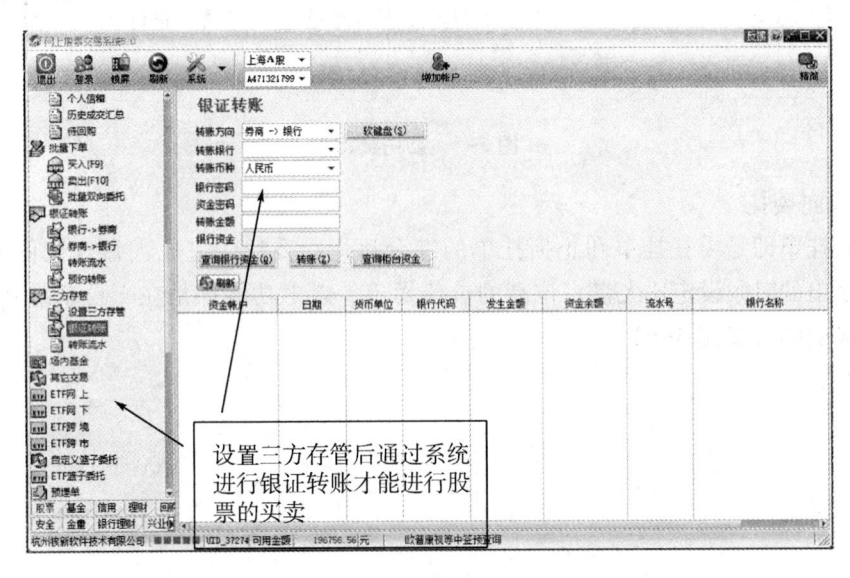

图 5-4　银证转账

银证转账具有以下几个优点：

（1）快捷。一笔资金转账业务只需几秒钟时间就可完成，使证券买卖操作更快、更轻松。

(2)安全。不必随身携带大量现金进出证券交易场所，免除假钞烦恼；大大减少保证金被证券公司挪用的风险。

(3)方便。客户可在银行的各营业网点存取资金。

银证转账仅 B 股银证转账收取费用，费用标准：按划转金额 1‰收取，最低不低于 1 美元（10 港币），最高不高于 40 美元（或 300 港元）。

3. 委托买卖

在买入股票系统中，输入正确的证券代码，设定买入价格和数量，即可下单（见图 5-5）。

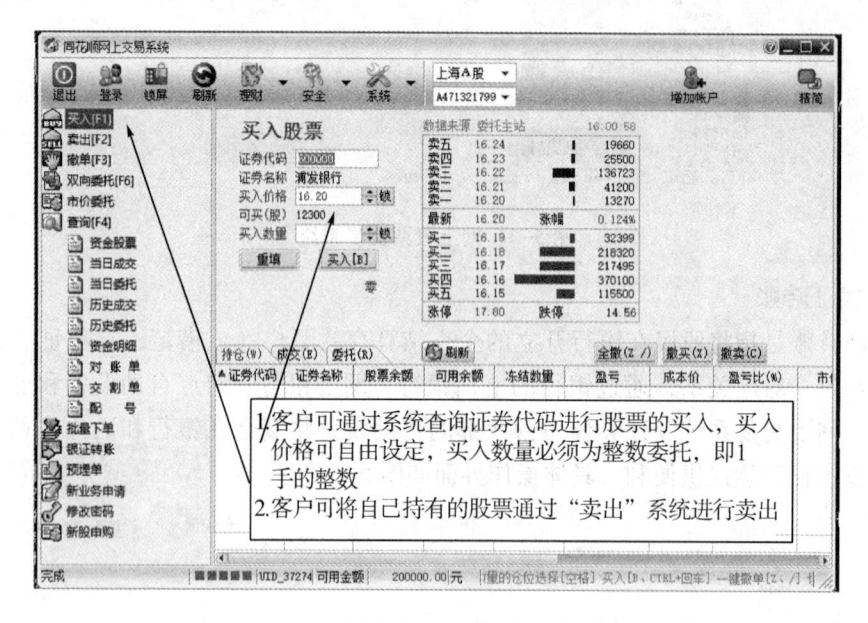

图 5-5　委托买卖

4. 双向委托

双向挂单即是委托挂单和止损挂单的综合运用。委托买进比大盘点位低的价位，在准备卖出的时候设定比大盘点位高的价位卖出。以上功能都是在交易系统到达点位后马上成交的（见图 5-6）。

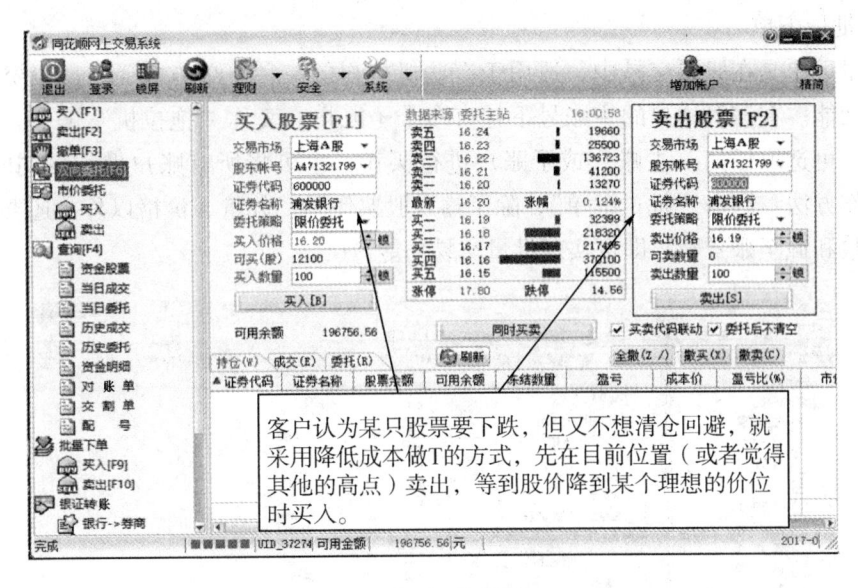

图 5-6　双向委托

5. 市价委托

客户可依据自身需求在上海或是深圳交易所进行市价委托买卖（见图 5-7）。

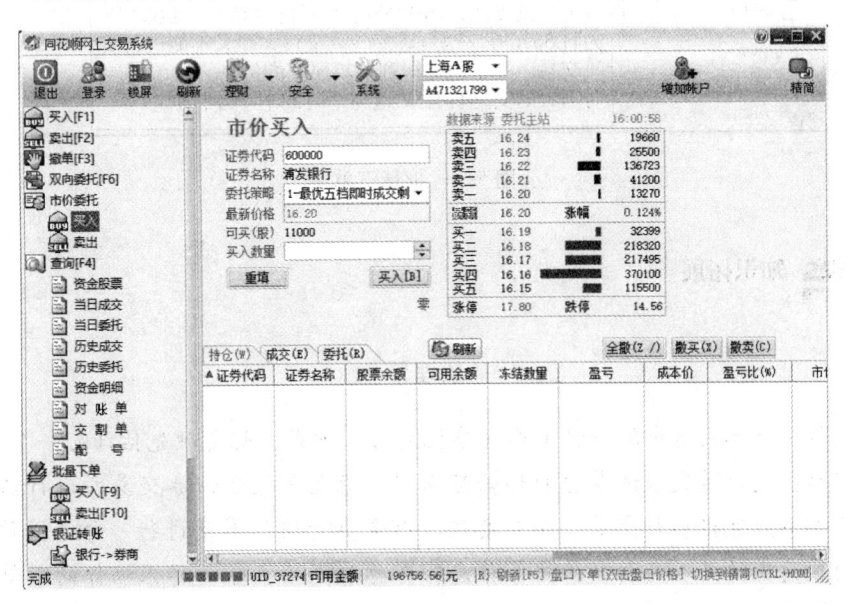

图 5-7　市价委托

### 6. 批量下单

批量下单是在股票交易中，适用于有些机构户的一种下单方式，一般投资者不适用这个功能。在该机构户的主账号下挂有多个子账户，又称"拖拉机"账户。当进行买卖时，可选取任何一主账户或子账户进行买卖，也可将所有账户做均量同时买卖。具体操作方法：点击"批量下单"，除了输入股票代码、数量、价格以外，还要输入起始账号数和截至账号数，即可实现批量交易功能。

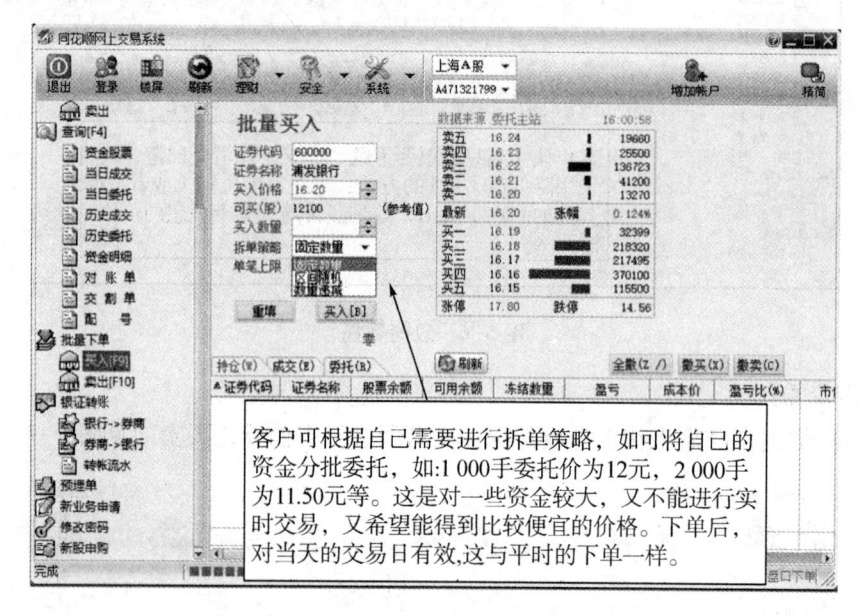

图 5-8　批量下单

## 知识拓展

### 预埋单

预埋单是证券买卖中的一种下单（委托交易）方式，就是预先估计好一个买卖价，提前填好后，先行递交给证券营业部的交易单。绝大多数在证券交易所进行证券买卖的人其实都不能直接参与交易，而是委托具有会员资格的券商进行。每笔操作，投资者都要向券商提供买入品种，价格等信息，即称为下单，券商再根据你的下单信息代理你完成操作过程（图 5.9）。

预埋单的应用：

（1）有些可能一开盘就涨停的股票，预先提交买入的预埋单，可以避免开盘就很快涨停而无法买入的烦恼。同样，对于可能一开盘就跌停的股票，预先提交卖出的预埋单，也可以提高逃跑成功的概率。

（2）如果投资者对股价的走势有明确的把握，但开市时没有时间操作，也可以在开市前提交预埋单（甚至前天晚上），然后开市后它会"自动"成交了。

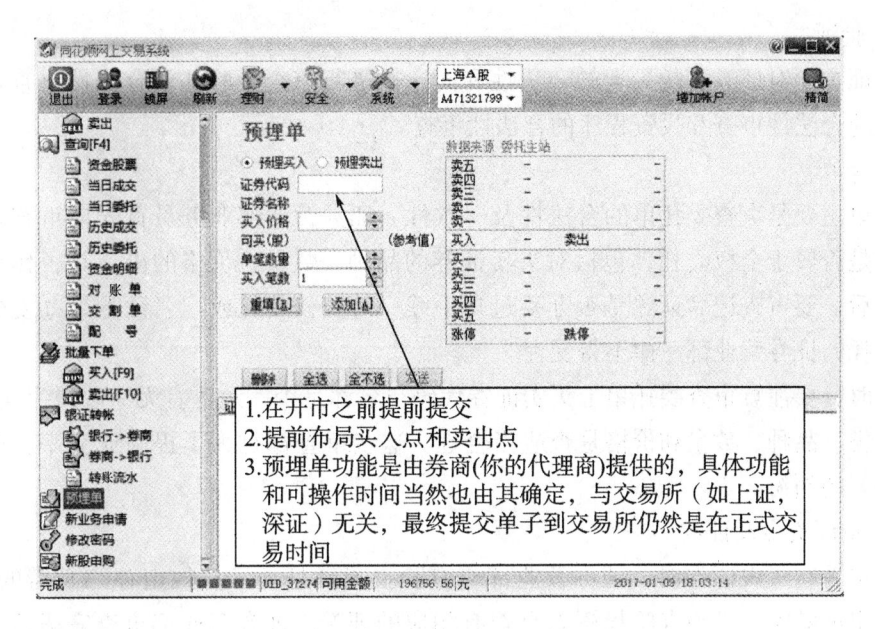

图 5.9 预埋单

（3）预埋单一般直接允许投资者将单子分成不同的笔数，在市场已开市的情况下，使用这个功能可以更方便地分批减仓或加仓。对于大资金炒家，预埋单可以提高"工作"效率，方便那些喜欢隐藏大单的人。

## 案例分享

### 证券公司须为"堵单"买单

袁某在中银证券开户，2007年4月，袁某通过中银证券网上交易系统输入了购买*ST方向股票的委托。随后其资金账户被"冻结"了相应金额。但当天袁某并没有查询到委托记录。翌日，*ST方向股票股价上涨。袁某诉称：中银证券未能及时接受委托买入股票，造成其股票的差价损失，应予赔偿。而中银证券则称"堵单"属不可抗力，可予免责。

法院认为，中银证券出现"堵单"事件，是由于通信线路堵塞，属于证券公司能够以设备更换、技术改进或加强内部管理予以克服、事先也能预见的缺陷，并不符合不可抗力的特征，而属于证券公司的失职。因此证券公司应承担赔偿袁某损失的责任。

（资料来源：767股票学习网）

## 知识点 5：委托受理

证券营业部在收到投资者的委托后，应对委托人身份、委托内容、委托卖出的实际证券数量及委托买入的实际资金余额进行审查。经审查符合要求后，才能接受委托。

1. 验证

验证主要对证券委托买卖的合法性和同一性进行审查。验证的合法性审查包括投资主体的合法性审查和投资程序的合法性审查。

2. 审单

审单主要是审查委托单的合法性及一致性。证券营业部业务员首先应审查该项委托买卖是否属于全权委托,包括对买卖证券的品种、数量、价格的决定是否作全权委托。然后,要审查记名证券是否办妥过户手续。对全权委托或记名证券未办妥过户手续的委托,证券营业部一律不得受理。

同时,要注意审查委托单上买卖证券代码与名称是否一致,有无涂改或字迹不清,委托种类、品种、数量和价格是否适当合理。这些审查都是为了提高成交率,避免造成不必要的纠纷。

3. 验证资金及证券

投资者在买入证券时,证券营业部应查验投资者是否已按规定存入必需的资金;而在卖出证券时,必须查验投资者是否有相应的证券。证券营业部审查完毕后,即可在委托单上注明受托时间,由经办人员签字盖章后,作为正式受托。

**案例分享**

**教育资金委托投资风险大**

2004年1月,华师大委托银河证券代理国债投资事宜,银河证券保证委托本金不受损失,收益率不低于7%。此后,银河证券违约将资金用于买卖股票。同年7月,银河证券仅偿还部分投资资金及收益。

由于本案所涉资金是华东师范大学的教育资金,如果这笔巨额损失未能及时追回,将引起学校教育工作的被动,所以向法院表达了希望司法调解的意愿,银河证券也有调解意愿,但表示资金流紧张只能分期还款。为此,第一中级人民法院法官做了大量工作,最终促使双方达成了调解协议。

(资料来源:767股票学习网)

**案例分享**

**以约定盈利分成的方式从事代客操盘**

投资者吴某接到某投资管理公司的电话,称公司是专门从事股票研究的机构,现在推出一种新的理财产品,无须缴纳会员费,只需将自己的证券账户号码及交易密码告诉业务员,由公司组织专家团队为其操作,公司保证客户资金安全,且保证客户至少不会"赔本"。随后该公司给吴某发来合同样本。吴某想反正也没交服务费,银行密码在自己手中，资金也很安全，于是决定试一下。但是，在随后的操作过程中，吴某的股票账户并没有像公司宣称的那样出现迅速升值，而是在短短一周内已亏损严重。吴某恍然大悟，赶紧终止合作并将情况反映到监管部门。经查，该公司未经证监会批准，以约定盈利分成的方式代客理财，非法从事证券经营活动，最终被依法取缔。

该投资公司未经批准非法从事证券业务，以"无须缴纳会员费"为诱饵，直接代替客户操作，并对客户证券买卖的收益或损失做出承诺。委托不得超出法律规定范围，投资者应拒绝接受全权委托。"约定利润分成"的方式属于违法违规证券活动，不受法律保护，投资者要自觉远离此类违法证券活动。

（资料来源：百度文库）

## 知识点6：委托撤销

1. 撤单的条件

在委托未成交之前，委托人有权变更和撤销委托（见图5-10）。证券营业部申报竞价成交后，买卖即成立，成交部分不得撤销。

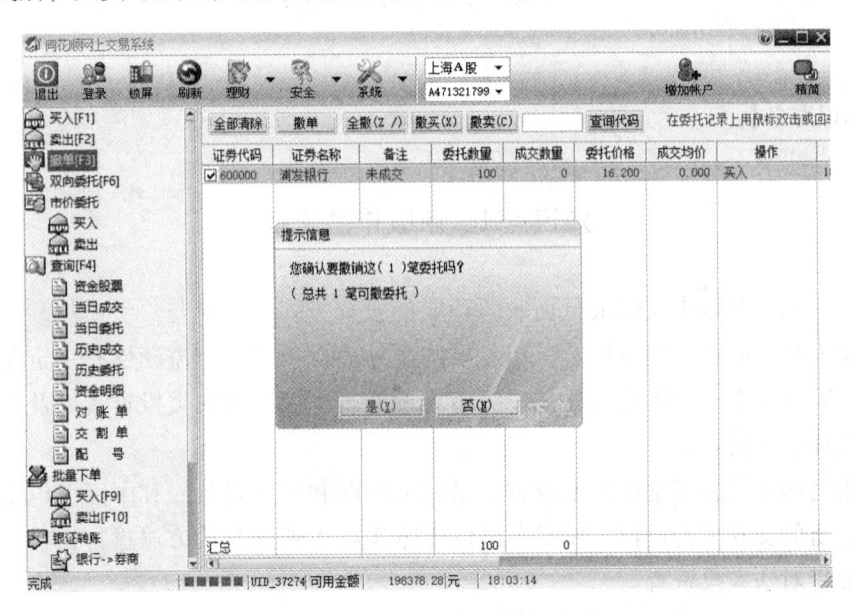

图 5-10　股票交易撤单

2. 撤单的程序

在委托未成交之前，委托人可变更或撤销委托。在证券营业部采用有形席位申报的情况下，证券营业部柜台业务员须即刻通知场内交易员，经场内交易员操作确认后，立即将执行结果告知委托人。在证券营业部采用无形席位申报的情况下，证券营业部的业务员或委托人可直接将撤单信息通过电脑终端告知证券交易所交易系统电脑主机，办理撤单。对委托人撤销的委托，证券营业部须及时将冻结的资金或证券解冻。

【技能训练】

实训目的：掌握网上股票交易委托买卖。

实训要求：完成股票的委托买卖流程。

实训器材：网上交易模拟系统。

实训场地：多媒体教室。

实训步骤：

步骤一，以个人为单位熟悉股票交易委托买卖的流程；

步骤二，根据该部分的操作流程对实训内容进行实操；

步骤三，学生之间互相讨论；

步骤四，教师点评。

实训内容：

利用网上交易模拟系统完成股票交易。

# 活动二　新股申购

【知识准备】

## 知识点1：新股申购流程

新股申购是股市中风险最低而收益稳定的投资方式，不参与二级市场炒作，不仅本金非常安全，收益也相对稳定。新股申购业务适合于对资金流动性有一定要求以及有一定风险承受能力的投资者，如二级市场投资者、银行理财类投资者以及有闲置资金的大企业、大公司。

股份公司发行新股常用的发行方法是网上申购和网下发行。其中网上申购是通过证券交易所的交易平台进行，投资者可以比照常规A股交易的方法进行操作，而网下发行一般针对法人投资者。

网上申购是指投资者运用其证券交易保证金，向证券交易所提交新股认购请求。证券交易所在汇总所有投资者的认购请求后，为每个认购指令分配一个认购序号，并通过摇号确定中签的认购序号。如投资者认购序号与中签号相同，投资者将成功认购新股，否则认购资金将自动退回投资者的保证金账户。具体申购流程如下：

1. 申购时间

投资者$T$日，准备好足额资金，通过证券账户进行新股申购，买入委托（和买股票的菜单一样），沪市股票需要数量是1 000股的整数倍，深市股票需要是500股的整数倍，超过可申购额度都是废单。如果多次委托仅第一笔委托是有效的。沪市申购时间为T日9：30—11：30；13：00—15：00；深市申购时间为T日9：15—11：30；13：00—15：00。

2. 撤单

股票交易在委托后只要未成交都可以撤单，申购新股的委托是不可以撤单的。申购后申购的资金份额就冻结了。

3. 申购机会

每个账户对单个新股只能申购1次，不能重复申购。每支新股都有"申购上限"包括数量上限和资金上限。比如说，你有50万用于新股，当天只有1支新股可申购，申购上限为30万元，那么只用一个账户的话，就只能申购1次，多出的20万元只能另行安排。投资者在通过证券公司的交易系统下单申购的时候要注意时间段，因为一只股票只能下单一次，需要避开下单的高峰时间段，提高中签的概率。申购时间段选在上午10：30—11：30和下午1：00—2：00时，中签概率相对较大。

4. 配号（T+1日）

中国结算公司将申购资金冻结。交易所将根据最终的有效申购总量，按每1 000（深圳500股）股配一个号的规则，由交易主机自动对有效申购进行统一连续配号。

5. 公布中签率和中签号（T+2日）

T+2日，将公布中签率，并根据总配号，由主承销商主持摇号抽签，确认摇号中签结果，并于摇号抽签后的T+2日在指定媒体上公布中签结果。

6. 中签认购和资金解冻（T+3日）

股民账户中中签部分资金将被自动扣除，而未中签部分的申购款将自动解冻。

### 知识拓展

**申购新股要注意的问题**

（1）申购新股必须在发行日之前办好上海证交所或深圳证交所证券账户。

（2）投资者可以使用其所持的账户在申购日（以下简称T日）申购发行的新股，申购时间为T日上午9：30—11：30，下午1：00—3：00。

（3）每个账户申购同一只新股只能申购一次（不包括基金、转债）。重复申购，只有第一次申购有效。

（4）沪市规定每一申购单位为1 000股，申购数量不少于1 000股，超过1 000股的必须是1 000股的整数倍，但最高不得超过当次社会公众股上网发行数量或者9 999.9万股。深市规定申购单位为500股，每一证券账户申购委托不少于500股，超过500股的必须是500股的整数倍，但不得超过本次上网定价发行数量，且不超过999 999 500股。

（5）申购新股的委托不能撤单，新股申购期间内不能撤销指定交易。

（6）申购新股每1 000（或500）股配一个申购配号，同一笔申购所配号码是连续的。

(7) 投资者发生透支申购（即申购总额超过结算备付金余额）的情况，则透支部分确认为无效申购不予配号。

(8) 每个中签号只能认购1 000（或500股）股。

(9) 新股上市日期由证券交易所批准后在指定证券报上刊登。

(10) 申购上网定价发行新股须全额预缴申购股款。

**想一想**

根据新股申购流程，您知道四日或者三日申购流程吗？

### 知识点2：具体申购程序

1. 预约申购

预约申购的网上操作业面如图5-11所示。

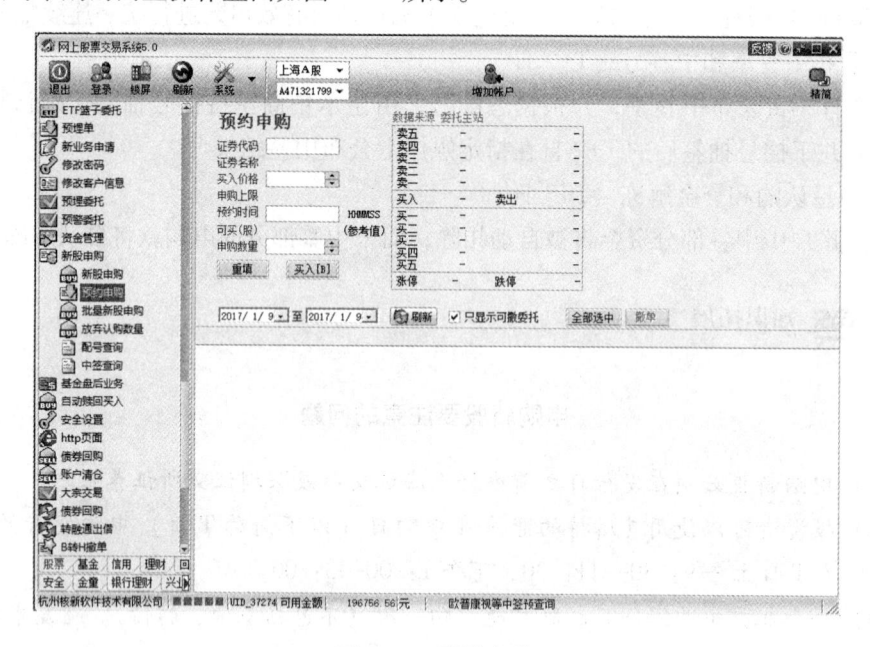

图5-11　预约申购

2. 批量申购

批量申购是指一天有几只股票同时发行，你可全选所有新股，设置申购数量，进行一次性全部申购（见图5-12）。

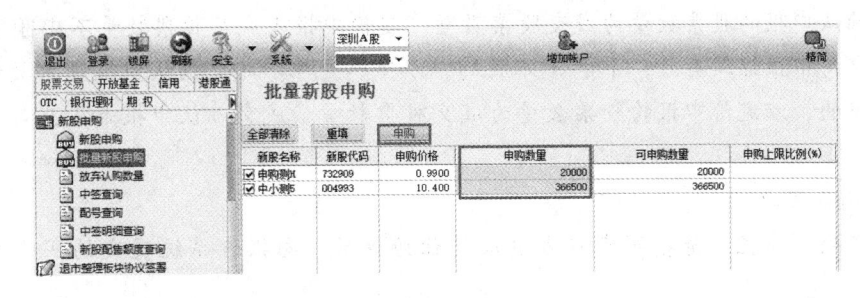

图 5-12　批量申购

**3. 放弃认购数量**

可在"放弃认购数量"系统中查询中签数量（见图 5-13），并发起放弃认购。通过选择代码，修改申购放弃数量，发起放弃认购数量的委托。

图 5-13　放弃认购数量

## 知识拓展

### 股份报价转让

股份报价转让是指代办股份转让系统中专门用于为非上市公司股份提供报价转让服务的技术设施。报价转让方式与在深交所上市的股票交易模式完全不同。该系统是证券公司代办股份转让系统功能的进一步拓展和延伸，目前主要服务于中关村高新技术园区未上市公司股份转让。具体委托买卖如下：

1. 意向买卖

意向委托是指投资者委托主办券商按其指定价格和数量买卖股份的意向指令，意向委托不具有成交功能。

2. 定价买卖

定价委托是指投资者委托主办券商按其指定的价格买卖不超过其指定数量股份的指令，定价委托具有成交功能。

当无明确成交对手时选择定价卖出或买入，自动生成约定编号，由对手方进行成交确认申报（对手方不确定），交易成功需买卖双方下单中证券代码、买入与卖出价格、约定编号、对方席位号等均保持一致。成交确认申报股票数量小于定价申报的，以成交确认申报的股票数量为成交股票数量。定价申报未成交股票数量不小于 3 万股的，该定价申报继续有效；小于 3 万股的，以撤单处理。成交确认申报股票数量大于定价申报的，以定价申报的股票数量为成交股票数量。成交确认申报未成交部分以撤单处理。

3. 确认买卖

成交确认委托：是指买卖双方达成转让协议后，向报价系统提交的买卖确定性委托。

有明确成交对手的选择"成交确认买入"（或"成交确认卖出"），双方做反方向下单，约定编号在 0~1 000 000 自选，交易成功需买卖双方下单中证券代码、买入与卖出价格、买入数量与卖出数量、约定编号、对方席位号等均保持一致。成交确认委托一经报价系统确认成交的，不得撤销或变更。

全国股份转让系统股票转让的交收日为 T+1 日（T 日为股票转让日），最终交收时点为 16:00，T+2 日资金可用、可取。

### 知识拓展

表 5-2 不同交易制度的比较

| 类别 | 代办股份转让 | 股份报价转让 | 交易所主板 |
| --- | --- | --- | --- |
| 交易模式 | 集合竞价（每周五次、三次、一次） | 协议成交、不撮合 | 连续竞价 |
| 交易单位 | 一手（100 股） | 不低于 3 万股 | 一手（100 股） |
| 交易时间 | 上午：9:30—11:30 下午：13:00—15:00 | 上午：9:30—11:30 下午：13:00—15:00 | 上午：9:30—11:30 下午：13:00—15:00 |
| 涨跌幅 | ±5% | 无 | ±10% |
| 结算方式 | T+1 交收、多边净额结算、货银对付、担保交收 | T+1 交收、双边净额结算、货银对付、无担保交收 | T+1 交收、多边净额结算、货银对付、担保交收 |
| 证券账户 | 非上市公司股份转让账户 | 非上市公司股份转让账户 | 深、沪交易所证券账户 |
| 资金账户 | 银行资金账户 | 银行资金账户 买方须 T-1 日存入资金 | 银行资金账户 |

## 活动三 债券交易

【知识准备】

### 知识点1：债券网上交易

债券网上交易可在沪深证券账户或是基金账户中交易。其过程和股票基本一样，请参考股票网上交易流程。

1. 买卖交易的地方

债券买卖交易的地方与股票交易相同，交易对象为全部上市债券。投资者知道购买的债券代码即可。国债在上海证券交易所的代码为"00××××"，在深圳证券交易所的代码为"19××"；企业债在上海证券交易所的代码为"12××××"，在深圳证券交易所的代码为"10××"；回购债券在上海证券交易所的代码为"2×××××"，在深圳市场"1×××"。

2. 债券价格

申报价格为每百元面值债券的价格；申报价格最小变动单位为0.01元。

3. 债券数量

债券申报数量为1手或其整数倍，单笔申报最大数量不超过10万手。债券买卖的数量必须是10的整数张。

4. 交易方式：债券回转交易

债券实行当日回转交易，即投资者可以在交易日的任何营业时间内反向卖出已买入但未完成交收的债券。

**案例分享**

**国债登记他人名下**

2003年5月，同济设计院与渤海证券签订了《代理投资国债协议》，委托渤海证券代理国债投资。但渤海证券将同济设计院购买的国债登记于盛典公司开设在渤海证券处的某证券账户内。渤海证券承认案外人上海银行外滩支行在其与盛典公司借款合同纠纷案中提出保全申请，第二中级人民法院裁定冻结盛典公司证券账户内的国债。

随后，同济设计院请求确认盛典公司在证券账户内国债属其所有。一审法院根据国债登记在盛典公司名下的事实，驳回同济设计院的诉讼请求。二审高级人民法院在查清国债资金来源、国债交易情况后，认定同济设计院为该国债的所有权人。

一些证券公司在开立资金和证券账户，违反了证券账户和资金账户一一对应规定，在客户资金账户下挂他人证券账户，有时下挂几百甚至上千个证券账户，俗称拖拉机账户。一旦发生纠纷，就会产生证券的所有权是归属于证券账户户名人还是资金账户户名人的问题。如果没有充分证据证明，真正权利人的利益可能受到损害。

（资料来源：767股票学习网）

### 知识拓展

#### 融资融券

"融资融券"（securities margin trading）又称"证券信用交易"或保证金交易，是指投资者向具有融资融券业务资格的证券公司提供担保物，借入资金买入证券（融资交易）或借入证券并卖出（融券交易）的行为，包括券商对投资者的融资、融券和金融机构对券商的融资、融券。从世界范围来看，融资融券制度是一项基本的信用交易制度。

2010年3月30日，上交所、深交所分别发布公告，将于2010年3月31日起正式开通融资融券交易系统，开始接受试点会员融资融券交易申报。融资融券业务正式启动。

融资是借钱买证券，即证券公司借款给客户购买证券，客户到期偿还本息，客户向证券公司融资买进证券称为"买多"；融券是借证券来卖，然后以证券归还，证券公司出借证券给客户出售，客户到期返还相同种类和数量的证券并支付利息，客户向证券公司融券卖出称为"卖空"。

## 知识点2：债券回购交易

债券回购交易是指债券持有人（正回购方，即资金融入方）在卖出一笔债券、融入资金的同时，与买方（逆回购方，即资金融出方）协议约定于某一到期日再以事先约定的价格将该笔债券购回的交易方式。一笔回购交易涉及两个交易主体（资金融入方和资金融出方）、两次交易契约行为（初始交易和回购期满时的回购交易）和相应的两次清算。一笔回购包括初始交易以及期满时的回购交易，期满时的回购交易自动生成交记录，无须再申报。两次结算是：一是融券方向融资方划款（本金），并划付有关的交易费用（佣金、经手费）；将融资方账户内的标准券冻结。二是由融资方向融券方划款（本息和）；将融资方账户内的标准券解冻。

1. 质押库入库

债券回购交易实行质押库制度，融资方应在回购申报前，通过交易系统申报提交相应的债券作质押。用于质押的债券，按照证券登记结算机构的相关规定，转移至专用的质押账户。

客户委托证券公司通过交易系统将其证券账户中的债券现券申报提交入结算公司的质押库。在交易界面，选择"卖出（即提交质押券）"，输入质押代码，价格会自动显示的，一般是1。注意：这里是质押代码而不是交易代码。质押代码以090（国债）、104（公司债）、105（分离债纯债、企业债）、106（地方债）开头。此操作叫债券质押入库。债券质押的数量没有限制，最低1手即10张。很多券商要求投资者必须到柜台办理债券质押入库、出库，而不能在网上操作（就像深市转债转股一样）。

2. 标准券使用

标准券是由不同债券品种按相应折算率折算形成的回购融资额度。

债券质押入库后，系统就根据最新的折算率自动换成了标准券。账户上出现标准券一览，上交所新标准券代码为888880；深交所国债代码为131990，企业债代码为131991。可以用来质押的债券必须是1 000张标准券的整数倍，若投资者有1 050张和1 800张都只能按1 000张标准券融资10万元。多余的债券可以直接出库。

3. 可回购日期

上交所规定，当日买入的债券当日可质押，当日可回购交易；深交所规定当日买入的债券当日可质押，但下一交易才可用于回购。

4. 融资、融券回购

债券回购交易申报中，融资方按"买入"予以申报，融券方按"卖出"予以申报。质押券对应的标准券数量有剩余的，可以通过交易系统，将相应的质押券申报转回原证券账户。债券回购交易的融资方，应在回购期内保持质押券对应标准券足额。

在交易界面中，选择"买入"，输入代码；融资价格填你愿意融入资金的利率。上海证券交易所债券回购交易最小报价变动为0.005或其整数倍；深圳证券交易所债券回购交易的最小报价变动为0.01或其整数倍。

融资数量必须填1 000的整数倍，比如你有2 500张标准券，那么你可以输入1 000或2 000，表示你愿意借入10万或20万元资金。交易完成后你的账户上就出现借入的现金，同时减少你的标准券数量。借入的资金可买入其他证券也可以转出资金（有的券商不允许转出融入的资金）。回购交易指令必须申报证券账户，否则回购申报无效。上海证券交易所规定，申报单位为手，1 000元标准券为1手；计价单位为每百元资金到期年收益；申报数量为100手或其整数倍，单笔申报最大数量应当不超过1万手。深圳证券交易所规定，债券回购交易的申报单位为张，100元标准债券为1张；最小报价变动为0.01元或其整数倍；申报数量为10张及其整数倍，单笔申报最大数量应当不超过10万张。

5. 回购交易后的结算

做完回购后投资者就要注意在账户上准备足够的资金以备到期扣款（自动扣款，不用做任何操作）。例如，1日回购，当天晚上10点以后标准券就回到账户上，同时可用资金减少（如果原来资金已用完，那么就显示负数）。T+1日16：00前你的账户上要准备足够的扣款本金及利息以还掉借款。

### 6. 质押债券出库（又称解除债券质押）

债券质押到期后（标志就是标准券回到了账户上）就可申请出库。方法与入库时相反，即在交易界面选择"买入（即转回质押券）"，输入质押代码和出库数量即可。出库的目的一般是为了卖出，否则没有必要出库，这样下次回购时就非常方便。当日出库的质押券可再次申报入库。上海出入库委托不提供撤单操作。深圳入库申报确认后的标准券数量不可用，出库申报确认的国债数量也不能卖出。

### 7. 债券可卖出日期

上交所规定当日出库的债券当日卖出；深交所规定当日出库的债券，下一交易才能卖出。

### 8. 标准券与融入资金的关系

这两个是相互对应的就像买卖股票和手头现金的关系一样，是一个问题的两个方面。当标准券数量大于1 000时，就可融入资金。融入后，标准券消失（实际上是质押给了登记结算公司）账户上可用资金增加。当质押到期标准券回来时，账户上可用现金减少相应数额。

### 知识拓展

**标准券的品种**

2008年上海证券交易所规定国债、企业债、公司债等可参与回购的债券均可折成标准券，并可合并计算，不再区分国债回购和企业债回购。上海证券交易所实行标准券制度的债券质押式回购分别为：1天、2天、3天、4天、7天、14天、28天、91天、182天9个品种。

深圳证券交易所仍维持原状，规定国债、企业债折成的标准券不能合并计算，因此需要区分国债回购和企业债回购。深圳证券交易所实行标准券制度的债券质押式回购分为：国债有1天、2天、3天、4天、7天、14天、28天、63天、91天、182天、273天11个品种；实行标准券制度的质押式企业债回购有1天、2天、3天、7天4个品种。

## 活动四　全国银行间债券交易

【知识准备】

### 知识点1：全国银行间债券市场

全国银行间债券市场债券回购业务是指以商业银行等金融机构为主的机构投资者

之间以询价方式进行的债券交易行为。中央国债登记结算有限责任公司（简称"中央结算公司"）为中国人民银行指定的办理债券的登记、托管与结算的机构。中国人民银行是全国银行间债券市场的主管部门。中国人民银行各分支机构对辖内金融机构的债券交易活动进行日常监督。具体交易规则：

1. 交易时间

交易系统的工作日为每周一至周五，法定节假日除外；如遇变更，同业中心应发布市场公告。交易系统工作日的营业时间为9：00—11：00、14：00—16：30。

2. 交易期限

回购期限最短为1天，最长为1年。参与者可在此区间内自由选择回购期限，不得展期。

3. 交易面额

债券交易数额最小为债券面额十万元，交易单位为债券面额一万元。

## 知识点2：交易程序

参与者利用交易系统进行债券交易。债券交易采用询价交易方式，包括自主报价、格式化询价、确认成交三个交易步骤。

1. 自主报价

参与者的自主报价分为两类：公开报价和对话报价。

（1）公开报价是指参与者为表明自身交易意向而面向市场做出的、不可直接确认成交的报价。公开报价分为单边报价和双边报价两类。

单边报价是指参与者为表明自身对资金或债券的供给或需求而面向市场做出的公开报价。

双边报价是指经中国人民银行批准在银行间债券市场开展双边报价业务的参与者在进行现券买卖公开报价时，在中国人民银行核定的债券买卖价差范围内连续报出该券种的买卖实价，并可同时报出该券种的买卖数量、清算速度等交易要素。进行双边报价的参与者有义务在报价或合理范围内与对手方达成交易。

（2）对话报价是指参与者为达成交易而直接向交易对手方做出的、对手方确认即可成交的报价。

2. 格式化询价

格式化询价是指参与者必须按照交易系统规定的格式内容填报自己的交易意向。未按规定所做的报价为无效报价。

3. 确认成交

确认成交须经过"对话报价—确认"的过程，即一方发送的对话报价，由对手方确认后成交，交易系统及时反馈成交。交易成交前，进入对话报价的双方可在规定的次数内轮替向对手方报价。超过规定的次数仍未成交的对话，须进入另一次询价过程。

参与者在确认交易成交前可对报价内容进行修改或撤销。交易一经确认成交，则参与者不得擅自进行修改或撤销。债券交易成交确认后，由成交双方根据交易系统的成交回报各自打印成交通知单，并据此办理资金清算和债券结算。

（1）债券买卖成交通知单

债券买卖成交通知单的内容包括：成交日期、成交编号、交易员代码、交易双方名称及交易方向、债券种类、债券代码、成交价格、应计利息、结算价格、券面总额、成交金额、结算金额、应计利息总额、清算日、结算方式、对手方人民币资金账户户名、开户行、账号、债券托管账号、手续费等，如表5-3所示。

表5-3　　　　　　　　　　银行间债券买入成交通知单

成交日期：2017-01-16　　　成交编号：B2017011600042　　　　　　交易员：×××

| 买入方 | A银行 | | |
|---|---|---|---|
| 卖出方 | 某证券有限责任公司 | | |
| 证券名称 | 02国开01 | 证券代码 | 020202 |
| 净价（元/百元面值） | 100.440 | 应计利息（元/百元面值） | 1.222 |
| 全价（元/百元面值） | 100.662 | 券面总额（万元） | 5 000 |
| 净价金额（元） | 50 222 000.00 | 应计利息总额（元） | 611 068.49 |
| 全价金额（元） | 50 831 068.49 | 手续费 | |
| 交割日 | 2017-01-16 | 结算方式 | 见券付款 |
| 买入方户名 | A银行 | | |
| 买入方开户行 | A银行（行号：689870） | | |
| 买入方账号 | 283798283798 | | |
| 买入方债券托管账号 | A00192878 | | |
| 卖出方户名 | 某证券有限责任公司 | | |
| 卖出方开户行 | 某某省工行某某市支行（行号：0788307883） | | |
| 卖出方账号 | 2328379034546 | | |
| 卖出方债券托管账号 | A008210002 | | |

（2）债券回购成交通知单

债券回购成交通知单的内容包括：成交日期、成交编号、交易员代码、交易双方名称及交易方向、债券种类、债券代码、回购利率、回购期限、券面总额、折算比例、成交金额、到期划款金额、首次结算方式、到期结算方式、首次划付日、到期划付日、对手方人民币资金账户户名、开户行、账号、债券托管账号、手续费等，如表5-4所示。

表 5-4　　　　　　　　　　　　**银行间质押式正回购成交通知单**

成交日期：2017-01-23　　　成交编号：R2017012300022　　　　　　交易员：XX

| 正回购方 | A 银行 | | |
|---|---|---|---|
| 逆回购方 | B 银行 | | |
| 回购利率（%） | 1.118 0 | 回购期限（天） | 7 |
| 券面金额（万元） | 20 000 | 成交总金额（元） | 200 000 000.00 |
| 到期还款总额（元） | 200 042 805.48 | 手续费 | |
| 首次结算方式 | 见券付款 | 到期结算方式 | 见款付券 |
| 首次交割日 | 2017-01-23 | 到期交割日 | 2017-01-30 |
| 正回购方户名 | A 银行 | | |
| 正回购方开户行 | A 银行（行号：688870） | | |
| 正回购方账号 | 283798283798 | | |
| 正回购方债券托管账号 | A192878 | | |
| 逆回购方户名 | B 银行 | | |
| 逆回购方开户行 | B 银行（行号：0768307683） | | |
| 逆回购方账号 | 7876727 | | |
| 逆回购债券托管账号 | B17287 | | |
| 债券名称 | 债券代码 | 债券面额（万元） | 折算比例 | 成交金额（万元） |
| 03 国开 19 | 030338 | 20 000 | 100.00 | 200 000 000.00 |

## 知识拓展

### 全价交易与净价交易

全价交易是指债券价格中把应计利息包含在债券报价中的债券交易，其中应计利息是指从上次付息日到购买日债券发生的利息。净价交易是以不含利息的价格进行的交易，即价格只反映本金市值的变化。

净价=全价-应计利息

$$应计利息 = \frac{面值 \times 票面利率}{365} \times 已计息天数$$

交易日挂牌显示的"每百元应计利息额"是包括交易日当日在内的应计利息额。

例：某国债面值为 100 元，票面利率为 5%，起息日是 8 月 5 日，交易日是 12 月 18 日，则交易日挂牌显示的应计利息额为：

$$应计利息 = \frac{100 \times 5\%}{365} \times 136 = 1.86 \ 元$$

在净价交易制度下,交易系统直接实行净价报价。在债券现券买卖中,买卖双方以净价进行报价,而实际买卖价格和结算交割价格为全价。

### 知识拓展

#### 结算方式

债券回购双方可以选择的交收方式包括见券付款、券款对付和见款付券三种。双方应按合同约定及时发送债券和资金的交收指令,在约定交收日应有足额的用于交收的债券和资金,不得买空卖空。

1. 见券付款

简称 PAD (Payment After Delivery),指在结算日收券方通过债券簿记系统得知付券方有履行义务所需的足额债券,即向对方划付款项并予以确认,然后通知中央结算公司办理债券结算的方式。这是一种对收券方有利的结算方式,有利于收券方控制风险,但付券方会有一个风险敞口,付券方在选择此方式时应充分考虑对方的信誉情况。采用见券付款方式往往是收券方信用比付券方要好。

2. 券款对付

简称 DVP (Delivery Versus Payment),指在结算日债券交割与资金支付同步进行并互为约束条件的一种结算方式。DVP 的特点是结算双方交割风险对等,是一种高效率、低风险的结算方式。券款对付的实现,可使相互并不熟悉或信用水平相差很大的交易双方安全迅速地达成债券交易结算。

3. 见款付券

简称 DAP (Delivery After Payment),指付券方确定收到收券方应付款项后予以确认,要求中央结算公司办理债券交割的结算方式。这是一种对付券方有利的结算方式,有利于付券方控制风险,但收券方会有一个风险敞口,该方式在收券方对付券方比较信赖的情况下可以采用。

## 知识点3:结算

债券结算和资金清算的时间采用"T+0"或"T+1"的方式,参与者双方自行决定债券结算和资金清算的时间。银行间债券交易中"T+0"指参与者于债券交易成交日进行债券结算和资金清算。"T+1"指参与者于债券交易成交日之后的第一个营业日进行债券结算和资金清算。债券交易的债券结算和资金清算必须在同一日进行。

1. 付券方录入结算指令

付券方通过簿记系统客户端录入合法的结算指令并加以复核。

2. 收券方确认指令

收券方对付券方录入的结算指令加以确认。

### 3. 生成结算合同

经确认后的结算指令生成结算合同。

### 4. 收款确认、付款确认

簿记系统根据结算合同的条件检查结算双方的券款情况，在券足的情况下，付款方应及时划款，结算双方需根据采用的结算方式及时发送收款确认、付款确认等辅助指令。

### 5. 债券交割

簿记系统在券足和款足的情况下为每笔债券结算全额办理相应的债券交割。

**>>同步练习**

2017年12月21日，A银行与B银行交易员经过商谈达成协议，以净价100.52（元/百元面值）的价格，应计利息1.578（元/百元面值）买入B银行05国开02债券，（债券代码020322，券面总额8 000万）并在网上确认成交。假设你作为A银行同业资金部前台交易员王强，请填制银行间债券买入成交单（见表5-5），注意成交单内各要素完整准确。具体资料：A银行（开户行A银行，行号：253220、账号141683270；B银行（开户行B银行，行号：123316755、账号2311194857）

表5-5　　　　　　　　　　银行间债券买入成交通知单

成交日期：　　　　　　成交编号：B2017122100042　　　　　　交易员：××

| | | | |
|---|---|---|---|
| 买入方 | | | |
| 卖出方 | | | |
| 证券名称 | | 证券代码 | |
| 净价（元/百元面值） | | 应计利息（元/百元面值） | |
| 全价（元/百元面值） | | 券面总额（万元） | |
| 净价金额（元） | | 应计利息总额（元） | |
| 全价金额（元） | | 手续费 | |
| 交割日 | | 结算方式 | |
| 买入方户名 | | | |
| 买入方开户行 | | | |
| 买入方账号 | | | |
| 买入方债券托管账号 | | | |
| 卖出方户名 | | | |
| 卖出方开户行 | | | |
| 卖出方账号 | | | |
| 卖出方债券托管账号 | | | |

# 活动五　基金交易

## 【知识准备】

### 知识点1：基金交易账户

客户购买基金使用普通股票账户或证券投资基金账户。银行网点办理基金业务需要提交的文件如表5-6所示。

表5-6　　　　　　投资者办理基金业务提交的文件（个人版）

| | |
|---|---|
| 开户 | 开户申请表 |
| | 本人有效身份证件 |
| | 某银行借记卡 |
| | 交易协议书（一式两份） |
| 认购 | 认购申请表 |
| | 某银行借记卡 |
| | 基金交易卡 |
| 申购 | 交易申请表 |
| | 某银行借记卡 |
| | 基金交易卡 |
| 赎回 | 交易申请表 |
| | 某银行借记卡 |
| | 基金交易卡 |
| 资料变更 | 资料变更申请表 |
| | 本人有效身份证件 |
| | 重要资料变更提供公安机关证明 |
| | 某银行借记卡、基金交易卡 |
| 销户 | 销户申请表 |
| | 本人有效身份证件 |
| | 某银行借记卡 |
| | 基金交易卡 |

表5-6(续)

| | |
|---|---|
| 非交易过户 | 继承人或捐赠人填写的非交易过户申请（一式两份） |
| | 有关法律文件（公证书、司法机关证明原被继承人身份号码的文件、户口本及复印件）（一式两份） |
| | 继承人或捐赠人有效身份证件原件及复印件（一式两份） |
| | 继承人、被继承人或捐赠人的借记卡及基金交易卡 |
| | 受赠方的组织机构代码证、营业执照或注册登记证书原件（正本）及上述文件加盖公章的复印件（一式两份） |
| | 受赠方经办人的身份证及法人授权委托书的原件及复印件（一式两份） |
| 分红方式选择 | 提供文件同认购 |
| 查询 | 本人有效身份证件 |
| | 某银行借记卡、基金交易卡 |
| 撤单 | 撤单申请表 |
| | 本人有效身份证件 |
| | 某银行借记卡、基金交易卡 |
| | 原交易回执 |
| 登记基金账号 | 提供文件同开户 |
| 转托管 | 提供文件同申购 |
| 基金转换 | 提供文件同赎回 |
| 定期定额 | 提供文件同申购 |

**想一想**

机构投资者办理各项基金业务提交的文件有哪些呢？

## 知识点2：交易所场内基金

可在网上办理交易所场内基金。

1. 基金申购

在"基金申购"框里，输入基金代码、申购金融确认申购即可（见图5-14）。投资者开立基金交易账户的当日，即可申请办理基金的认购或申购，T日受理申请。投资者在买基金时是按购买的金额提出申请，而不是按购买的份额提出申请，如一个投资者提出买10 000元的基金，而不是买10 000份的基金。

证券投资实务

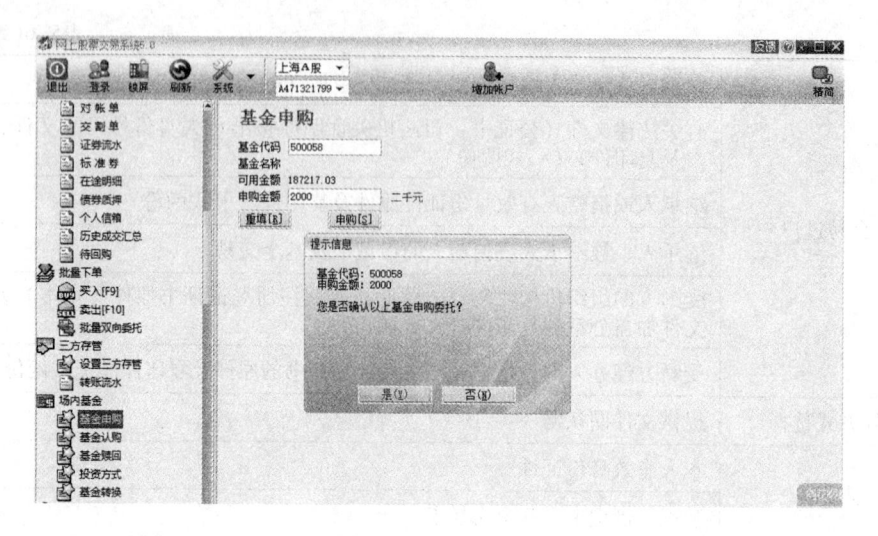

图 5-14 基金申购

2. 基金认购

在"基金认购"框里，输入基金代码，确认认购"下单"即可。投资者购买基金必须符合基金发行公告规定的首次认购或申购的最低限额。投资者在首次购买基金的当日和下一工作日发生的多次购买基金的行为，因交易尚未被注册登记机构确认成功，因此均视为首次购买。

3. 基金赎回

在赎回期，投资者的交易账户中有被确认的基金份额后，才可申请办理赎回业务。申请赎回的份额，不得超过交易账户中的有效可用份额。T+1 日清算确认净认购（申购）金额，T+2 日可赴代销渠道取得确认回执，T+2 日起可申请赎回该部分基金份额。投资者在卖基金时是按卖出的份额提出，而不是按卖出的金额提出，如一个投资者提出卖出 10 000 份基金，而不是卖出 10 000 元的基金。基金认购、申购及赎回申请提交后一经销售机构受理，不可以撤销。交易日下午 3：00 前可以撤销。

4. 投资方式

任何投资的最终目的都是希望获得投资收益和投资回报，使所投资的资金能够得到增值。对于不同的投资品种，获得投资收益和回报的方式，可能有所不同。投资证券基金而言，为了获得投资收益和回报，可以通过将价格上涨、净值增长的基金份额卖出或赎回的方式获得现金；通过基金派红利即分红的方式获得投资收益和回报；通过进行基金再投资方式，使所持有的基金份额增加的方式，获得投资收益和回报。再投资方式里投资者可选择全部再投资或是按比例投资。

5. 基金转换

基金转换是指投资者在持有本公司发行的任一开放式基金后，可将其持有的基金份额直接转换成本公司管理的其他开放式基金的基金份额，而不需要先赎回已持有的基金单位再申购目标基金的一种业务模式。基金转换的费用比赎回后再购买的费用更低（补差价原则），比赎回后再购买更便捷（当日转换原则）。

### 知识拓展

**基金转换要求**

转换申请中的两只基金要符合如下条件：①在同一家销售机构销售的，且为同一注册登记人的两只同时开放式基金；②前端收费模式的开放式基金只能转换到前端收费模式的其他基金，申购费为零的基金默认为前端收费模式；③后端收费模式的基金可以转换到前端或后端收费模式的其他基金。

## 知识点3：ETF网上交易

**1. 现金认购**

投资者可在交易日交易时间内，使用证券账号，在证券公司营业部柜台、电话委托以及网上交易系统网上认购基金份额（如图5-15所示）。网上认购采用现金方式，以份额申报，不可撤单。单一账户每笔认购份额应为1 000份或其整数倍，最高不超过99 999 000份。投资者可以多次认购，累计认购份额不设上限。认购资金实时冻结，当天清算划扣资金。

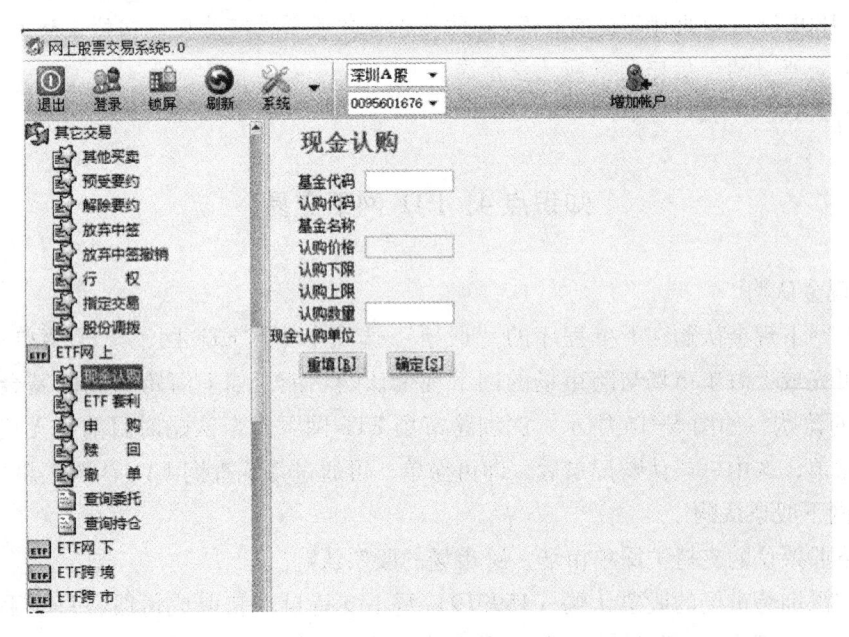

图5-15　ETF网上现金认购

**2. ETF套利**

ETF套利是指投资者可以在一级市场通过指定的ETF交易商向基金管理公司用一

揽子股票组合申购 ETF 份额或把 ETF 份额赎回成一揽子股票组合，同时又可以在二级市场上以市场价格买卖 ETF。ETF 套利交易就是一价原则，同一件产品在不同的市场有不同的价格，通过利用这些价差来获得盈利。例如，上证 50ETF 对应的是上证 50 指数成份股所组成的一揽子股票组合，组合中各只成份股权重不同，而不同的权重造成了一个兑换比例，投资者可以通过这种比例获得 ETF 份额，同时这些 ETF 份额也可以像股票一样在二级市场上交易。

ETF 套利就有两种交易顺序，一种是从股票二级市场购入一揽子股票，按照一定比例兑换成 ETF 份额，然后在 ETF 二级市场上卖出份额，这样的前提是一揽子股票价格比 ETF 价格低，所谓溢价；另一种则刚好相反，从 ETF 二级市场买入份额，按照一定比例兑换成一揽子股票，再拿到股票二级市场卖出，这样的前提是 ETF 价格低于一揽子股票价格，所谓折价。

> **案例分享**

### ETF 套利

以光大证券操作 ETF 套利为例，8 月 16 日上午，套利交易指令已经成交了 72.7 亿元股票，这说明光大证券正在进行溢价套利，希望用一揽子股票组合兑换 ETF 份额，并卖出 ETF 份额。该公司公告称，捅娄子的策略投资部在当天卖出了 18.5 亿元的 50ETF、180ETF，如此计算尚有近 54 亿元的误操作股票没有处理，按照上述套利原则，这有可能是当日的溢价套利空间已经消失。

资料来源：搜狐财经。

## 知识点 4：ETF 网下交易

1. 现金认购

ETF 网下现金认购在下单程序的"股票"选项卡中"ETF 网下"子菜单下进行。该菜单可完成上海单市场与跨市场的网下现金认购功能，如上海跨市场的基金代码为 510303 的认购，如图 5-16 所示。深圳跨市场 ETF 网下现金认购时目前暂无代码。现金认购撤单，选中一条认购记录后，即可撤单。可通过系统查询 ETF 认购汇总情况。

2. 网下股票认购

网下股票认购支持沪深单市场、跨市场的股票认购。

目前深圳跨市场的股票认购（159919）暂不支持自动获取成份股，只能手工输入成份股。进入股票认购菜单，在"基金代码"框中输入认购代码，如 510303 或 159919，输入后，界面将获取相关联的成份股，并在下方显示出来如，图 5-17 所示。

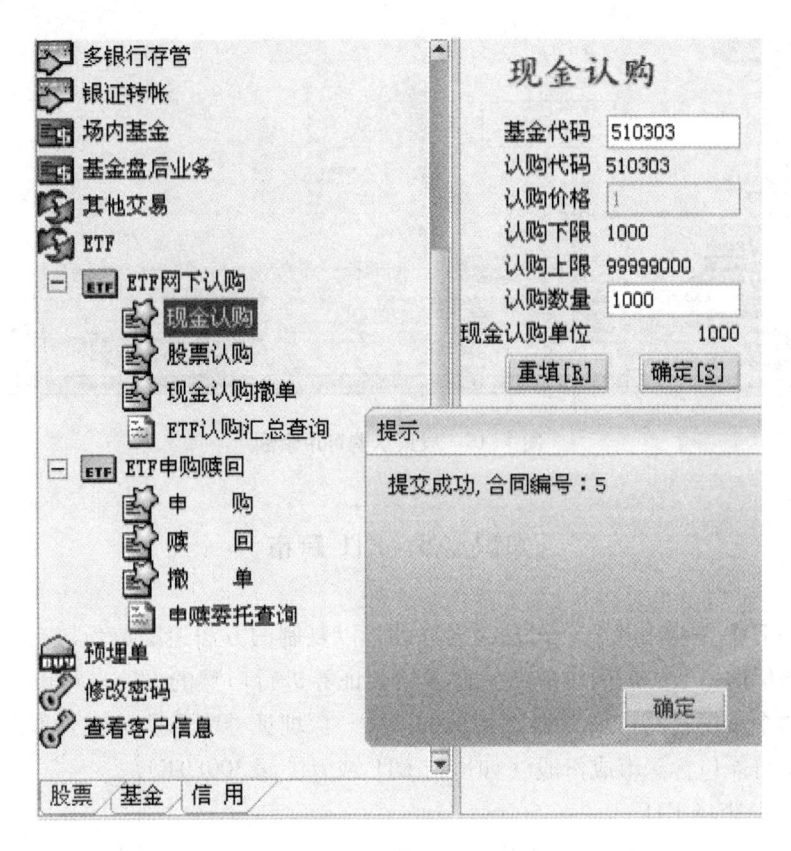

图 5-16　ETF 网下现金认购

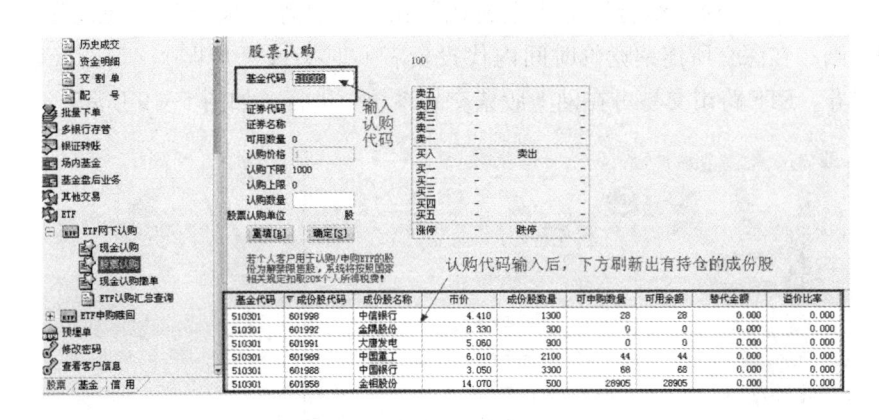

图 5-17　股票认购基金代码

双击可用余额大于认购下限的成份股，即可获取证券可用数量，系统终端会自动填写证券代码，如图 5-18 所示。

输入超过认购下限的认购数量点确定，即可委托。现有版本暂不支持股票认购撤单，只能到柜台进行撤单。

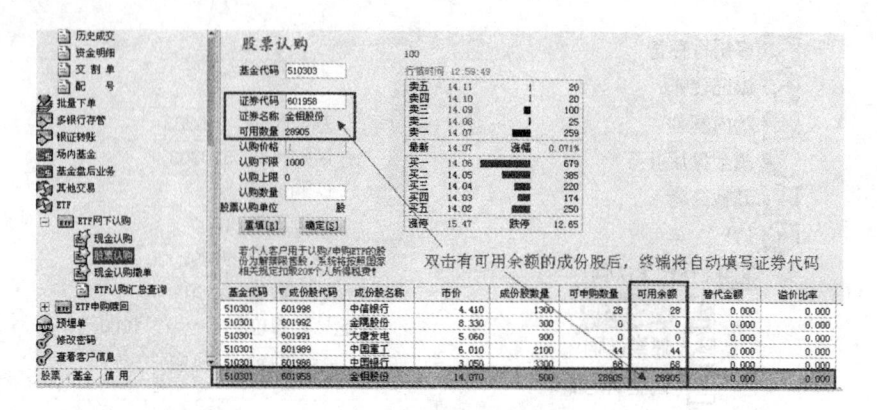

图 5-18　股票认购可用余额

## 知识点 5：ETF 跨市

跨市场 ETF 是指由基金公司发起设立的，以复制的方法追踪成份股分别在深、沪两所上市的标的指数，需用对应的一篮子组合证券进行申赎的 ETF。跨市场 ETF 跟踪包含沪深两个市场（跨市场）股票指数的 ETF。深圳证券交易所的成份股包含非深市成份股，也可能包含深市成份股（如恒指 ETF 或者沪深 300ETF）。

1. 上海跨市场 ETF

上海跨市场 ETF 申购赎回采用"沪市组合证券（实物）+ 深市组合证券现金替代（资金）"方式。"深市组合证券现金替代"由基金管理人采取"时间优先、实时申报"的原则，在深交所连续竞价时间内代投资者实时买入（申购）/卖出（赎回）深市组合证券。ETF 跨市交易可在网上股票交易系统中进行，如图 5-19 所示。

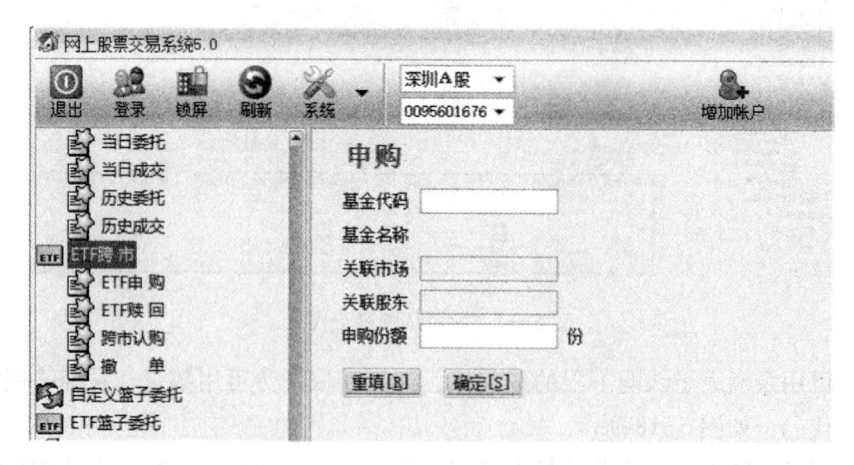

图 5-19　ETF 跨市交易

表 5-7　　　　　　　　　　　　上海证券交易所清算

| 业务类别 | 交收种类 | 交易日 | 清算日 | 交收日 | 备注 |
|---|---|---|---|---|---|
| 申购 | ETF 份额（申购且卖出份额） | T | T | T | |
| | ETF 份额（申购且卖出份额） | T | T | T+1 | |
| | 成份股 | T | T | T | |
| | 沪市现金替代金额 | T | T | T | |
| | 非沪市现金替代金额（申购且卖出部分对应的） | T | T | T | |
| | 非沪市现金替代金额（申购且卖出部分对应的） | T | T | T | 由于 T+1 要进行申购的 DVP 交收，所以必须提前将资金划拨到券商账户 |
| | 现金差额 | T | T+1 | T+1 | |
| 赎回 | ETF 份额 | T | T | T | |
| | 成份股 | T | T | T | |
| | 沪市现金替代金额 | T | T | T | |
| | 非沪市现金金额 | T | T | T+1 | |
| | 现金差额 | T | T+1 | T+1 | |

在上交所 ETF 和跨市场 ETF 的交易中，当日申购的基金份额，同日可以卖出，但不得赎回。其中，跨市场 ETF 当日申购且同日未卖出的基金份额，清算交收完成后方可卖出和赎回；当日买入的基金份额，同日可以赎回，但不得卖出；当日赎回的证券，同日可以卖出，但不得用于申购基金份额；当日买入的证券，同日可以用于申购基金份额，但不得卖出。

当日（T 日）申购且同日未卖出的 ETF 份额，等 T+1 日清算交收完成后 T+2 日方可卖出和赎回。换言之，T 日申购的份额可用数量增加，当日未卖出的份额，不包含在 T+1 日可用数量中；未来可能优化为与当前单市场 ETF 交易规则一致，即 T 日申购但同日未卖出 ETF 份额于 T 日清算交收完成后也可于 T+1 日卖出和赎回。

2. 深圳跨市场

（1）申购赎回申报中的开放日为两个市场的共同交易日，对非深市成份股进行现金替代，对深市成份股和 ETF 份额的股份监控规则不变，且使用代码为 159900 的股票对所有非深市成份股进行现金替代，申购和赎回时的替代金额可以不同。通常情况下，市场对申购、赎回规模进行控制。

（2）申购赎回资金交收流程如下：

①T+N（T 为赎回申请日，N 由基金公司决定）日，基金公司将赎回资金指令发送中国结算深圳分公司；

②T+N+1 日，中国结算深圳分公司进行资金的代收、代付；

③若代收、代付不成功，基金公司会再次将指令发送中国结算深圳分公司进行代收、代付。

表 5-8　　　　　　　　　　　深圳跨市场 ETF 清算

| 业务类别 | 交收种类 | 交易日 | 清算日 | 交收日 | 备注 |
| --- | --- | --- | --- | --- | --- |
| 申购 | ETF 份额（082） | T | T | T+1 | |
| | 成份股（082） | T | T | T+1 | |
| | 现金替代金额（L6） | T | T+N | T+N+1 | 对于代码为 159952，N 为 1 |
| | 现金差额（L7） | T | T+N | T+N+1 | 对于代码为 159952，N 为 1 |
| | 现金替代多退少补（L8） | T | T+N | T+N+1 | 对于代码为 159952，N 为 4 |
| 赎回 | ETF 份额（084） | T | T | T+1 | |
| | 成份股（084） | T | T | T+1 | |
| | 现金替代金额（L9） | T | T+N | T+N+1 | 对于代码为 159952，N 为 1 |
| | 现金差额（L7） | T | T+N | T+N+1 | 对于代码为 159952，N 为 1 |
| | 现金替代多退少补（L8） | T | T+N | T+N+1 | 对于代码为 159952，N 为 4 |

### 知识拓展

#### ETF 跨市认购交易

投资者欲认购嘉实沪深 300 基金，至少需具有深圳证券交易所 A 股账户（以下简称"深圳 A 股账户"）或深圳证券交易所证券投资基金账户（以下简称"深圳证券投资基金账户"）。如投资者以深圳证券交易所股票进行网下股票认购的，应持有深圳 A 股账户；如投资者以上海证券交易所股票进行网下股票认购的，除了持有深圳 A 股账户或深圳证券投资基金账户外，还应持有上海证券交易所 A 股账户（以下简称"上海 A 股账户"），且该两个账户的证件号码及名称属于同一投资者所有，并注意投资者认购基金份额的托管证券公司和上海 A 股账户指定交易证券公司应为同一发售代理机构。

### 知识拓展

#### ETF 跨境交易

跨境 ETF，是指由国内的基金公司发起设立，在国内证券交易所上市的 ETF，其标的指数为海外指数，基金持有的证券资产主要托管在海外，而基金份额在国内进行申购赎回和交易的 QDII 基金。跨境 ETF 申、赎采用全现金替代模式，结算公司提供非担保交收和代收代付服务。T 日申报的申购、赎回，结算公司在 T+1 日日终进行份额确认。

在跨境 ETF 的交易中，当日申购的基金份额，清算交收完成后方可卖出和赎回；当日买入的基金份额，同日可以赎回，但不得卖出；当日申购总额、赎回总额超出基金管理人设定限额的，超出额度的申购、赎回申报为无效申报。

## 知识点 6：场外基金交易

场外基金交易是通过银行柜台、网银、证券公司柜台、基金公司网站等渠道交易，可以购买全部开放式基金，包括 LOF 基金和部分 ETF 基金，场外基金大多数可以做定投和进行转换。

1. 买基金

投资者可根据自己的风险等级选择不同类型的基金，输入购买的基金代码，如图 5-20 所示。通过基金网站购买基金时需要注意不同基金的最低购买金额不相同，最低是 100 元，部分基金最低的购买金额可达 5 000 元。

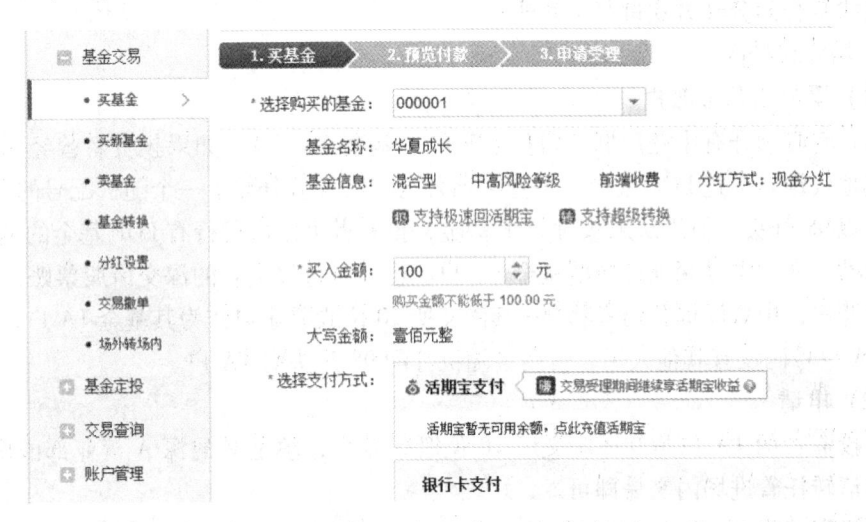

图 5-20　买基金

2. 卖基金

投资者在赎回基金时，须选择是否顺延赎回。如选择顺延赎回，在遇巨额赎回的情况时，则当日赎回不能全额成交的部分，延迟至下一交易日执行；如选择非顺延赎回，则当日赎回不能全额成交部分，在下一交易日不再继续赎回。申请卖出的基金份额必须符合该基金最低赎回份额的要求，同时卖出后的剩余基金份额不得低于最低持有份额。如卖出后剩余份额低于最低持有份额，则要求一次性全部卖出。

3. 基金转换

申请转出的基金份额必须符合该基金最低赎回份额的要求，同时转出后的剩余基金份额不得低于最低持有份额。如转出后剩余份额低于最低持有份额，则要求一次性全部转出，否则转出申请失败。

投资者在持有本公司发行的任一开放式基金后,可将其持有的基金份额直接转换成本公司管理的其他开放式基金的基金份额,而不需要先赎回已持有的基金,再申购目标基金的一种业务模式。

4. 分红设置

投资者若想修改分红方式,应事先考虑好是对整个账户的默认分红方式进行修改还是只对某只基金的分红方式进行修改。

(1)若对整个账户的默认分红方式进行修改,则应通过账户资料变更交易来修改分红方式。采用此种方法修改的分红方式仅表示投资者对账户默认的分红方式进行了修改,今后若再购买新的开放式基金,即可按新的默认分红方式开立新基金账户。若要修改已经开户,并购买过的某只基金的分红方式,此方法无效,投资者只能对单只基金进行修改。

(2)对某只基金分红方式进行修改。个人投资者提交申请后,银行通过分红方式选择交易为投资者办理。采用此种方法修改的分红方式表示投资者只对已持有的某一只开放式基金的分红方式进行了修改。

5. 场外转场内

(1)交易所基金账户。

投资者必须开有中登深圳公司基金账户(基金 TA 户),如果投资者曾经在基金公司或其他代销点买过 LOF 基金,中登深圳公司就已自动分配了一个随机配号的 TA 户给客户,以 98 开头;如果从未买过 LOF 基金,投资者可以去发行有 LOF 基金的基金公司直销网站,开立中登深圳公司的基金 TA 户,也可通过投资者的深交所股票账户的基金公司来开户,中登深圳公司会将 98+其深交所 10 位股票账户作为其基金 TA 户,前提是这个 TA 户号码没有其他人用,否则会随机分配 98 开头的 TA 户。

(2)申请。

若投资者的 TA 户是 98+深交所 10 位股票账户,填上其的深 A 营业部的席位号,直接申请转托管进场内交易即可。

若投资者的 TA 户是随机分配的,投资者须到深 A 营业部,申请加挂一个中登深圳公司 TA 户在其的资金账户下(营业部人员会可查到),投资者即可得到一个去掉了 98 开头的深 A 基金账户,此时就可以把场外申购的 LOF 基金转托管进场内交易。

6. 撤单

在基金发行期,投资者认购基金后,不允许做撤单交易。发行期结束后,基金的申购与赎回交易允许投资者在当日规定的营业时间内(下午 15:00 前)办理撤单。撤单需在原交易网点办理。客户必须完全撤单,不允许部分撤回原交易委托。

### 知识拓展

**超级转换**

超级转换业务是指投资者通过天天基金交易系统提交交易申请,将其持有的可进行转换的基金的份额，转换为符合条件的任意基金公司旗下的基金份额的交易。投资者在 T 日提交申请，T+1 日即可确认转入和转出份额。目前已支持股票型、混合型、债券型、保本型、货币型、指数型等各类产品 2 400 多只。QDII、新发基金及部分 T+2 日确认的产品暂不支持该功能。

若是投资者购买的基金无法进行基金超级转换，可利用"卖基金"这个操作将自己所持有的基金转换为其他公司的基金产品。超级转换则可以支持跨基金公司转换，比普通转换更加自由，方便用户及时转换投资标的，使投资更灵活。同时其转换确认快，转入基金 T+1 即可确认。与先赎回 A 基金，等待资金到账后再发起买入 B 基金的流程相比，使用超级转换功能至少快 3 个工作日。

### 知识拓展

#### 基金定投

基金定投是定期定额投资基金的简称，是指在固定的时间（如每月 8 日）以固定的金额（如 500 元）投资到指定的开放式基金中，类似于银行的零存整取方式。人们平常所说的基金主要是指证券投资基金。基金的投资方式有两种，即单笔投资和定期定额。由于基金"定额定投"起点低、方式简单，所以它也被称为"小额投资计划"或"懒人理财"。

如王先生设定每月 8 日做 300 元的定投，在三个月中基金净值大幅下跌（不考虑手续费等），如表 5-9 所示。

表 5-9

|  | 份额净值 | 申购金额 | 获得份额 |
| --- | --- | --- | --- |
| 第一期 | 1.5 | 300 元 | 200 份 |
| 第二期 | 1 | 300 元 | 300 份 |
| 第三期 | 0.5 | 300 元 | 600 份 |
| 合计 |  | 900 元 | 1 100 份 |
| 盈亏点：投入的 900 元/1 100 份=0.818 元/份 ||||

王先生只需要等基金净值回升到 0.818 元就可以回本，涨回到 1.00 元就可以赚 22%。这时基金定投在降低投资成本方面显示了威力。

各基金网站或是证券公司、基金公司网点均可办理基金定投，下面以某证券营业部网点为例介绍基金定投的步骤：

（1）客户携带个人有效身份证件、证券资金卡到营业部柜台签订定投协议，约定扣款日期，扣款金额。

（2）基金定投业务根据不同基金，每月最低申购额为 100 元人民币，投资金额级差为100元人民币，不设置金额上限。

（3）对通过基金定投申购并确认成功的基金份额，投资人可以在交易时间通过其网上交易系统赎回基金份额。

（4）与一般申购一样，基金定投申购需遵循"未知价"和"金额申购"的原则。"未知价"是指投资人办理基金定投申购业务后，以实际扣款当日的基金份额净值为基准进行计算。

（5）基金定投业务不收取额外费用，各基金的基金定投具体收费方式及费率标准与一般申购相同（优惠活动除外）。

（6）投资人申请开办基金定投后，该交易系统于当日从投资人指定的资金账户扣款，之后每个月固定日期从投资人指定的资金账户扣款，如指定日期资金账户余额不足，交易系统将会停止本月扣款，但不影响下月扣款，连续三个月资金卡余额不足，无法扣款，则定投默认毁约、失效。

（7）投资人退出基金定投业务有两种方式：

一种是投资人通过证券公司向基金管理公司主动提出退出基金定投业务申请，并经基金管理公司确认后，投资人基金定投业务计划停止。

二是投资人办理基金定投业务申请后，指定日期投资人指定的扣款账户内资金不足，造成基金定投业务计划无法继续实施时，系统将记录投资人违约次数，如连续违约次数达到三次，系统将自动终止投资人的基金定投业务。

## 案例分享

### 某股权投资基金非法集资

北方某股权投资基金公司成立于2010年7月，之后，该公司在互联网上散布"公司有某县政府特批免5年的税；享有政府推荐项目的优先选择权；享有托管银行10倍的支持，正常情况下银行对被托管企业的支持是3~5倍，国外是10倍；县政府将拥有的一块5 800亩（1亩≈666.67平方米）的土地全权交给该公司清理、包装、挂牌上市、出售"等虚假信息，以投资理财为名，以高息为诱饵非法吸收公众存款。截至案发，涉案金额高达12.78亿元，涉及全国30个省市的8 964名投资者。经当地公安机关调查，该公司串通会计师事务所，出具虚假验资报告，进行工商注册；违反股权投资基金不能面向公众招募的有关规定，在互联网上向公众散布信息；采用虚假宣传的方式，捏造事实，欺骗社会公众；承诺高额固定回报，月息6%~10%；尚未形成投资收益，提前向涉案群众返款。

目前，该案已处置完毕。主犯韩某某以非法吸收公众存款罪、虚报注册资本罪，被判处有期徒刑10年，并处罚金100万元；其他犯罪嫌疑人分别判处一年以上七年以下有期徒刑，共处罚金324万元。所有涉案人员均已开始服刑。

（资料来源：搜狐财经）

# 任务六　投资收益

【知识目标】

学习和掌握股票收益的公式与计算；

学习和掌握债券收益的公式与计算；

学习和掌握基金收益的公式与计算。

【能力目标】

能够熟练进行证券投资收益计算。

【情境引入】

小张：我在2015年3月25日以13元/股的价格买入合康变频100手，我需要多少资金？

工作人员：您好，你购买股票的本金是130 000元。我们公司的佣金是万分之三，你需要缴纳的佣金为39元。您总共需要的资金为130 039元。

小张：我在5月20号以20元/股的价格全部卖出，那我的收益率是多少呢？

工作人员：您的股票收益率为53.6%。

投资收益是指企业对外投资所得的收入（所发生的损失为负数），如企业对外投资取得股利收入、债券利息收入以及与其他单位联营所分得的利润等。投资可分为实业投资和金融投资两大类，人们平常所说的金融投资主要是指证券投资。

证券投资收益是指投资者在一定时期内进行投资，其所得与支出的差额，即证券投资者在从事证券投资活动中所获得的报酬。证券投资收益包括股票投资收益、债券投资收益和基金投资的收益。投资者通过对投资收益的计算了解自己投资的情况，在投资过程中进行投资收益评价，分析其投资项目后续的可行性，投资决策是否可行，投资方式选择是否正确等，目的是从成本与效益的角度分析其投资的财务表现，以做出科学的决策。

# 活动一　股票收益

【知识准备】

## 知识点 1：股票交易费用含义

股票交易费用，是指投资者在委托买卖股票时应支付的各种税收和费用的总和。我国的证券投资者在委托买卖证券时应支付各种费用和税收，这些费用按收取机构可分为证券商费用、交易场所费用和国家税收。证券交易费用影响着投资者的成本。

例 6-1：

假设某投资者的资金量为 100 万元，每月交易 4 笔，佣金有 1‰、2‰、3‰三种费率，此时每年的交易成本如表 6-1 所示。

表 6-1

| 客户 | 资金量 | 每年交易次数 | 年交易量 | 佣金 | 每年交易成本 | 每年节约成本 |
|---|---|---|---|---|---|---|
| A | 10 万元 | 48 | 960 万元 | 1‰ | 9 600 元 | 19 200 元 |
| B | 10 万元 | 48 | 960 万元 | 2‰ | 19 200 元 | 9 600 元 |
| C | 10 万元 | 48 | 960 万元 | 3‰ | 28 800 元 | 0 |

## 知识点 2：股票交易费用内容

目前，投资者在交易上交所和深交所挂牌的 A 股、基金、债券时，需交纳的各项股票交易费用主要有委托费、佣金、印花税、过户费等股票交易费用。

1. 委托费

委托费用主要用于支付通信等方面的开支，一般按笔计算（大城市的证券公司一般没有，小地方的证券公司可能成交一笔收五元）。

2. 佣金

佣金是投资者在委托买卖成交后所需支付给券商的费用。目前世界各国证券交易所实行的佣金制度大致可分为以下几种：

（1）单一的固定佣金制。

（2）差别佣金制，对大宗交易和小额交易进行划分，然后规定不同的佣金费率。

（3）按交易额的大小递减收费。

（4）浮动佣金制，即设定最高、最低或者中间的佣金比例，允许在此基础上下浮动。

(5) 佣金完全自由化。

我国的证券交易佣金制度从2002年5月开始执行，明确A股、B股和证券投资基金的最高上限和最低下限。证券公司向客户收取的佣金（包括代收的证券交易监管费和证券交易所手续费等）不得高于证券交易金额的3‰，也不得低于代收的证券交易监管费和证券交易所手续费等。依据该规定，我国目前的证券佣金制度非完全自由化。

佣金是证券公司经纪业务收入的主要来源，也是投资者的成本。证券公司竞争激烈，因而在提高佣金收取标准和减少佣金成本双重作用下，众多证券公司为吸引客户资源会针对不同客户、不同交易方式以及交易频率、资金量等情况，采取灵活的佣金定价策略。

### 知识拓展

**佣金的收取标准**

国际证券市场发展的必然趋势是佣金自由化，目前绝大部分的世界主要的证券交易所已采用自由协商制，虽然我国尚未实现完全的佣金自由化，但是我国现行的最高限额内向下浮动佣金制度，即投资者与证券公司在证监会规定范围内自行协商佣金比例。不管是机构还是个人投资者，其与证券公司之间都是可以自行协商佣金收取标准的，只是标准的幅度范围必须在最高限额（3‰）内向下浮动。我国上海证券交易所和深圳交易所的佣金收取标准有所不同。

上海证券交易所，A股的佣金为成交金额的0.3‰，起点为5元；债券的佣金为成交金额的0.1‰，起点为5元；基金的佣金为成交金额的0.3‰，起点为5元；证券投资基金的佣金为成交金额的0.3‰，起点为5元；回购业务的佣金标准为：3天、7天、14天、28天和28天以上回购品种，分别按成交额0.15‰、0.25‰、0.5‰、1‰和1.5‰以下浮动。

深圳证券交易所，A股的佣金为成交金额的0.3‰，起点为5元；债券的佣金为成交金额的1‰（上限），起点为5元；基金的佣金为成交金额的3‰，起点为5元；证券投资基金的佣金为成交金额的3‰，起点为5元；回购业务的佣金标准为：3天、4天、7天、14天、28天、63天、91天、182天、273天回购品种，分别按成交金额0.1‰、0.12‰、0.2‰、0.4‰、0.8‰、1‰、1.2‰、1.4‰、1.4‰以下浮动。

3. 印花税

证券交易印花税是从普通印花税中发展而来的，属于行为税类，根据一笔股票交易成交金额单独对卖方收取的。A股基本税率为0.1%且单向征收，基金和债券不征收印花税。股票交易印花税是从普通印花税发展而来的，是专门针对股票交易额征收的一种税。我国税法规定，对证券市场上买卖、继承、赠予所确立的股权转让依据，按确立时实际市场价格计算的金额征收印花税。

印花税的缴纳是由证券经营机构在同投资者交割中代为扣收,然后在证券经营机构同证券交易所或登记结算机构的清算交割中集中结算,最后由登记结算机构统一向征税机关缴纳。目前我国证券交易印花税实行单边征收(卖出时征收),税率为千分之一。

4. 过户费

过户费是指委托买卖的股票、基金成交后买卖双方为变更股权登记所支付的费用。这笔收入属于证券登记清算机构的收入,由证券经营机构在同投资者清算交割时代为扣收。由于我国两家交易所不同的运作方式,两家证券交易的过户费有所不同。上海股票采取的是"中央登记、统一托管",所以此费用只在投资者进行上海股票、基金交易中才支付此费用,深股交易时无此费用。此费用按成交股票数量(以每股为单位)的千分之一支付,不足 1 元按 1 元收。2012 年 4 月 30 日,结算公司上海分公司的 A 股交易过户费将按照成交面额的 0.375‰ 双向收取。2012 年 9 月 1 日起,上交所下调过户费,为 0.6‰。2015 年 8 月 1 日起,A 股交易过户费由沪市按照成交面值 0.3‰、深市按照成交金额 0.025 5‰ 向买卖双方投资者分别收取,统一调整为按照成交金额 0.02‰ 向买卖双方投资者分别收取。交易过户费为中国结算收费,证券经营机构不予留存。

5. 转托管费

转托管费这是办理深圳股票、基金转托管业务时所支付的费用。此费用按户计算,每户办理转托管时需向转出方券商支付 30 元。

例 6-2:

某投资者于 2 月 2 日在深市买入 Y 股票(属于 A 股)500 股,成交价 10.92 元;2 月 18 日卖出,成交价 11.52 元。假设证券经纪商不收委托手续费,对股票交易佣金的收费为成交金额的 2.8‰,则盈亏计算如下:

(1) 买入股票的实际付出。500 股成交价为 10.92 元的 Y 股票成交金额是 5 460 元。深圳证券交易所免收 A 股过户费,按成交金额 2.8‰ 计算的佣金为 15.29 元,按税制规定对受让方不征收印花税。于是,买入 Y 股票的实际付出为 5 475.29 元。

(2) 卖出股票的实际收入。500 股成交价为 11.52 元的 Y 股票成交金额是 5 760 元,佣金按成交金额 2.8‰ 计算为 16.13 元,印花税对出让方按成交金额 1‰ 税率征收,计算为 5.76 元。于是,卖出 Y 股票的实际收入为 5 738.11 元。

该投资者股票买卖盈利 262.82 元。

## 知识点 3:股票收益

股票收益即股票投资收益,是指企业或个人以购买股票的形式对外投资取得的股利、转让、出售股票取得款项高于股票账面实际成本的差额,股权投资在被投资单位增加的净资产中所拥有的数额等。股票收益是反映股票收益水平的指标,是反映投资者以现行价格购买股票的预期收益。

例6-3：

某投资者以10元每股买了1 000股，20元卖了。不考虑手续费：该投资者股票收益是（20-10）×1 000=10 000元。

### 案例分享

**轻信券商保底承诺吞苦果**

2002年7月18日，楼某与渤海证券签订《代理国债投资协议》，委托渤海证券代理国债投资，渤海证券确保年收益率为10.5%。签约后，渤海证券擅自在楼某资金账户内挂其他人的股东账户进行股票交易，造成巨大亏损。

楼某诉至第一中级人民法院，要求渤海证券返还投资款，并支付保底收益。渤海证券却称股票交易系楼某自己所为，其交易结果应由楼某本人承担。由于股票交易都是通过电脑系统完成，一时之间难以判断究竟系何者所为。承办法官通过深入调查，最终查明事实。遂判决渤海证券返还楼某本金并支付存款利息，对其保底收益的请求则未予支持。

分析：一些投资者轻信证券公司保证投资收益的承诺，将资金交予证券公司。投资者应当明白，证券公司不是银行，不能保证固定收益的回报。

（资料来源：767股票学习网）

## 知识点4：股票收益构成

股票收益包括股息收入、股息和红利等。

1. 股票收入

股票收入包括现金股利和股票股利，是股票市价的升值部分，它根据企业资产增加的程度和经营状况而定，具体体现为股票价格所带来的收益。

2. 股息

股息指股票持有人定期从股份公司中取得的一定利润。利润分配的标准以股票的票面资本为依据。公司发放股息的原则是：必须依法进行必要的扣除后才能将税后利润用于分配股息。其具体的扣除项目和数额比例要视法律和公司章程的规定。

3. 红利

红利是超过股息的另一部分收益，一般是普通股享有的收益，优先股是不能参加红利分配的。

## 知识点5：股票收益率

股票收益率（stock yield），是指投资于股票所获得的收益总额与原始投资额的比率。股票绝对收益率是股息,相对收益是股票收益率。

股票收益率=收益额/原始投资额

衡量股票投资收益水平的指标主要有股利收益率、持有期收益率与拆股后持有期收益率等。

1. 股利收益率

股利收益率,又称获利率,是指股份公司以现金形式派发的股息或红利与股票市场价格的比率。该收益率可用计算已得的股利收益率,也能用于预测未来可能的股利收益率。其计算公式为:

$$股利收益率 = \frac{D}{P_0} \times 100\%$$

其中,$D$为股利收入,$P_0$为股票市价。

股利收益率是挑选其他类型股票的参考标准之一。决定股利收益率高低的不仅是股利和股利发放率的高低,还要视股价来定。

例6-4:

两支股票,A股价为10元,B股价为20元,两家公司同样发放每股0.5元股利,则A公司5%的股利收益率显然要比B公司2.5%诱人。

2. 持有期收益率

持有期收益率指投资者持有股票期间的股息收入和买卖差价之和与股票买入价的比率。股票还没有到期日的,投资者持有股票时间短则几天、长则为数年,持有期收益率就是反映投资者在一定持有期中的全部股利收入以及资本利得占投资本金的比重。持有期收益率是投资者最关心的指标之一。其计算公式为:

$$Y = \frac{(D + P_1 - P_0)/n}{P_0} \times 100\%$$

其中$D$为股利收入,$P_1$为股票卖出价,$P_0$为股票买入价,$n$为持有年数。

若将持有期收益率与债券收益率、银行利率等其他金融资产的收益率做一比较,须注意时间可比性,即要将持有期收益率转化成年率。

3. 持有期回收率

持有期回收率是投资者持有股票期间的现金股利收入和股票卖出价之和与股票买入价比率。其计算公式如下:

$$Y_n = \frac{D + P_1}{P_0} \times 100\%$$

其中$D$为股利收入,$P_1$为股票卖出价,$P_0$为股票买入价。

该指标主要反映其投资回收情况,如果投资者买入股票后股价下跌或操作不当,均有可能出现股票卖出价低于其买入价,甚至出现了持有期收益率为负值的情况,此时,持有期回收率能作为持有期收益率的补充指标,计算投资本金的回收比率。

4. 拆股后的持有期收益率

投资者在买入股票后,在该股份公司发放股票股利或进行股票分割(即拆股)的情况下，股票的市场的市场价格及其投资者持股数量都会发生变化。因此，有必要在拆股后对股票价格及其股票数量做相应调整，以计算拆股后的持有期收益率。其计算公式如下：

拆股后持有期收益率＝（调整后的资本所得/持有期限＋调整后的现金股利）/调整后的购买价格×100%

例 6-5：

某公司上年现金股利为 24 元，该股票现行市价为 160 元，则：

股利收益率＝24/160×100%＝15%

例 6-6：

某投资者 5 月 30 日以每股 125 元的价格购买某公司的股票，11 月 30 日又以每股 131 元的价格卖出，在半年的持有期间每股从公司获利 14 元。则持有期交易收益率为：

$$Y = \frac{(14+131-125)/0.5}{125} \times 100\% = 32\%$$

例 6-7：

某投资者以每股 20 元的价格买入某股票，持有 1 年分得现金股息 1.8 元。该公司随后以 10 送 3 的比例送股。送股后，股票价格涨至 18 元，投资者出售股票。计算持有期收益率。

该投资者购买 1 股，价格为 20 元。送股后，该投资者有 1.3 股，每股的价格是 20/1.3≈15.38 元/股，调整后的现金股息＝1.8/1.3≈1.38

调整后持有期收益率＝[（18-15.38）+1.38]/15.38≈26%

【技能训练】

实训目的：掌握股票收益率的计算。

实训步骤：

步骤一，以个人为单位分发实训具体内容和要求；

步骤二，掌握股票收益率的计算方法；

步骤三，个人独立完成股票收益率的计算；

步骤四，训练效果的自我评价和教师讲解与点评。

实训内容：

1. 投资者以每股 20 元的价格买入 X 公司股票，持有一年，分得现金股息 1.8 元，则该投资者已获得的股利收益率多少？

2. 投资者以每股 20 元的价格买入 X 公司股票，持有一年，分得现金股息 1.8 元，投资者在分得现金股息两个月后，将股票以 23.2 元的价格出售，则持有期收益率为多少？

3. 投资者以每股 20 元的价格买入 X 公司股票，持有一年，分的现金股息 1.8 元，若投资者买入股票并分得现金股利后，该公司以 1：2 的比例进行拆股，拆股决定做出后，股票市价上涨到 22 元/股，若投资者此时出售，则股价变动后持有期收益率为多少？

## 活动二 债券收益

【知识准备】

### 知识点1：债券投资成本

债券投资成本是指企业在进行债券投资的过程中所发生的全部现金流出。债券投资的成本大致有购买成本、交易成本和税收成本三部分。

1. 购买成本

投资者要获得债券还须等价交换，它的购买成本在数量上就等于通常所说的本金，即购买债券的数量与债券发行价格的乘积，若是中途的转让交易就乘以转让价格。对贴息债券，其购买成本的计算还有一种方法，即：

购买价格=票面金额×（1-年贴现率）

例6-8：

某债券的面额为100元，年贴现率为8%，期限为1年。则其购买价格为多少？购买价格=100×（1-8%）=92元。

2. 交易成本

债券在发行一段时间后就进入二级市场进行流通转让。如在交易所进行交易，还得交付自己的经纪人一笔佣金。不过，投资人通过证券商认购交易所挂牌分销的国债可以免收佣金。其他情况下的佣金收费标准是：每一手债券（10股为一手）在价格每升降0.01元时，收取的佣金起价为5元，最高不超过成交金额的2‰。经纪人在为投资人办理一些具体的手续时，又会收取成交手续费、签证手续费和过户手续费。每笔买卖成交后，交易所会向买卖双方都收取占交易额3‰的成交手续费；达成口头交易后在债券交易柜台办理鉴别债券真伪业务还要交纳鉴证手续费；最后，记名债券在交割划账时，债券买方还要缴纳占购买总金额2‰的过户手续费。

3. 税收成本

投资者要考虑的是税收成本。虽然国债、地方政府债券和金融债券是免税的，债券交易也免去了股票交易需要缴纳的印花税。但若投资企业债券，需要交纳占投资收益额20%的个人收益调节税，这笔税款是由证券交易所在每笔交易最终完成后替我们清算资金账户时代为扣除的。

## 知识点 2：票面收益率和当期收益率

1. 票面收益率

票面收益率又称为名义收益率，是指投资者按既定的债券票面利率每年所获得的利息收益与债券票面金额的比率。其计算公式为：

$$债券的名义收益率 = \frac{债券年利息}{债券面额} \times 100\%$$

名义收益率所考虑的债券收益只是债券的票面利息收益，而没有考虑买入价与票面额不一致的情况和债券到期偿还时的资本损益。因此债券名义收益率一般不能反映债券的实际收益水平，这种收益率对投资者不一定有很大影响，但由于债券名义收益率规定了债券发行人必须支付的利息额，反映了发行人的投资成本，因此，它对于债券发行人来讲，具有重要意义。

2. 当期收益率

当期收益率又称为直接收益率，是指利息收入所产生的收益，通常每年支付两次，它占了公司债券所产生收益的大部分。当期收益率是年利息与债券当时市场价格的比值，它仅仅衡量了利息收入的大小。债券的买入价格可以是发行价格，也可以是流通市场的交易价格，它可能等于债券面额，也可能高于或低于债券面额。假设 $C$ 为按票面利率每年支付的利息，$P$ 为债券当前市场价格，CY 为当期收益率，则：

$$CY = \frac{C}{P}$$

当期收益率并没有考虑债券投资所获得的资本利得或是损失，只在衡量债券某一期间所获得的现金收入相较于债券价格的比率。

例 6-9：

有一种 10 年后到期的债券，每年付息一次，下一次付息正好在一年后。面值为 100 元，票面利率为 8%，市场价格是 107.02 元，求它的当期收益率。

当期收益率 = 8/107.02×100% ≈ 7.48%

当期收益率优点在于简便易算，可以用于期限和发行人均较为接近的债券之间进行比较。缺点是：①零息债券无法计算当期收益；②不同期限附息债券之间不能仅仅因为当期收益高低而评判优劣。

>>同步练习

假定某投资者以 940 元的价格购买了面额为 1 000 元、票面利率为 10%、剩余期限为 6 年的债券，求该投资者的当期收益率。

## 知识点 3：到期收益率

到期收益率是能使债券未来现金流的现值正好等于债券当前的市场价格（初始投

资）的贴现率，用YTM表示。它是按复利计算的收益率，考虑了货币的时间价值，能较好地反映债券的实际收益。所有衡量债券收益率的指标中，其到期收益率是应用最广泛的指标。

1. 短期债券到期收益率

对处于最后付息周期的附息债券、贴现债券和剩余流通期限在一年以内（含一年）的到期一次还本付息债券，到期收益率计算公式为：

到期收益率=（到期本息和-债券买入价）/（债券买入价×剩余到期年限）×100%

各种不同债券到期收益率的具体计算方法分别列示如下：

（1）息票债券的计算。

到期收益率=（债券年利息+债券面值-债券买入价）/（债券买入价×剩余到期年限）×100%

（2）一次还本付息债券到期收益率。

到期收益率=［债券面值（1+票面利率×债券有效年限）-债券买入价］/（债券买入价×剩余到期年限）×100%

（3）贴现债券到期收益率。

贴现债券发行时，只公布面额和贴现率，并不公布发行价格，所以要计算贴现债券到期收益率必须先计算其发行价格，其计算公式：

发行价=债券面值×（1-年贴现率×债券期限）

$$到期收益率 = \frac{债券面额-购买价}{购买价} \times \frac{365}{期限（年限）} \times 100\%$$

2. 长期债券到期收益率

（1）到期一次还本付息债券。

$$到期收益率 = \sqrt[剩余年限]{\frac{面值+面值\times票面利率\times债券期限}{债券买入价}} - 1$$

（2）分期付息债券。

$$P = \sum_{i=1}^{N} \frac{C}{(1+\text{YTM})^i} + \frac{F}{(1+\text{YTM})^N}$$

其中，YTM为到期收益率；$P$为债券市场价格；$F$为债券面值；$N$为剩余的付息年数；$C$为当期债券票面年利息。

### 知识拓展

**收益率的比较**

到期收益率假设债券不存在违约风险和利率风险，投资者将债券持有至到期日，并且每次获得的利息按计算出来的到期收益率进行再投资直至到期日。到期收益率不仅反映了利息收入，还考虑了债券购买价格和到期价格之间的资本利得（损失）。因此，到期收益率通常被看作是投资者从购买债券直至债券到期所获得的平均收益率。到期收益率是衡量债券预期收益率比较准确的指标。

债券平价出售：票面利率＝当期收益率＝到期收益率

债券折价出售：票面利率＜当期收益率＜到期收益率

债券溢价出售：票面利率＞当期收益率＞到期收益率

债券价格越接近债券面值，期限越长，则其当期收益率就越接近到期收益率。

债券价格越偏离债券面值，期限越短，则当期收益率就越偏离到期收益率。

但是不论当期收益率与到期收益率近似程度如何，当期收益率的变动总是预示着到期收益率的同向变动。

例 6-10：

8 某公司 2013 年 1 月 1 日以 102 元的价格购买了面值为 100 元，利率为 10%，每年 1 月 1 日支付 1 次利息的 2009 年发行 5 年期国库券，到期日为 2014 年 1 月 1 日，则息票到期收益率为：

$$\frac{100\times10\%+（100-102）}{102\times1}\times100\%\approx7.84\%$$

例 6-11：

甲公司于 2016 年 1 月 1 日以 1 250 元的价格购买了乙公司于 2012 年 1 月 1 日发行的面值为 1 000 元，利率为 10%，到期一次还本利息的 5 年期公司债券，持有到 2017 年 1 月 1 日，计算其到期收益率。

$$YTM=\frac{1\ 000（1+10\%\times5）-1\ 250}{1\ 250\times1}\times100\%=20\%$$

例 6-12：

某贴现债券面值为 1 000 元，期限 180 天，以 10% 的贴现率公开发行。某投资者发行时买入，持有到期：

$$发行价格=1\ 000\times\left(1-10\%\times\frac{180}{360}\right)=950\ 元$$

$$到期收益率=\frac{1\ 000-950}{950}\times\frac{360}{180}\times100\%\approx10.5\%$$

例 6-13：

某债券面值为 100 元，还有 8 年到期，票面利率为 7%，半年支付一次利息，下一次利息支付正好在半年后，该债券当前价格为 94.17 元，求该债券的年长期分期到期收益率。

该债券每次支付的利息为 $100\times（7\%/2）=3.5$ 元

$$94.17=\sum_{i=1}^{16}\frac{3.5}{(1+YTM)^i}+\frac{100}{(1+YTM)^{16}}$$

通过上式求出该债券的半年到期收益率为 4%。

因此，该债券的年到期收益率为 $4\%\times2=8\%$

## 知识点 4：赎回收益率

到期收益率假设债券持有直至到期日，如果债券可以在到期日之前被发行人赎回，债券的收益率就要用赎回收益率（Yield to Call，简称 YTC）来衡量。赎回收益率是使债券在赎回日以前的现金流现值与当前的市场价格相等的贴现率。赎回收益率的计算与到期收益率类似，区别在于要用赎回日代替到期日，用赎回价格代替面值。其计算公式如下：

$$P = \sum_{i=1}^{N^*} \frac{C}{(1+\text{YTC})^i} + \frac{F^*}{(1+\text{YTC})^{N^*}}$$

其中 $P$ 是债券的市场价格，$C$ 为利息，$F^*$ 赎回价格，YTC 是每期的赎回收益率，$N^*$ 是直到赎回日期的期数。

通常，利率下降时，债券价格会随之上升。但低利率时，由于赎回风险很大，故可赎回债券的价格是平缓的，不如不可赎回债券价格的上升。高利率时，可赎回债券和不可赎回债券的价格趋同价格，故赎回风险可忽略不计。

## 知识点 5：持有期回报率

即使将债券持有至到期，投资者获得的实际回报率与事先计算出来的到期收益率也可能不相等。在投资期结束后，为了准确地计算债券的事后收益率，人们经常计算债券的持有期回报率（Holding Period Return，简称 HPR）。

持有期回报率是债券在一定持有期内的收益（包括利息收入和资本利得或损失）相对于债券期初价格的比率，它是衡量债券事后实际收益率的准确指标。

1. 息票债券

$$Y = \frac{C+(P_1-P_0)/n}{P_0} \times 100\%$$

其中，$Y$ 是持有期收益率；$C$ 是债券年利息；$P_1$ 是债券卖出价；$P_0$ 是债券买入价，$n$ 是持有年限。

2. 一次还本付息债券

$$Y = \frac{(P_1-P_0)/n}{P_0} \times 100\%$$

其中，$Y$ 是持有期收益率；$P_1$ 是债券卖出价；$P_0$ 是债券买入价，$n$ 是持有年限。

3. 贴现债券

贴现债券也可以不等到期满而中途出售。证券行情表每天公布各种未到期贴现债券二级市场的折扣率。投资者须先计算债券的卖出价，再计算持有期收益率。

卖出价 = 债券面值 ×（1-折扣率 × 剩余期限）

$$持有期收益率 = \frac{卖出价 - 买入价}{买入价} \times \frac{365}{期限} \times 100\%$$

债券持有期收益率和到期收益率，考虑到了资本损益，即买入价与卖出价的差额，能全面反映投资者的实际收益。所以这两种收益率是债券的实际收益率，是投资者进行债券投资决策的最主要的依据。

例 6-14：

某债券 10 年后到期，半年付息一次，下一次付息在半年后。它的面值为 1 000 元，票面利率为 7%，市场价格是 950 元。假设在第五年时该债券可赎回，赎回价格为 980 元。求解赎回收益率。

$$950 = \sum_{i=1}^{10} \frac{35}{(1+YTC)^i} + \frac{980}{(1+YTC)^{10}}$$

根据公式可以求出半年的赎回收益率为 3.95%，因此，该债券的年赎回收益率为 2×3.95% = 7.90%

例 6-15：

某债券面额为 1 000 元，5 年期，票面利率为 10%，现以 950 元的发行价向社会公开发行，若投资者在认购债券后持有至第三年末以 995 元的市价出售，则可获得的持有期收益率为：

$$Y = \frac{1\,000 \times 10\% + (995 - 950)/3}{950} \times 100\% \approx 12.11\%$$

例 6-16：

某贴现债券面值为 1 000 元，期限 180 天，距到期日 120 天，以 9% 的折扣在二级市场出售，买价 950 元，则卖出价和持有期收益率是多少？

卖出价 = 1 000 × (1 - 9% × 120/360) = 970 元

$$持有期收益率 = \frac{970 - 950}{950} \times \frac{365}{60} \times 100\% \approx 12.8\%$$

**【技能训练】**

实训目的：掌握债券到期收益率、赎回收益率和持有期回报率的计算。

实训步骤：

步骤一，以个人为单位分发实训具体内容和要求；

步骤二，掌握债券到期收益率、赎回收益率和持有期回报率的计算方法；

步骤三，个人独立完成到期收益率赎回收益率和持有期回报率的计算；

步骤四，训练效果的自我评价和教师讲解与点评。

实训内容：

1. 某贴现债券面值为 1 000 元，期限 240 天，以 10.5% 的贴现率公开发行。某投资者发行时买入，到期收益率为多少？

2. H 公司于 2017 年 1 月 1 日以 1 010 元价格购买了 TTL 公司于 2014 年 1 月 1 日发

行的面值为1 000元、票面利率为10%的5年期债券。该债券为一次还本付息，计算其到期收益率。

3. 假设一个票面利率为8%，半年付息一次，期限为30年的债券的卖价是1 276.76美元。年到期收益率是多少？

4. 假设一张面值1 000美元的债券具有下列特征：时价761美元，期限12年，票面利率为8%（每年支付一次利息），求YTM。

5. 某债券面值1 000元，还有5年到期，票面利率5%，当前市场价1 019.82元，则到期收益率为多少？

6. 某债券的票面价值为1 000元，息票利率为5%，期限为4年，现以950元的发型价格向社会公开发型，2年后债券发行人以1 050元的价格赎回，第一赎回日为付息日后的第一个交易日，求赎回收益率。

7. 某贴现债券面值1 000元，期限180天，距到期日120天，以10.5%的贴现率公开发行，若以9%的折扣在二级市场出售，则持有期收益率为多少？

## 活动三　基金费用

【知识准备】

### 知识点1：基金投资费用

基金在运作过程中产生的费用支出就是基金费用，部分费用构成了基金管理人、托管人、销售机构以及其他当事人的收入来源。开放式基金的费用由直接费用和间接费用两部分组成。直接费用包括交易时产生的认购费、申购费和赎回费，这部分费用由投资者直接承担；间接费用是从基金净值中扣除的法律法规及基金契约所规定的费用，包括管理费、托管费和运作费等其他费用。基金投资的费用主要体现在销售费、管理费和交易费用三方面，涉及渠道（经纪人）、基金公司和券商。

### 知识点2：直接费用

1. 认购费

认购费指投资者在基金发行募集期内购买基金单位时所交纳的手续费。为鼓励投资人在认购期购买基金，认购费率通常比申购费率优惠。（基金合同规定的不收取认申购、赎回费用的基金除外）

目前国内通行的认购费计算方法为：

认购费用=认购金额×认购费率

净认购金额=认购金额-认购费用

认购费费率通常在1%左右，并随认购金额的大小有相应的减让。

净认购金额=认购金额/（1+认购费率）

认购费用=认购金额-净认购金额

以华夏红利基金为例，其认购费率如表6-2所示。

表6-2

| 前端认购费率 | 后端认购费率 |
| --- | --- |
| 100万元以下：1.0% | 1年以内：1.2% |
| 100万元（含100万）~500万元：0.8% | 满1年不满2年：0.9% |
| 500万元（含500万）~1 000万元以下0.5% | 满2年不满3年：0.7% |
| 1 000万元以上（含1 000万元）：每笔500元 | 满3年不满4年：0.6% |
|  | 满4年不满8年：0.5% |
|  | 满8年以后：0 |

2. 申购费

申购费是指投资者在基金存续期间向基金管理人购买基金单位时所支付的手续费。目前国内通行的申购费计算方法为：

净申购金额=申购金额/（1+申购费率）

申购费用=申购金额-净申购金额

中国《开放式投资基金证券基金试点办法》规定，开放式基金可以收取申购费，但申购费率不得超过申购金额的5%。申购费费率通常在1%左右，并随申购金额的增大而相应的降低。开放式基金收取认购费和申购费主要是用于销售机构的佣金和宣传营销费用等方面的支出。在实际的运作当中，开放式基金申购费的收取方式有两种，一种称为前端收费，另一种称为后端收费。

3. 赎回费

赎回费是指在开放式基金的存续期间，已持有基金单位的投资者向基金管理人卖出基金单位时所支付的手续费。他是对基金渠道提前垫支佣金的一种补偿，而大部分基金的后端申购费用往往比前端申购费用高。赎回费设计的目的主要是对其他基金持有人安排一种补偿机制，通常赎回费计入基金资产。中国《开放式投资基金证券基金试点办法》规定，开放式基金可以收取赎回费，但赎回费率不得超过赎回金额的3%。赎回费费率通常在1%以下，并随持有期限的增长而相应的降低。

4. 转换费用

转换费用指投资者按基金管理人的规定在同一基金管理公司管理的不同开放式基金之间转换投资所需支付的费用。基金转换费的计算可采用费率方式或固定金额方式。采用费率方式收取时，应以基金单位资产净值为基础计算，费率不得高于申购费率。通常情况下，此项费用率很低，一般只有百分之零点几。转换费用的有无或多少具有随意性，同时与基金产品性质和基金管理公司的策略有密切关系。例如，伞式基金内的子基金间的转换不收取转换费用，有的基金管理公司规定一定转换次数以内的转换不收取费用或由债券基金转换为股票基金时不收取转换费用等。

### 知识拓展

#### 前段收费和后端收费

1. 前端申购费

前端收费指当认购、申购基金时就需支付认购（申购）费的付费方式。购买基金的前端销售费用，这一项是从投资者支付的净投资额中扣除的佣金，用于支付销售基金的中介机构。佣金的多少通常随着投资额的不同而不同，主要参考的是基金申购费比率结构。通常投资者的交易量越大，可能获得的佣金折扣就越多。从不同的渠道购买，佣金的折扣不尽相同。银行的费用往往最高，在基金公司网站购买的费用最低。通过银行的渠道，投资者仿佛置身于基金超市中，可以选择不同基金公司的产品，同时也可以获得银行理财经理的投资建议，这也是我们因此而支付更多费用的主要原因。而通过公司网站购买，投资者只能购买单一基金公司旗下的基金，且无法获取更多的理财建议。前端收费一般有优惠，费率0.6%。

以国联安新精选灵活配置（000417）为例，其前端申购费率如表6-3所示。

表6-3

| 适用金额 | 费率 | 天天基金网优惠费率 ||
| --- | --- | --- | --- |
| | | 银行卡购买 | 活期宝购买 |
| 100万元以下 | 1.50% | 0.15% | 0.15% |
| 100万（含100万元）~200万元 | 1.00% | 0.10% | 0.10% |
| 200万（含200万元）~500万元 | 0.60% | 0.06% | 0.06% |
| 500万元以上（含500万元） | 每笔1 000元 |||

2. 后端申购费

后端收费是在购买开放式基金时并不支付，等到卖出时才支付的付费方式，其目的是为了鼓励长期持有基金，费用会随着持有时间而递减，有些基金规定持有一定时间，这个费用可以免除。后端申购费＝申购总金额−净申购金额＝申购总金额−申购总金额/（1+适用的申购费率），后端申购费没有5年以上的基金持有期，且基本上没有优惠，一般费率是1.5%。

## 知识点 3：间接费用

1. 基金管理费

基金管理费是指支付给实际运用基金资产、为基金提供专业化服务的基金管理人的费用，也就是管理人为管理和操作基金而收取的报酬。基金管理费年费率按基金资产净值的一定百分比计提，不同风险收益特征的基金其管理费相差较大，如货币市场基金为0.33%，债券基金通常为0.65%左右，股票基金则通常为1%～1.6%。管理费逐日计提，月底由托管人从基金资产中一次性支付给基金管理人。

2. 基金托管费

基金托管费是指基金托管人为基金提供服务而向基金收取的费用，比如银行为保管、处置基金信托财产而提取的费用。托管费通常按照基金资产净值的一定比例提取，通常为0.25%，逐日累积计提，按月支付给托管人。此费用也是从基金资产中支付，不须另向投资者收取。

3. 红利再投资费

指投资者将开放式基金的分配收益再投资于基金所需支付的费用。红利再投资费的计算可采用费率方式或固定金额方式；采用费率方式收取时，应以基金单位资产净值为基础计算，费率不高于申购费率，一般情况下，红利转投免收手续费。

4. 基金清算费用

基金清算费用是指基金终止时清算所需费用，按清算时实际支出从基金资产中提取。

5. 基金运作费

基金运作费包括支付注册会计师费、律师费、召开年会费用、中期和年度报告的印刷制作费以及买卖有价证券的手续费等。这些开销和费用是作为基金的营运成本支出的。操作费占资产净值的比率较小，通常会在基金契约中事先确定，并按有关规定支付。

6. 税费

一般情况下，基金税费包括所得税、交易税和印花税三类，中国对个人投资者的基金红利和资本利得暂未征收所得税，对企业投资者获得的投资收益应并入企业的应纳税所得额，征收企业所得税。鉴于基金的投资对象是证券市场，基金的管理人在进行投资时已经交纳了证券交易所规定的各种税率，所以投资者在申购和赎回开放式基金时也不需交纳交易税。

例 6-17：

如果某投资者认购某基金50 000元，该基金认购费率为1%，且其认购当日基金面值为1.00元/份，请问认购费用为多少？

净认购金额=50 000元/（1+1%）=50 000/1.01≈49 504.95元

认购费用=50 000 元-49 504.95 元=495.05 元

**【技能训练】**

实训目的：掌握基金投资费用的计算。

实训步骤：

步骤一，以个人为单位分发实训具体内容和要求；

步骤二，掌握基金投资直接费用的计算方法；

步骤三，独立完成基金投资直接费用的计算；

步骤四，训练效果的自我评价和教师讲解与点评。

实训内容：

1. 小新在某一个基金募集期间，投资 10 000 元认购该基金，认购费率为 1%。小新购买到的基金份额和认购手续费。

2. 小新在某基金成立半年后，有投资 5 000 元申购该基金，成交的单位净值为 1.2 元，申购费率为 1.5%。小新购买到的基金份额和申购手续费。

3. 小新在某基金成立 10 个月后，赎回手中持有的该基金 5 000 份，成交的单位净值为 1.25 元，赎回费率为 0.5%，小新赎回可以得到的现金和赎回手续费。

## 活动四　基金价格

**【知识准备】**

### 知识点 1：基金的申购、赎回价格

基金的申购价格是投资者申购基金份额时所要支付的实际价格，是基金申购申请日基金单位资产净值再加上一定比例的申购费所形成的价格。

基金的赎回价格是指投资者赎回份额时可实际得到的金额，是基金赎回申请日基金单位资产净值再减去一定比例的赎回费所形成的价格。

### 知识点 2：单位净值和累计净值

开放式基金的申购和赎回价格不受基金市场的供求关系的影响，而是建立在基金单位净值基础之上，是以基金单位资产净值为基础再加上或减去一定比例的必要费用。

1. 基金资产净值

基金资产净值是指在某一估值时点上按照公允价格计算的基金资产总市值减去负债后的余额，其计算公式为：

基金资产净值=基金总资产-基金总负债

基金总资产是指基金拥有的所有资产按照公允价格计算的资产总额，基金拥有的所有资产包括股票、债券、银行存款和其他有价证券。

基金总负债是指基金运作及融资时所形成的负债总额，包括应付给他人的各项费用、应付资金利息等。

2. 基金的单位净值

基金单位净值是指每份基金单位的净值在某一时点每一基金单位（或基金股份）所具有的市场价值，代表了基金持有人的权益。

单位基金资产净值=（总资产-总负债）/基金单位总数

3. 基金的累计净值

累计净值是反映该基金自成立以来的总体收益情况的数据，净值的高低不是选择基金的主要依据，基金净值未来的成长性才是判断投资价值的关键。

累计净值=单位净值+基金成立后累计单位派息金额

表6-4列出了几只股票的累计净值。

表6-4

| 基金名称 | 份额净值（元） | 累计净值（元） | 2017年以来净值增长率 |
| --- | --- | --- | --- |
| 景顺长城鼎益股票 | 1.137 0 | 3.237 0 | 57.92% |
| 华宝兴业多策略股票 | 0.764 7 | 0.984 7 | 68.25% |
| 富国天益价值股票 | 0.948 5 | 3.003 3 | 48.27% |

基金净值与其持有资产的市场价格有关，估算净值时一般以当日收盘价为准，基金净值并非即时数据，而是在当日收盘后进行估算，第二日才进行公布。一般来说，投资者看到的基金净值并非当天的基金价格，而是前一天的基金价格。

## 知识点3：认购份额、申购份额、赎回金额的计算

1. 认购份额

认购总金额=申请总金额

认购份额=（认购总金额+认购金额产生的利息）/基金份额初始面值

后端认购费用=赎回份额×基金份额初始面值×后端认购费率

2. 申购份额

申购份额=净申购额/成交净值

3. 赎回金额

赎回金额=赎回总额-赎回费用

赎回总额=赎回数量×赎回日基金单位净值

赎回费用=赎回总额×赎回费率

赎回金额＝赎回总额－后端收费金额－赎回费用

例 6-18：

投资者投资 100 万元认购开放式基金，认购费率为 1%，基金单位净值为 1 元，则：

认购费用＝100 万元×1%＝1 万元

净认购金额＝100 万－1 万＝99 万元

认购份额＝99 万/1＝99 万份

例 6-19：

买入 10 000 元某基金，成交净值为 1.050 0 元，前端申购费率为 0.6%。

净申购额＝10 000/（1+0.6%）≈9 940.36 元

申购费＝10 000－9 940.36＝59.64 元

申购份额＝9 940.36/1.050 0≈9 467 份

如果申购费是 0，则净申购额＝本金

例 6-20：

假定某投资者在 T 日赎回 10 000 份，该日基金份额净值为 1.250 元，赎回费率 0.5%，为则赎回费用、净赎回金额为？

赎回总金额＝10 000×1.250＝12 500 元

赎回费用＝12 500×0.5%＝62.50 元

净赎回金额＝12 500－62.50＝12 437.50 元

**【技能训练】**

实训目的：掌握基金价格的计算。

实训步骤：

步骤一，以个人为单位分发实训具体内容和要求；

步骤二，掌握基金价格的计算方法；

步骤三，个人独立完成价格的计算；

步骤四，训练效果的自我评价和教师讲解与点评。

实训内容：

1. 某投资者认购一债券基金，已知该基金认购费率为 1%，投资者认购金额为 5 000 元，且认购期间获得利息为 10 元。请问该投资者最终认购该基金多少份额？

2. 假如投资者投资 50 000 元申购某开放式基金，假设申购费为 2%，当日的基金单位净值为 1.168 8 元，其申购费用和申购份额为多少？

3. 假如投资者赎回 50 000 份基金单位，假设赎回费率为 0.5%，当日的基金单位资产净值为 1.168 8 元，其赎回的金额为多少？

## 活动五 基金收益

【知识准备】

### 知识点1：基金投资收益

1. 基金红利

投资基金在获取的投资收益中扣除费用开支以后，便取得基金净收益。按照我国《证券投资基金管理暂行办法》规定，基金收益分配应当采取现金形式，每年至少一次；基金收益分配比例不得低于基金净收益的90%。一般而言，公司对股东的红利分配有现金红利和股票红利两种形式。基金作为长线投资，其主要目标在于为投资者获取长期、稳定的回报，红利是构成基金收益的一个重要部分。所投资的红利是基金管理人选择投资组合的一个重要标准。

2. 股息

基金因购买公司的优先股权而享有对该公司净利润分配的所得。股息通常是按一定的比例事先规定的，这是股息与红利的主要区别。与红利相同，股息也构成投资者回报的一个重要部分，股息高低也是基金管理人选择投资组合的重要标准。

3. 债券利息

基金资产因投资于不同种类的债券（国债、地方政府债券、企业债、金融债等）而定期取得利息。我国《证券投资基金管理（暂行办法）规定》，一个基金投资于国债的比例、不得低于该基金资产净值的20%，由此可见，债券利息也是构成投资回报不可或缺的组成部分。

4. 买卖证券差价

基金资产投资于证券而形成的价差收益，通常也称资本利得。

5. 存款利息

基金资产的银行存款利息收入。这部分收益仅占基金收益很小的一个组成部分。开放式基金由于必须随时准备支付基金持有人的赎回申请，必须保留一部分现金存在银行。

6. 其他收入

运用基金资产而带来的成本或费用的节约额，如基金因大额交易而从证券商处得到的交易佣金优惠等杂项收入。这部分收入通常数额很小。

## 案例分享

**非法基金疯狂敛财**

胡某某、张某夫妻二人，顶着"2008和谐中国十大年度人物""2008中华十大财智人物"和"上海市企业联合会常务理事会执行委员"等光环，打着香港某某国际控股有限公司旗号，以"全球投资、复利增长"等噱头，通过理财博览会、许以高额回报等手段在全国30多个省市大肆招募投资者，销售所谓的"复利产品"——XX环球基金，先后与844位客户签订合同，将所收客户资金用于中国内地、中国香港等地区的证券、期货投资，涉及金额1.27亿元，造成大部分本金亏损。当地证监局在查清上述违法事实后，将案件移送公安机关。

一个没有相关资质的所谓香港公司，虚构新型复利产品，编制诸多美丽光环，骗取全国近千名投资者的信任，获取令人咋舌的非法所得。犯罪分子最终受到法律的制裁，投资者应以该案为警钟，自觉抵制高额回报、快速致富的诱惑，正确识别非法证券活动，努力提高风险防范意识。

（资料来源：搜狐财经）

## 知识点2：基金收益率

1. 红利收益率

红利收益率是指基金管理公司派发的现金红利与基金单位买入价的比率。其计算公式为：

$$红利收益率 = \frac{D}{P_0} \times 100\%$$

$D$表示基金红利或预计基金红利；$P_0$表示基金单位的购入价或基金单位市值。如果$D$为实际红利，$P_0$为基金单位的购入价，这种已得的红利收益率为长期投资者所重视；如果$D$为预计红利，$P_0$为基金当时的单位市价，这种预计的红利收益率是投资者参与基金投资决策的重要参考指标之一。

2. 持有期收益率

持有期收益指投资者在持有基金单位期间的红利收入与买卖差价占基金单位买入价的比率。

如果须将基金收益率与股票收益率、债券收益率等其他有价证券的收益率相比较，应注意时间的可比性，这时应将持有期收益率化为年率。计算公式为：

$$持有期间基金年收益率 = \frac{[D+(P_1-P_0-C)]/n}{P_0} \times 10$$

3. 基金投资收益率

衡量基金收益率最重要的指标是基金投资收益率，即基金证券投资实际收益与投资成本的比率。投资收益率的值越高，则基金证券的收益能力越强。如果基金证券的购买与赎回要缴纳手续费，则计算时应考虑手续费因素。计算公式为：

收益=当日基金净值×基金份额×（1-赎回费）-申购金额+现金分红

收益率=收益/申购金额×100%

假设一投资者在一级市场上以每单位1.01元的价格认购了若干数量的基金。收益率是怎样计算的呢？这里分三种情况对此进行分析。由于所要计算的是投资于基金的短期收益率，因此我们选用了当期收益率的指标。

当期收益率 $R=(P-P_0+D)/P_0$

（1）市价 $P>$ 初始购买价 $P_0$

初始购买价格 $P_0$ 小于当期价格 $P$，基金持有人的收益率 $R$ 处于理想状态，$R$ 的大小取决于 $P$ 与 $P_0$ 间的差价。

假设投资者在2017年1月4日购买兴华的初始价格 $P_0$ 为1.21元，当期价格 $P$ 为1.40元，分红金额为0.022元，收益率 $R$ 为17.2%；

2017年7月5日购买，初始价格 $P_0$ 为1.34元，则半年期的收益率4.47%，折合为年收益率则为8.9%；

2017年10月8日的初始价格 $P_0$ 为1.33元（也是2017年下半年的平均价格），那么其三个月的持有收益为5.26%，折合年率高达21%。当然这样折算只是为了和同期银行储蓄存款利率做对比，这种方法并不科学。从以上示例可见，在基金当期市价大于基金初始购买价时，投资者能够获得较为丰厚的收益。

（2）市价 $P=$ 初始购买价 $P_0$

由于市价与初始购买价相同，因此基金投资者的当期的投资收益为0。此时基金分红派现数量的多少并不能增加投资者的收益率。

假设投资者初始购买价为1.40元，目前的市价也为1.40元，并且在基金除息日前一天还是这一价格，基金每单位分红0.36元。如果投资者在除息日前一天卖掉了基金，显然他的收益率为0（不考虑机会成本）。除息后基金的价格变为1.04分，虽然投资者得到了0.36元的现金分红，但他手中的基金只能够在市场上卖到1.04分（不考虑基金受到炒作从而使基金价格出现类似"填权"的行情），可见投资者的收益率并没有发生变化，仍为0。当然，如果基金在除息后出现类似于"填权"的价格上升，则基金投资者的收益开始为正，并随着价格涨幅的增大而增加。相反，如果基金价格下降，低于1.04分，则基金投资者就会出现亏损。

（3）市价 $P<$ 初始购买价 $P_0$

在这种情况下，投资者收益为负。仍以基金兴华为例，假设投资者初始购买价为1.50元，目前的价格为1.40元。如果基金在除息日前价格不能回到1.50元或除息后价格不能升至1.14元，那么投资者将一直处于亏损状态。

# 项目三
# 证券投资分析

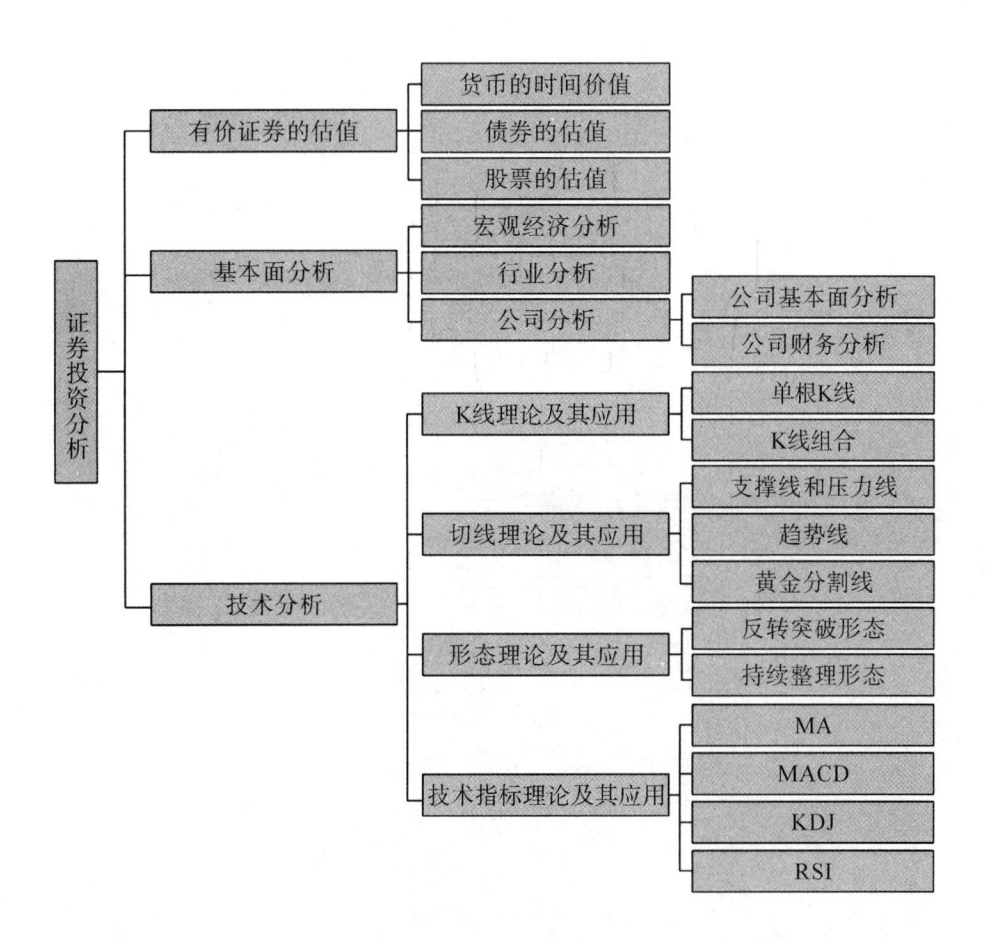

- 证券投资分析
  - 有价证券的估值
    - 货币的时间价值
    - 债券的估值
    - 股票的估值
  - 基本面分析
    - 宏观经济分析
    - 行业分析
    - 公司分析
      - 公司基本面分析
      - 公司财务分析
  - 技术分析
    - K线理论及其应用
      - 单根K线
      - K线组合
    - 切线理论及其应用
      - 支撑线和压力线
      - 趋势线
      - 黄金分割线
    - 形态理论及其应用
      - 反转突破形态
      - 持续整理形态
    - 技术指标理论及其应用
      - MA
      - MACD
      - KDJ
      - RSI

通过前面两部分的学习，大家应该已经掌握了证券市场的基础知识和证券交易的基本流程，本部分内容将向大家介绍证券投资过程中能够使用的基本分析方法和投资技巧。

证券投资分析是指通过各种专业分析，对影响证券价值或价格的各种信息进行综合分析，以判断证券价值或价格及其变动的行为，是证券投资过程中不可或缺的重要环节。

进行证券投资分析的目的是希望提高投资者投资决策的科学性，降低投资者的投资风险。科学的证券投资分析是投资者成功投资的关键，在风险既定的条件下投资收益最大化和在收益率既定的条件下风险最小化是证券投资的两大具体目标。

证券投资的分析方法主要有如下三种：基本分析法、技术分析法、演化分析法，其中基本分析主要应用于投资标的物的选择上，技术分析和演化分析则主要应用于具体投资操作的时间和空间判断上，作为提高证券投资分析有效性和可靠性的有益补充。它们之间的关系是：技术分析要有基本分析的支持，才可避免缘木求鱼，而技术分析和基本分析要纳入演化分析的框架，才能真正提高可持续生存能力！

本部分内容主要向大家介绍证券投资分析方法中的基本分析法和技术分析法，该部分使用的软件为同花顺模拟投资软件。

# 任务七 有价证券的估值

**【知识目标】**

掌握货币的时间价值概念；

掌握单利公式和复利公式；

掌握现金流贴现模型；

理解证券估值模型。

**【能力目标】**

能够熟练进行货币时间价值的套算；

能够对有价证券（债券、股票）进行估值。

**【情境引入】**

小张：听说股票的价值也是可以估计出来的？

老股民乙：是啊，虽然只是用来参考，但是已经能帮助我们降低投资风险和进行合理决策了，怎么你不知道吗？

小张：发愁啊，有没有什么好的方法分享分享？

老股民乙：额，说来话长……

有价证券的估值是指对证券价值的评估。有价证券的买卖双方根据各自掌握的信息对其持有的证券价值分别进行评估，然后才能以双方均接受的价格成交，从这个意义上说，证券估值是证券交易的前提和基础。而当证券的持有者参考市场上同类或同种证券的价格来给自己持有的证券进行估价时，我们发现，此时证券估值似乎又成为证券交易的结果。

对于有价证券的价值表示形式，投资者最为熟悉的是其市场价格，市场价格对投资者至关重要，很多投资者仅仅因为预期市场价格上涨而买入证券，因预期市场价格下跌而卖出证券。但与此同时，投资者在买卖证券时也常常会产生这样的疑问："以当前这个市场价格买（卖），是否划算呢？这个证券到底应值多少钱？"即，投资者会在心理上认定证券自身存在着一个价值，这个价值决定了证券的市场价格，投资学上将这种价值称之为"证券的内在价值"。

# 活动一  单利与复利的计算

## 【知识准备】

### 知识点1：货币的时间价值

货币的时间价值是指货币随着时间的推移而发生的增值，也称为资金时间价值。

专家给出的定义：货币的时间价值就是指当前所持有的一定量货币比未来获得的等量货币具有更高的价值。从经济学的角度而言，当前的一单位货币与未来的一单位货币的购买力之所以不同，是因为不消费现在的一单位货币而改在未来消费，则在未来消费时必须有大于一单位的货币可供消费，作为弥补延迟消费的贴水。

**案例分享**

**拿破仑带给法兰西的尴尬**

拿破仑1797年3月在卢森堡第一国立小学演讲时说了这样一番话："为了答谢贵校对我，尤其是对我夫人约瑟芬的盛情款待，我不仅今天呈上一束玫瑰花，并且在未来的日子里，只要我们法兰西存在一天，每年的今天我将亲自派人送给贵校一束价值相等的玫瑰花，作为法兰西与卢森堡友谊的象征。"时过境迁，拿破仑穷于应付连绵的战争和此起彼伏的政治事件，最终惨败而流放到圣赫勒拿岛，把对卢森堡的诺言忘得一干二净。可卢森堡这个小国对"欧洲巨人与卢森堡孩子亲切、和谐相处的一刻"念念不忘，并载入他们的史册。

1984年年底，卢森堡旧事重提，向法国提出违背"赠送玫瑰花"诺言案的索赔。他们提出：要么从1797年起，用3路易作为一束玫瑰花的本金，以5厘复利（即利滚利）计息全部清偿这笔玫瑰案；要么法国政府在法国各大报刊上公开承认拿破仑是个言而无信的小人。起初，法国政府准备不惜重金捍卫拿破仑的声誉，但又被电脑算出的数字惊呆了：原本3路易的许诺，本息竟高达1 375 596法郎。经冥思苦想，法国政府斟词酌句地答复："以后，无论在精神上还是物质上，法国将始终不渝地对卢森堡的中小学教育事业予以支持与赞助，来兑现我们的拿破仑将军那一诺千金的玫瑰花信誉。"这一措辞最终得到了卢森堡人民的谅解。

（资料来源：《读者》2000年17期）

## 知识点2：利息的两种计算方法：单利、复利

1. 单利

不管时间多长，只按照固定的本金计算利息，所生利息均不加入本金重复计算利息。

2. 复利

复利是指在每经过一个计息期后，都要将所生利息加入本金，以计算下期的利息。这样，在每一个计息期，上一个计息期的利息都将成为生息的本金，即以利生利，也就是俗称的"利滚利"。

## 知识点3：终值和现值的计算

现值、终值、收益率和投资期是套算货币时间价值的四个基本要素。

1. 现值

现值指资金折算至基准年的数值，也称折现值，是对未来现金流量以恰当的折现率进行折现后的价值。现值也可以理解为未来某一时点上的一定量现金折合到现在的价值，俗称"本金"。

2. 终值

终值又称将来值或本利和，是指现在一定量的资金在未来某一时点上的价值。

3. 收益率

最为通常的表示货币时间价值的是无风险利率，通常在实践中以国债的到期收益率、国库券的到期收益率（在我国是央行票据）或者同期银行定期存款利率为无风险利率。但是货币的时间价值这个概念很广，不单纯指无风险收益率。换一种理解方式，其实它指的是投资货币的机会成本。所以在投资决策中更普遍地用等风险收益率或者必要报酬率来作为衡量货币时间价值的利息率。

4. 投资期

投资期即投资期限，是指从开始投资到预先确定的投资回收日为止的期限。其计算公式：

单利计息法：$FV = PV(1+i \times t)$，

复利计息法：$FV = PV \times (1+i)^t$，式中$(1+i)^t$称为复利终值系数。

其中，FV为终值，PV为现值，$i$为收益率，$t$为投资期。

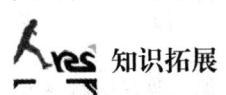

### 知识拓展

**复利的"72"法则**

复利的"72"法则的含义是，如果投资的年收益率为1%，那么需要72年才能使投

资的本金翻一翻，依次类推，如果投资的年收益率为10%，那么需要72/10=7.2年才能使投资的本金翻一翻。即，将72除以年投资回报率，就是投资翻番所需要的年数。复利的"72"法则是一种估算方法，便于进行投资、筹资的粗略计算，有一定的误差。

### 知识拓展

#### 计息周期对货币时间价值的影响

计息周期是用于表示计算利息的时间单位，一般用年、半年、季、月、周或天来表示。通常情况下利率都是以年为单位，因此，当计息周期不是一年时，如每月复利一次、每季复利一次，这时候计算期的利率＝年利率/一年内计息的次数。而货币时间价值的终值和现值之间按照复利套算的话，公式就变为：

复利计息法：$FV=PV\times(1+i/n)^{t\times n}$

其中，FV为终值，PV为现值，$i$为收益率，$t$为投资期，$n$为一年中计息的次数。

例7-1：

若将10 000元存入银行，年利率为4%，单利计算。5年后连本带利可从银行取出多少元？

解答：根据单利公式，$FV=PV\times(1+i\times t)$

$FV=10\,000\times(1+4\%\times5)=12\,000$

5年后连本带利可从银行取出12 000元。

例7-2：

若将10 000元存入银行，年利率为4%，复利计算。5年后连本带利可从银行取出多少元？

解答：根据复利公式，$FV=PV\times(1+i)^t$

$FV=10\,000\times(1+4\%)^5\approx12\,167$

5年后连本带利可从银行取出12 167元。

例7-3：

若希望5年后从银行取出10 000元，年利率为4%，复利计算。则现在应存入银行多少元？

解答：根据复利公式，$FV=PV\times(1+i)^t$

$10\,000=PV\times(1+4\%)^5$，$PV\approx8\,219$

现在应存入银行8 219元。

例7-4：

若希望5年后从银行取出10 000元，年利率为4%，单利计算。现在应存入银行多少元？

解答：根据单利公式，$FV=PV\times(1+i\times t)$

$10\,000=PV\times(1+4\%\times5)$，$PV\approx8\,333.33$

现在应存入银行 8 333.33 元。

### 想一想

判断上述各案例中货币时间价值的四个基本要素。如果例 7-3 中的计息周期为复利每季度计息一次，结果又会怎样？

**【技能训练】**

实训目的：掌握单利、复利、终值和现值的计算。

实训器材：金融计算器。

实训场地：多媒体教室。

实训要求：以个人为单位根据具体的实训内容完成货币时间价值的计算，要求有计算过程和结果。

实训步骤：

步骤一，以个人为单位分发实训具体内容和要求。

步骤二，根据以下的操作流程对实训内容进行实操。

（1）判断利息计息方法，单利还是复利；

（2）确定现金流持续的时间，即确定投资期；

（3）确定该投资期内合适的收益率；

（4）进行货币的时间价值在现值和终值之间的套算。

步骤三，学生之间相互讨论。

步骤四，教师公布结果并进行点评。

实训内容：

1. 某人在 2002 年 1 月 1 存入银行 1 000 元，年利率 12%，要求计算：①每年复利一次，2005 年 1 月 1 日存款账户余额；②每季复利一次，2005 年 1 月 1 日存款账户余额。

2. 若某项投资 4 年后可得收益 50 000 元，年利率 8%，则现在应投入多少元？

3. 王某的孩子 4 年后上大学，需一次性交纳学费 50 000 元，利率 8%，问现在应存入银行多少钱？

## 活动二　年金的计算

**【知识准备】**

### 知识点 1：年金

年金指在某个特定时段内一组时间间隔相同、金额相等、方向相同的现金流。按年金发生的时刻划分为期初年金和期末年金。年金收付形式在我们的经济生活中非常普遍,如支付房屋的租金、抵押支付、商品的分期付款、分期付款赊购、分期偿还贷款、发放养老金、提取折旧以及投资款项的利息支付等。

年金按其每次收付款项发生的时点不同,可以分为普通年金、即付年金、递延年金、永续年金等类型。

普通年金是指从第一期起,在一定时期内每期期末等额收付的系列款项,又称为后付年金。

即付年金是指从第一期起,在一定时期内每期期初等额收付的系列款项,又称先付年金。

递延年金是指第一次收付款发生时间与第一期无关,而是隔若干期后才开始发生的系列等额收付款项。

永续年金是指无限期等额收付的特种年金。它是普通年金的特殊形式,即期限趋于无穷的普通年金。

**想一想**

如果发生在一定时间段内每个时期上的现金流金额各不相同,是否还是年金的概念?

## 知识点 2:年金终值

年金终值就是将每期发生的年金按照一定的利率,复利计算到未来某一时刻的价值之和,分为期末年金值和期初年金终值。其计算公式如下:

期末年金终值:$FV = A\left[\dfrac{(1+i)^n - 1}{i}\right]$,式中 $\left[\dfrac{(1+i)^n - 1}{i}\right]$ 称为期末年金终值系数。

期初年金终值:$FV = A\left[\dfrac{(1+i)^n - 1}{i}\right](1+i)$

其中,$FV$ 为终值,$A$ 为年金,$i$ 为收益率,$n$ 为投资期。

## 知识点 3:年金现值

年金现值指将每期发生的年金按照一定的贴现率复利折算到现在的合计数。它分为期末年金现值和期初年金现值。其计算公式如下:

期末年金现值:$PV = \dfrac{A}{i}\left[1 - \dfrac{1}{(1+i)^n}\right]$,式中 $\dfrac{1}{i}\left[1 - \dfrac{1}{(1+i)^n}\right]$ 称为期末年金现值系数。

期初年金现值：$PV = \dfrac{A}{i}\left[1 - \dfrac{1}{(1+i)^n}\right](1+i)$

其中，PV 为现值，$A$ 为年金，$i$ 为收益率，$n$ 国投资期。

例 7-5：

若投资一基金，每年年末定投 10 000 元，年投资回报率为 8%，复利计算。3 年后的终值为多少？

解答：根据期末年金终值公式：$FV = A\left[\dfrac{(1+i)^n - 1}{i}\right]$，查复利系数表得：

$$FV = A\left[\dfrac{(1+i)^n - 1}{i}\right] = 10\,000 \times \left[\dfrac{(1+8\%)^3 - 1}{8\%}\right] = 32\,460$$

3 年后的终值为 32 460 元。

例 7-6：

若投资一基金，每年年初定投 10 000 元，年投资回报率为 8%，复利计算。3 年后的终值为多少？

解答：根据期初年金终值公式：$FV = A\left[\dfrac{(1+i)^n - 1}{i}\right](1+i)$

$$FV = A\left[\dfrac{(1+i)^n - 1}{i}\right](1+i) = 10\,000 \times \left[\dfrac{(1+8\%)^3 - 1}{8\%}\right] \times (1+8\%) \approx 35\,056.80$$

3 年后的终值为 35 056.80 元。

例 7-7：

若投资一基金，每年年末定投 10 000 元，年投资回报率为 8%，复利计算。定投 3 年的现值是多少？

解答：根据期末年金现值公式：$PV = \dfrac{A}{i}\left[1 - \dfrac{1}{(1+i)^n}\right]$，

$$PV = \dfrac{A}{i}\left[1 - \dfrac{1}{(1+i)^n}\right] = \dfrac{10\,000}{8\%}\left[1 - \dfrac{1}{(1+8\%)^3}\right] \approx 25\,771$$

定投 3 年的现值是 25 771 元。

例 7-8：

若投资一基金，每年年初定投 10 000 元，年投资回报率为 8%，复利计算。定投 3 年的现值是多少？

解答：根据期初年金现值公式：$PV = \dfrac{A}{i}\left[1 - \dfrac{1}{(1+i)^n}\right](1+i)$，

$$PV = \dfrac{A}{i}\left[1 - \dfrac{1}{(1+i)^n}\right](1+i) = \dfrac{10,000}{8\%}\left[1 - \dfrac{1}{(1+8\%)^3}\right](1+8\%) \approx 27\,832.68$$

定投 3 年的现值是 27 832.68 元。

## 知识拓展

**复利系数表和金融计算器**

在进行终值、现值以及年金的计算中，大家会发现单纯地使用公式进行计算的话，计算过程比较复杂，如果涉及的幂级数非常高时，无法通过普通计算方法快速计算出结果。为简化计算过程，快速计算出结果，这里介绍两种方法：复利系数表和金融计算器。

复利系数表是将上述终值、现值和年金各公式的系数值列在表格中，按不同的利率值列出各个系数。若已知利率、计息周期，属于哪种系数，便可直接从表上查得需要的系数值。常见的复利系数表有复利终值系数表、复利现值系数表、普通年金终值系数表和普通年金现值系数表。

金融计算器一款金融领域专用的计算器，包含强大的金融计算功能：TVM 计算器、货币转换器、贷款计算器、复利计算器、信用卡还清计算器、投资回报率（ROI）计算器、贷款计算器、内部收益率净现值计算器等。目前市面上有普惠金融、德州仪器、卡西欧等各种品牌及型号的金融计算器，按照不同型号的计算器使用说明可以快速准确计算出货币的时间价值。

**【技能训练】**

实训目的：掌握年金终值和年金现值的计算。

实训器材：金融计算器。

实训要求：以个人为单位根据具体的实训内容完成货币时间价值中年金的计算，要求有计算过程和结果。

实训步骤：

步骤一，以个人为单位分发实训具体内容和要求。

步骤二，根据下面的操作流程对实训内容进行实操。

（1）判断发生的现金流是否是年金；

（2）判断该年金是发生在期初还是期末；

（3）确定该现金流持续的时间，即确定投资期；

（4）确定适合该投资期的收益率；

（5）选择合适的公式，进行年金在终值和现值之间的套算。

步骤三，学生之间相互讨论。

步骤四，教师公布结果并进行点评。

实训内容：

1. 5 年中每年年底存入银行 1 万元，存款利率为 8%，求第 5 年末年金终值。

2. 5 年后还清 10 000 元，从现在起每年年初等额存入银行一笔款项，银行存款利

率 $i=10\%$，求每年年初存入的款额。

3. 假设你准备抵押贷款 400 000 元购买一套房子，贷款期限 20 年，每月等额偿还一次；如果贷款的年利率为 8%，每月贷款偿还额为多少？

# 活动三　债券的估值

【知识准备】

## 知识点 1：债券的内在价值

和其他的资本投资一样，债券的内在价值取决于它将来预期现金流的现值。因此，债券的内在价值是债券的预期现金流经过合适的折现率折现以后的现值。当债券的购买价格低于债券价值时，才值得购买。

债券的估值就是估计其内在价值。计算步骤：

首先计算债券各年的利息现值并加总每年的利息现值；其次计算债券到期所收回本金的现值；然后将上述两者相加即得债券的内在价值。

## 知识点 2：债券的估值方法

根据现金流贴现的基本原理，对债券进行估值时通常采用的是现金流贴现的方法，即不含嵌入式期权的债券理论价格计算公式为：

$$P = \sum_{1}^{n} \frac{C_t}{(1+i)^t} + \frac{M}{(1+i)^n}$$

其中，$P$ 为债券的价值，$M$ 为债券的面值，$C$ 为债券的利息，$i$ 为投资者要求的必要回报率，$n$ 为债券的期限。

根据现金流贴现公式确定债券的内在价值的关键在于估计预期现金流入和投资者要求的必要收益率。

预期债券的现金流入主要包括利息和到期收回的本金或出售时获得的现金两部分，投资者要求的必要收益率是投资者对该债券要求的最低回报率，可以表示为：

投资者要求的必要收益率=真实无风险收益率+预期通货膨胀率+风险溢价

其中，真实无风险收益率，是指真实资本的无风险回报率，理论上由社会平均回报率决定；预期通货膨胀率，是对未来通货膨胀的估计值；风险溢价，根据各种债券的风险大小而定，是投资者因承担投资风险而获得的补偿。债券投资的风险因素包括违约风险、流动性风险、汇率风险等。

## 知识点3：债券的估值模型

根据债券类型的不同，再结合现金流贴现模型，可以将债券的估值模型分为以下几种：

1. 零息债券

零息债券不计利息，折价发行，到期还本，通常期限为1年以内的债券。零息债券的估值模型为：

$$P = \frac{M}{(1+i)^n}$$

其中，$P$为债券的价值，$M$为债券的面值，$i$为投资者要求的必要回报率，$n$为债券的期限。

2. 附息债券

附息债券是指在债券券面上附有息票的债券或是按照债券票面载明的利率及支付方式支付利息的债券。附息债券的利息支付方式一般会在偿还期内按期付息，如每半年或一年付息一次。附息债券的估值模型为：

$$P = \sum_{1}^{n} \frac{C_t}{(1+i)^t} + \frac{M}{(1+i)^n}$$

其中，$P$为债券的价值，$M$为债券的面值，$C$为债券的利息，$i$为投资者要求的必要回报率，$n$为债券的期限。

3. 累息债券

与附息债券相似，累息债券也规定了票面利率，但是，债券持有人须在债券到期时一次性获得本息，存续期间没有利息支付。累息债券的估值模型为：

$$P = \frac{M(1 + r \times n)}{(1+i)^n}$$

其中，$P$为债券的价值，$M$为债券的面值，$r$为债券的票面利率，$i$为投资者要求的必要回报率，$n$为债券的期限。

**想一想**

如果债券还未持有到期就将其卖出，则上述债券的估值模型应如何修改？

## 知识点4：债券估值的影响因素

债券投资过程中，其价值通常会受到内外部各种因素的影响，从而导致债券价值发生改变。因此，投资过程中投资者需要随时关注有哪些影响债券价值的因素发生了变化。

（一）影响债券价值的内部因素

影响债券价值的内部因素是指债券本身相关的因素，债券自身有六个方面的基本特性影响着其定价。

1. 期限

一般来说，债券的期限越长，其市场变动的可能性就越大，其价格的易变性也就越大，投资价值越低。

2. 票面利率

债券的票面利率越低，债券价格的易变性也就越大。在市场利率提高的时候，票面利率较低的债券的价格下降较快。但是，当市场利率下降时，它们增值的潜力也较大。

3. 提前赎回条款

提前赎回条款有利于发行人，因为发行人可以通过行使该条款来发行较低利率的债券取代原有利率较高的债券，从而减少融资成本。而对于投资者来说，其再投资机会受到限制，再投资利率也较低，这种风险是要补偿的。因此，具有较高提前赎回可能性的债券价值相对较低。

4. 流通性

如果某种债券的流通性较差，即按市价卖出很困难，那么该债券的投资者会因此遭受损失，这种损失包括较高的交易成本以及资本损失。因此，流通性好的债券与流通性差的债券相比，具有较高的价值。

5. 债券的信用等级

一般来说，除政府债券以外，一般债券都有信用风险，只不过风险大小有所不同而已。信用越低的债券，投资者要求的到期收益率就越高，债券的价值也就越低。

6. 税收待遇

一般来说，免税债券的到期收益率比类似的应纳税债券的到期收益率低。此外，因各国税收制度的不同，税收还以其他方式影响着债券的价格和收益率。

（二）影响债券价值的外部因素

影响债券价值的外部因素是指债券投资过程中所处的经济环境方面的因素，有以下几点：

1. 基础利率

基础利率是债券定价过程中必须考虑的一个重要因素，在证券的投资价值分析中，基础利率一般是指无风险债券利率。政府债券可以看作是现实中的无风险债券，它风险最小，收益率也最低。一般来说，银行利率应用广泛，债券的收益率也可参照银行存款利率来确定。

2. 市场利率

市场利率风险是各种债券都面临的风险。在市场总体利率水平上升时，债券的收益率水平也应上升，从而使债券的内在价值降低；反之，在市场总体利率水平下降时，债券的收益率水平也应下降,从而使债券的内在价值增加。并且,市场利率风险与债券的期限相关,债券的期限越长,其价格的利率敏感度也就越大。

3. 其他因素

影响债券定价的外部因素还有通货膨胀水平以及外汇汇率风险等。通货膨胀的存在可能会使投资者从债券投资中实现的收益不足以抵补由于通货膨胀而造成的购买力损失。当投资者投资于某种外币债券时,汇率的变化会使投资者的未来本币收入受到贬值损失。这些损失的可能性也都必须在债券的定价中得到体现,使其债券的到期收益率增加,债券的内在价值降低。

**想一想**

基础利率上升或者下降会如何影响债券的价值?除了上述外部因素外,还有哪些外部因素会影响债券的价值?

例 7-9:

某债券面值 1 000 元,期限为 1 年,期内没有利息,到期一次还本,当时市场利率为 8%,则债券的发行价格为多少元时你愿意进行投资?

解答:根据零息债券估值模型,$P = \dfrac{M}{(1+i)^n}$

$$P = \dfrac{M}{(1+i)^n} = \dfrac{1\,000}{(1+8\%)^1} = 925.93$$

因此当债券的发行价格小于等于 925.93 元时愿意进行投资。

例 7-10:

有一 5 年期国库券,面值 1 000 元,票面利率 12%,单利计息,到期时一次还本付息。假设必要报酬率为 10%,则该债券的价值为多少?

解答:根据零息债券估值模型,$P = \dfrac{M(1+r \times n)}{(1+i)^n}$

$$P = \dfrac{M(1+C \times n)}{(1+i)^n} = \dfrac{1\,000(1+12\% \times 5)}{(1+10\%)^5} = \dfrac{16\,000}{(1+10\%)^5} \approx 993.44$$

该债券的价值为 993.44 元。

例 7-11:

有一面值为 1 000 元的债券,票面利率为 8%,每年支付一次利息,2010 年 1 月 1 日发行,2015 年 1 月 1 日到期。现在是 2013 年 1 月 1 日,假设投资的必要报酬率为 10%,问该债券的价值是多少?

解答:根据付息债券估值模型,$P = \sum\limits_{1}^{n} \dfrac{C_t}{(1+i)^t} + \dfrac{M}{(1+i)^n}$

$$P = \sum\limits_{1}^{n} \dfrac{C_t}{(1+i)^t} + \dfrac{M}{(1+i)^n} = \sum\limits_{1}^{2} \dfrac{1\,000 \times 8\%}{(1+10\%)^t} + \dfrac{1\,000}{(1+10\%)^2} = \dfrac{80}{(1+10\%)} +$$

$$\frac{80}{(1+10\%)^2}+\frac{1\,000}{(1+10\%)^2}\approx965.29$$

该债券的价值是 965.29 元。

【技能训练】

实训目的：掌握债券的估值方法。

实训器材：金融计算器、同花顺模拟交易软件。

实训场地：多媒体教室。

实训要求：以小组为单位根据具体的实训内容完成债券的估值并形成实训报告。

实训步骤：

步骤一，分小组（4~5 人/组），对小组成员进行合理分工。

步骤二，小组成员根据下面的操作流程对实训内容进行讨论和实操。

（1）判断债券的类别；

（2）确定该债券未来投资期的现金流情况；

（3）根据实际投资情况确定投资者要求的必要收益率；

（4）选择正确的估值模型对该债券进行估值；

（5）分析债券价值的影响因素。

步骤三，各小组推选代表向全班展示小组实操成果。

步骤四，教师进行点评。

实训内容：

1. 有一债券面值为 1 000 元，票面利率为 8%，每年支付一次利息，5 年到期。假设必要报酬率为 10%。计算该债券的价值。

2. 某债券面值为 100 元，票面利率为 8%，期限为 3 年，到期还本付息，已知投资者要求的必要报酬率为 12%，请问债券发行价是多少时值得投资？

3. 各小组登录同花顺模拟交易软件，自行选择并下载一个债券的基本信息资料；根据所选债券的相关资料进行该债券的估值；讨论目前影响该债券内在价值的内外部影响因素。

## 活动四　股票的估值

【知识准备】

### 知识点 1：股票的内在价值

股票的估值就是判断其内在价值，而不是市场价格。相对于债券而言，股票的内在价值更为复杂，有些投资者认为投资股票是为了长期稳定地获得红利，因此，股票的内在价值取决于该股票未来所带来的现金流入情况；还有一些投资者认为投资股票就是投资一家公司，因此，股票的内在价值取决于企业的盈利能力、成长前景等，这些说法都没错，由此看来，股票的内在价值因投资者所处的角度不同，其结果也不一样。

## 知识点 2：股票的估值方法

依据投资者预期回报、企业盈利能力或企业资产价值等不同角度出发，不同的人对股票内在价值的估算也是不同的。因此，对股票估值的方法有多种，这里介绍比较常用的两种：

1. 绝对估值法

绝对估值法是通过对上市公司历史及当前的基本面的分析和对未来反映公司经营状况的财务数据的预测获得上市公司股票的内在价值，包括现金流贴现定价模型和B-S期权定价模型，后者主要应用于期权定价、权证定价等。本教材对股票进行估值时采用的是现金流贴现模型中的股利折现模型DDM，即将公司未来发放的全部股利折现为现值来衡量当前股票内在价值的估值模型。其公式为：

股票价值＝每股股利÷（折现率－股利增长率）

绝对估值法的优点在于能够较为精确地揭示公司股票的内在价值，但是如何正确地选择参数则比较困难。未来股利、现金流的预测偏差、贴现率的选择偏差，都有可能影响到估值的精确性。

2. 相对估值法

相对估值法是使用市盈率、市净率、市售率、市现率等价格指标与其他多只股票进行对比，如果结果偏低则说明股票价格被低估，股价将很有希望上涨。

相对估值法包括PE、PB、PEG、EV/EBITDA等估值法。通常的做法是对比，一个是和该公司历史数据进行对比，二是和国内同行业企业的数据进行对比，确定它的位置，三是和国际上的（特别是和美国）同行业重点企业数据进行对比。这里介绍市盈率和市净率两种方法。

（1）市盈率

市盈率是简洁有效的估值方法，其公式为：$PE = P/E$，即市场价格与每股收益的比值。

其中，$P$通常取最新收盘价，而$E$若按已公布的上年度每股收益计算，称为历史市盈率；若$E$是通过追踪公司业绩的机构搜集多位分析师的预测所得到的预估平均值或中值，则计算的是预估市盈率。何谓合理的市盈率没有一定的准则。

市场广泛谈及市盈率通常指的是静态市盈率，通常用来作为比较不同价格的股票是否被高估或者低估的指标。用市盈率衡量一家公司股票的质地时，并非总是准确的。

一般认为，如果一家公司股票的市盈率过高，那么该股票的价格具有泡沫，价值被高估。利用市盈率比较不同股票的投资价值时，这些股票必须属于同一个行业，因为此时公司的每股收益比较接近，相互比较才有效。

(2) 市净率

市净率的计算公式为：PB＝P/B，即每股股价与每股净资产的比率。其中，P 仍然取最新收盘价，而每股净资产 B 是股票的账面价值，他是用成本计量的。

一般认为，市价高于账面价值时企业资产的质量较好，有发展潜力；反之则质量较差，没有发展前景。市净率侧重于对未来盈利能力的期望。因此，市净率能够较好地反映出"有所付出，即有回报"，它能够帮助投资者找到哪个上市公司能以较少的投入得到较高的产出，对于大的投资机构，它能帮助其辨别投资风险。

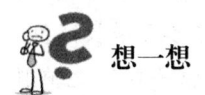

**想一想**

市盈率和市净率两种相对估值法各自的优缺点是什么？在实际投资过程中应如何结合使用？

## 知识点 3：股票的估值模型

股票的估值方法多种多样，这里介绍的是在现金流贴现模型中的股利折现模型 DDM 基础上，再结合不同的股利假设条件形成的两个基本估值模型：

1. 零增长模型

零增长模型又称为"股利贴息不增长模型"。该模型有两个基本假定条件：第一，假定股利增长率等于零，也就是说未来的股利按一个固定数量支付；第二，假定股息的支付在时间上是永久性的。根据股利折现模型 DDM 的估值原理，股票的内在价值取决于未来无穷期所取得的股利收入，因此，零增长模型公式为：

$$P = \sum_{1}^{\infty} \frac{D_0}{(1+i)^n} = \lim_{n \to \infty} \sum_{1}^{\infty} \frac{D_0}{(1+i)^n} = \frac{D_0}{i}$$

其中，$P$ 为股票的价值，$D_0$ 为每年支付的每股股利，$i$ 为投资者要求的必要回报率，$n$ 为债券的期限。

3. 不变增长模型

不变增长模型又称为"股利贴息不变增长模型""戈登模型"（Gordon Model）。该模型通过计算公司预期未来支付给股东的股利现值，来确定股票的内在价值，它相当于未来股利的永续流入。不变增长模型分两种情况：一是不变的增长率；另一个是不变的增长值。

该模型的假设条件为：第一，股息的支付在时间上是永久性的；第二，股息的增长速度是一个常数；第三，模型中的贴现率大于股息增长率。不变增长模型公式为：

$$P = \sum_{1}^{\infty} \frac{D_0(1+g)^n}{(1+i)^n} = \lim_{n \to \infty} \sum_{1}^{\infty} \frac{D_0(1+g)^n}{(1+i)^n} = \frac{D_0(1+g)}{i-g}$$

其中，$P$ 为股票的价值，$D_0$ 为上年末支付的每股股利，$g$ 为股利增长率，$i$ 为投资者要求的必要回报率，$n$ 为债券的期限。

### 知识拓展

**多元增长模型**

使用零增长模型和不变增长模型对股票进行估值时有一个非常严格的假设条件，即未来的股利支付是不变增长的。而大部分情况下，公司进行股利支付时会根据其业绩、发展战略等的变动而变动，因此，为了更切合实际情况，这里提出了多元增长模型。

多元增长模型是假定在某一时点之后股息增长率为一常数，但是在这之前股息增长率是可变的。多元增长模型是被最普遍用来确定普通股票内在价值的贴现现金流模型。这一模型假设股利的变动在一段时间内并没有特定的模式可以预测，在此段时间以后，股利按不变增长模型进行变动。因此，股利流可以分为两个部分：第一部分包括在股利无规则变化时期的所有预期股利的现值；第二部分包括从某一时点 T 以后的股利不变增长率时期内所有预期股利的现值。

## 知识点4：股票估值的影响因素

像债券一样，股票的内在价值也一样会受到各种内外在因素的影响，而且与债券相比，影响股票价值的因素更多更复杂。

（一）影响股票价值的内部因素

一般来讲，影响股票价值的内部因素包含很多，其中主要包括公司净资产、盈利水平、股利政策、股份分割、增资和减资以及资产重组等。

1. 公司净资产

公司净资产是决定股票投资价值的重要基准。公司经过一段时间的运营，其资产净值必然有所变动。股票作为投资的凭证，每一股代表一定数量的净值。从理论上讲，净值应该与股价保持一定比例，即净值增加，股价上涨；净值减少，股价下跌。

2. 公司盈利水平

公司的业绩好坏集中表现在盈利水平的高低上。一般情况下，预期公司盈利增加，可分配的股利也会相应增加，股票市场价格上涨；预期公司盈利减少，可分配的股利相应减少，股票市场价格下降。但值得注意的是，股票价格的涨跌和公司盈利的变化并不完全同时发生。

3. 公司的股利政策

股份公司的股利政策直接影响股票投资价值，在一般情况下，股票价格与股利水平成正比。股利水平越高，股票价格越高；反之，股利水平越低，股票价格越低。而股利的实际支付取决于公司的股利政策，不同的股利政策对各期股利收入有不同的影响，此外公司对股利的分配方式也会给股价波动带来影响。

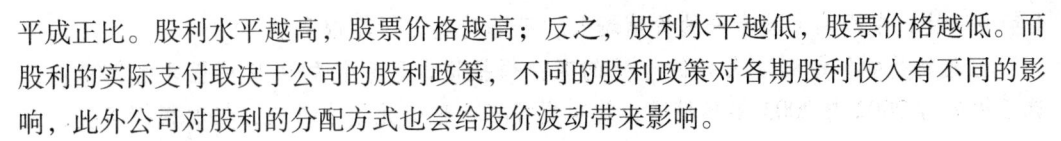

4. 股份分割

股份分割一般在年度决算月份进行，通常会刺激股价上升。股份分割给投资者带来的不是现实的利益，因为股份分割前后投资者持有的公司净资产和以前一样，得到的股利也相同。但是投资者持有的股份数量增加了，给投资者带来了今后可多分股利和更高收益的预期，因此股份分割往往比增加股利分配对股价上涨的刺激作用更大。

5. 增资和减资

增资是公司因业务发展需要增加资本额而发行新股的行为，对不同公司股票价格的影响不尽相同。在没有产生相应效应前，增资可能使每股净资产下降，因而可能促使股价下跌。但对那些业绩优良，财务结构健全，具有发展潜力的公司而言，增资意味着将增加公司的经营实力，会给股东带来更多回报，股价不仅不会下跌，可能还会上涨。当公司宣布减资时，多半是因为经营不善、亏损严重、需要重新整顿，所以股价会大幅下降。

6. 公司资产重组

公司重组属于公司的重大事项，发生公司重组总会引起公司价值的重大变动，因而其股价也随之产生剧烈的波动。但需要分析公司重组对公司是否有利，重组后是否会改善公司的经营状况。因为这些是决定股价变动方向的决定因素。但是在我国，因为散户众多，投资者行为对股市影响较大，一般情况下资产重组都会刺激股价短期的上涨。

（二）影响股票价值的外部因素

一般来讲，影响股票价值的外部因素主要包括宏观经济因素、行业因素和市场因素。这些因素的影响会在后面的基本面分析部分详细介绍，此处略去。

### 案例分享

**巴菲特投资经典案例 ——中石油**

巴菲特倡导的价值投资理论风靡世界，被人尊称为"股神"。"在别人贪婪的时候恐惧，在别人恐惧的时候贪婪"，这已经是众所周知的巴氏投资秘诀。

中石油就在我们家门口，我们在信息上甚至比巴菲特更有优势，当巴菲特投资中石油功成身退，获利35亿美元的时候；我们的股民却跟股神相反，48元买入中石油股票，结果造就了2008年悲壮的一幕"问君能有几多愁，恰似满仓中石油"！

投资就是做生意，通过企业盈利带来的价值增长赚钱。2003年，巴菲特认为中石油内在价值为1 000亿美元左右，所以在市值370亿美元时买进，安全边际高达63%，相当于1块钱的东西打了3.7折后买入，只要股价回归内在价值就赚2.7倍；而在持有

4年多以后，中石油发展带来的价值增长，巴菲特卖出时净赚7倍。

巴菲特是如何做到这么好的生意的呢？据报道，巴菲特的决策过程非常简单：他读了中石油2002与2003年年报后，就决定投资5亿美元给中石油，仅仅根据年报，而没有见过管理层，也没有见过分析家的报告，这未免让人觉得太儿戏了吧，价值投资不是强调管理层的经营水平吗？而亚洲地区公司的商业诚信一直为人诟病，况且中石油还是国有企业？巴菲特超出自己能力圈了吗？读者的疑惑都有道理，对于巴菲特投资中石油，当时市场也存在很多不同的意见。所罗门美邦等投行就建议沽出中石油，中国香港专栏作者曹仁超更认为，巴菲特投资中石油，那是"犯傻了"。除此以外，著名的邓普顿资产管理公司还在巴菲特增持中石油时，减持了5 000万股，收回资金8 300万港元。那究竟巴菲特是否错了呢？

谜底大家都已经知晓，巴菲特在投资中石油上再次显现了股神的功力。其实巴菲特2003年选中石油背后的逻辑也是2006—2007年我国A股市场上最重要的选股逻辑之一，那就是"国企+硬资源"。为什么"国企+硬资源"成为牛股诞生的集中营，背后至少有这么几条逻辑：①中国的重化工业化浪潮，由于中国经济不可避免地从劳动密集型产业向重化工业产业升级，石油的战略意义也会日渐突出。②美元指数下跌带动的大宗商品涨价趋势。9·11事件是个重要转折，美国经济霸主的地位从此日渐衰落。美元指数从2001年9月份的115点左右一直下跌到2008年4月的71点，在计价货币贬值效应下，代表大宗商品的CRB指数从2001年9月的220多点一直涨到2008年的485点。③在中国行政体系下，国企能得到垄断带来的暴利，而且资源挖出来就是钱，所以中石油是典型的连傻瓜也能经营的企业。

在中国重化工业化，石油价格进入上涨通道等经济趋势下，中石油表现出巨大的盈利能力，其账面价值从2002年年底的365亿美元增长到2007年年底的903亿美元，5年涨了2.47倍，年均增长率接近20%。大家都明白，中石油这样的巨无霸能够连续5年以平均20%的增长率实现净资产的增值，简直是个神话。

（资料来源：学习啦【成功案例】网站）

例7-12：

某股份公司预计今后每年支付的股利为3元，假定投资者要求的必要收益率为10%，当前该股票的价格为39元，判定该股票价格的高低。

解答：根据零增长模型，$P = \dfrac{D_0}{i}$

$$P = \frac{D_0}{i} = \frac{3}{10\%} = 30$$

股票的内在价值30小于当前该股票的价格39元，故市场高估该股票。

例7-13：

某股份公司上年年末支付股利每股2元，预计今后每年支付的股利都在前一年的基础上增长4%，假设投资者要求的必要收益率为15%，当前该股票的市场价格为17元，判定该股票价格的高低。

解答：根据不变增长模型，$P = \dfrac{D_0(1+g)}{i-g}$

$P = \dfrac{D_0(1+g)}{i-g} = \dfrac{2 \times (1+4\%)}{15\% - 4\%} = 18.91$

该股票的内在价值18.91元大于当前该股票的市场价格17元，故市场低估该股票。

例7-14：

某只股票当前的市价为28元，该股份公司本年度的每股收益为2元，每股净资产为0.8元，则该股票的市盈率为多少？

解答：根据市盈率公式：$PE = P/E$，

$PE = P/E = 28/2 = 14$ 倍

该股票的市盈率为14倍。

例7-15：

接例题7-14，该股票的市净率为多少？

解答：根据市净率公式：$PB = P/B$，

$PB = P/B = 28/0.8 = 35$ 倍

该股票的市盈率为35倍。

**【技能训练】**

实训目的：掌握股票的估值方法。

实训器材：金融计算器、同花顺模拟交易软件。

实训场地：多媒体教室。

实训要求：以小组为单位根据具体的实训内容完成股票的估值并形成实训报告。

实训步骤：

步骤一，分小组（4~5人/组），对小组成员进行合理分工。

步骤二，小组成员根据下面的操作流程对实训内容进行讨论和实操。

（1）判断股票的类别；

（2）确定该股票未来投资期的现金流情况；

（3）根据实际投资情况确定投资者要求的收益率；

（4）选择正确的估值模型对该股票进行估值；

（5）分析股票价值的影响因素。

步骤三，各小组推选代表向全班展示小组实操成果。

步骤四，教师进行点评。

实训内容：

1. 各小组登录同花顺模拟交易软件，自行选择一只股票并搜集和观察该股票目前的市盈率。

2. 根据该股票的市盈率判断其投资价值。

3. 讨论目前影响该股票价值的内外部影响因素。

# 任务八　证券投资基本面分析

【知识目标】

掌握证券投资基本面分析的概念；

掌握宏观经济分析方法；

掌握行业分析方法；

掌握公司财务分析方法。

【能力目标】

能够对当前宏观经济形势进行分析和预测；

能够对某一行业进行分析和预测；

能够对公司财务报表进行分析。

【情境引入】

掌握了证券品种、证券交易流程和估值方法的小张来到证券公司营业厅，摩拳擦掌、跃跃欲试的他面对着满屏的股票代码，陷入困惑。这么多只股，到底应该选哪只呢？

小张：各位，大家平时投资是怎么选股的？

股民甲：我也不懂，没深入研究过，现在就是听听股评专家的推荐，或者听听大家的意见。

股民乙：我本身就是搞财务的，所以经常看看感兴趣的那几个行业上市公司的财务报表，多少从财报上分析分析，主要选择那些个利润增长比较稳定的公司股票。

股民丙：对对对，千万不要道听途说啊，还是要分析分析的。

小张：分析？分析什么？怎么分析？

选股……这里面学问就大了！

基本面分析又称基本分析，是以证券的内在价值为依据，着重对影响证券价格及其走势的各项因素进行分析，并以此决定投资购买何种证券及何时购买。

基本分析的假设前提：证券的价格是由其内在价值决定的，价格受政治的、经济的、心理的等诸多因素的影响而频繁变动，很难与价值完全一致，但总是围绕价值上下波动。理性的投资者应根据证券价格与价值的关系进行投资决策。

股票市场基本面分析主要侧重于从股票的基本面因素，如宏观经济、行业背景、企业经营能力、财务状况等对公司进行研究与分析，试图从公司的角度找出股票的

"内在价值",从而与股票市场价值进行比较,挑选出最具投资价值的股票。基本分析主要适用于周期相对比较长的证券价格预测、相对成熟的证券市场以及预测精确度要求不高的领域。

## 活动一 把脉宏观经济形势

【知识准备】

### 知识点1：宏观经济分析的含义

宏观经济分析是以整个国民经济活动作为考察对象,研究各个有关的总量及其变动,特别是研究国民生产总值和国民收入的变动及其与社会就业、经济周期波动、通货膨胀、经济增长等之间的关系。因此宏观经济分析又称总量分析或整体分析。

在证券投资过程中,宏观经济分析非常重要,它可以帮助把握证券市场的总体变动趋势、判断整个证券市场投资价值、掌握宏观经济政策对证券市场的影响力度与方向,从而帮助投资者做出正确的长期决策。本教材对宏观经济对分析主要是从宏观经济运行情况、宏观经济政策形势两个方面进行。

### 知识点2：宏观经济分析方法

宏观经济的分析方法是以整个国民经济活动作为分析的对象,研究各个有关总量以及变动,特别是研究国民生产总值和国民收入的变动,以及与社会就业、经济增长等之间的关系,因此宏观经济分析也可以被称之为总量分析或者是整体分析。下面给大家介绍两个最基本的分析方法：总量分析法和结构分析法。

1. 总量分析法

总量分析就是指对宏观经济运行总量指标的影响因素及其变动规律进行分析,如对国民生产总值、消费额、投资额、银行贷款总额及物价水平的变动规律的分析等,进而说明整个经济的状态和全貌。总量是反映整个社会经济活动状态的经济变量：一是个量的总和,如国民收入是构成整个经济各单位创新价值的总和,总投资是全社会私人投资和政府投资的总和,总消费是参与经济活动各单位消费的总和；二是平均量或比例量,如价格水平是各种商品与劳务相对于基期而言的平均价格水平。

总量分析主要是一种动态分析,因为它主要研究总量指标的变动规律。同时,也包括静态分析,因为总量分析包括考察同一时期内各总量指标的相互关系,如投资额、消费额和国民生产总值的关系等。

## 2. 结构分析法

结构分析法是在统计分组的基础上，计算各组成部分所占比重，进而分析某一总体现象的内部结构特征、总体的性质、总体内部结构依时间推移而表现出的变化规律性的统计方法。结构分析法的基本表现形式就是计算结构指标。

结构分析法是指对经济系统中各组成部分及其对比关系变动规律的分析，如国民生产总值中三种产业的结构及消费和投资的结构分析，经济增长中各因素作用的结构分析等。结构分析主要是一种静态分析，即对一定时间内经济系统中各组成部分变动规律的分析。如果对不同时期内经济结构变动进行分析，则属动态分析。

## 知识点3：宏观经济指标

进行宏观经济分析就需要了解宏观经济运行情况，而宏观经济指标是体现经济情况的一种方式。因此，宏观经济指标对于宏观经济分析起着重要的分析和参考作用。

反映经济情况的宏观经济指标种类很多，主要指标包括国内生产总值、投资指标、消费指标、金融指标、财政指标和主权债务等几大类，如表8-1所示。

表8-1　　　　　　　　　　宏观经济指标的分类

| | | |
|---|---|---|
| 反映经济形势的宏观经济指标 | 国民经济总体指标 | 国内生产总值（GDP） |
| | | 工业增加值 |
| | | 失业率 |
| | | 通货膨胀 |
| | | 采购经理指数（PMI）——宏观经济运行景气指标 |
| | | 国际收支 |
| | 投资指标 | 政府、企业和外商投资 |
| | 消费指标 | 社会消费品零售总额 |
| | | 城乡居民储蓄存款余额 |
| | | 居民可支配收入 |
| | 金融指标 | 总量指标（货币供应量、金融机构各项存贷款余额、金融资产总量、社会融资总额、外汇储备、外汇占款） |
| | | 利率 |
| | | 汇率 |
| | 财政指标 | 财政收入 |
| | | 财政支出 |
| | | 赤字和结余 |
| | 主权债务 | |

对表 8-1 中主要宏观经济指标的分析主要通过两个方面完成：一是对指标内涵的解读，即了解和把握该指标的具体含义及其反映的经济情况；一是对指标数据的解读，即搜集该指标的相关具体数据，并根据数据的大小及其变化情况分析其反应的经济形势。

### 案例分享

**宏观经济指标解读**

随着供给侧结构性改革的深入推进，工业生产稳中向好、结构优化、效益改善，支撑工业经济稳中向好的有利因素不断增多。

2018 年 5 月份，全国规模以上工业增加值同比实际增长 6.8%，比上年同期加快 0.3 个百分点；1—5 月份，工业增加值同比增长 6.9%，与 1—4 月份持平，比上年同期加快 0.2 个百分点。

分行业看，5 月份，41 个工业大类行业中，36 个行业增加值保持增长态势，增长面为 87.8%。其中，电子、汽车、电力、医药、烟草等主要行业实现两位数以上增长。

分产品看，在统计的 596 种主要工业产品中，有 368 种实现同比增长，增长面为 61.7%。太阳能电池、光纤、新能源汽车、工业机器人、集成电路、民用无人机等新兴产品快速增长。钢铁、有色金属、发电量等高耗能产品增长也有所加快。

（资料来源：国家统计局）

### 想一想

上述案例中应用到的宏观经济指标是什么？该指标的具体内涵是？使用的分析方法有哪些？从案例中哪些地方可以判断出这些分析方法的使用？

### 知识拓展

**先行指标、同步指标和滞后指标**

在经济的周期循环中，一些经济变量的变动与经济景气的变化存在着时间上的先后顺序。把这种先后顺序定量地揭示出来，就能用于经济预测。

按统计指标变动轨迹与经济变动轨迹之间的关系划分，指标变动轨迹在时间上和波动起伏上与经济波动轨迹基本一致的叫同步指标；在相同时间上的波动与经济波动不一致，在时间轴上向前平移的指标成为先行指标；在时间轴上向后平移的指标成为滞后指标。

先行指标主要用于判断短期经济总体的景气状况，因为其在宏观经济波动到达高峰或低谷前，先行出现高峰或低谷，因而可以利用它判断经济运行中是否存在不安定因素，同时进行预警、监测。这类指标可以对将来的经济状况提供预示性的信息，如利率水平、货币供给、消费者预期、主要生产资料价格、企业投资规模等。

同步指标，这类指标的变化基本上与总体经济活动的转变同步，如个人收入、工业总产值、全民工业总产值、预算内工业企业销售收入、社会商品零售额、国内商品纯购进、国内商品纯销售、海关进口额、货币流通量。

滞后指标，这类指标的变化一般滞后于国民经济的变化，如失业率、全民固定资产投资、商业贷款、财政收支、零售物价总指数、消费品价格指数、集市贸易价格指数。

需要注意的是不同指标只是作为参考作用，单独的指标只能做出推断，必须结合具体的宏观经济波动和一系列后续的指标验证，才能得出正确的结论。

## 知识点4：宏观经济政策

宏观经济政策是国家或政府有意识、有计划地运用一定的政策工具，调节控制宏观经济的运行，以达到一定的政策目标。国家或者政府通过宏观经济政策工具干预宏观经济运行，以达到增进整个社会经济福利、改进国民经济运行状况的目的。因此，进行宏观经济分析除了通过经济指标了解其运行情况外，还需要分析宏观经济政策形势。

一般认为，宏观经济政策的主要目标有四个：持续均衡的经济增长、充分就业、物价水平稳定、国际收支平衡。以上四大目标相互之间既存在互补关系，也存在交替关系。互补关系是指一个目标的实现对另一个的实现有促进作用，如为了实现充分就业水平，就要维护必要的经济增长。交替关系是指一个目标的实现对另一个有排斥作用，如物价稳定与充分就业之间就存在两难选择。

宏观经济政策工具是用来实现政策目标的手段。在宏观经济政策工具中，常用的有需求管理、供给管理、国际经济政策。需求管理是指通过调节总需求来达到一定政策目标的宏观经济政策工具。它包括财政政策和货币政策。供给管理政策具体包括控制工资与物价的收入政策、指数化政策、人力政策和经济增长政策。国际经济政策是对国际经济关系的调节。这里主要介绍其中的四种政策：财政政策、货币政策、汇率政策、收入政策。

1. 财政政策

财政政策是指政府变动税收和支出以便影响总需求进而影响就业和国民收入的政策，具体的运作模式如表8-2所示。

表 8-2　　　　　　　　　　　　财政政策分析

| 财政政策工具 | 政策种类 | 运作模式 | 对证券市场的影响 |
|---|---|---|---|
| 国家预算<br>税收<br>国债<br>财政补贴<br>财政管理体制<br>转移支付制度<br>注：这些工具可以单独使用，也可以配合协调使用。 | 扩张性<br>财政政策 | 减少税收，降低税率，扩大减免税范围 | 刺激经济增长，证券市场价格上涨 |
| | | 扩大财政支出，加大财政赤字 | |
| | | 减少国债发行（或回购部分短期国债） | |
| | 紧缩性<br>财政政策 | 增加财政补贴 | 抑制经济增长，证券市场价格下降 |
| | | 增加税收，提高税率，减小减免税范围 | |
| | | 减少财政支出，缩小财政赤字 | |
| | | 增加国债发行 | |
| | | 减少财政补贴 | |
| | 中性<br>财政政策 | | 财政的分配活动对社会总需求的影响保持中性 |

2. 货币政策

货币政策也就是金融政策，是指中国人民银行为实现其特定的经济目标而采用的各种控制和调节货币供应量和信用量的方针、政策和措施的总称。货币政策的实质是国家对货币的供应根据不同时期的经济发展情况而采取"紧""松"或"适度"等不同的政策趋向（见表 8-3）。

表 8-3　　　　　　　　　　　　货币政策分析

| 政策工具 | 政策种类 | 运作模式 | 对证券市场的影响 |
|---|---|---|---|
| 一般性政策工具：法定存款准备金率再贴现政策；公开市场业务<br>选择性政策工具：直接信用控制、间接信用指导 | 扩张性<br>货币政策 | 利率下降 | 刺激经济增长，证券市场价格上涨。 |
| | | 公开市场业务大量买进 | |
| | | 增加货币供应量 | |
| | | 从松的选择性货币政策 | |
| | 紧缩性<br>货币政策 | 利率上升 | 抑制经济增长，证券市场价格下降。 |
| | | 公开市场业务大量卖出 | |
| | | 减少货币供应量 | |
| | | 从紧的选择性货币政策 | |

## 案例分享

### 宏观经济政策解读

一、经济过热的表象

1993年，我国经济数据显示国内生产总值增长13.5%，全社会固定资产投资增长61.8%，商品零售价格指数上涨13.2%，CPI达到14.7%，狭义货币供应量（M1）增长21.5%，广义货币供应量（M2）增长26.5%，对外贸易逆差34.5亿美元。到1994年经济还在走热，CPI达到了24.1%。

二、经济过热的原因

为防止1989年以来经济进一步下滑，国家采取扩张性货币政策和财政政策：

财政政策方面表现为投资急剧膨胀。

国内投资：20世纪90年代初期，政府财政出现大量盈余，政府就会考虑把钱花出去，于是出现了开发区热、房地产热、股票热等现象。同时随着改革开放以及国有体制改革，个人的投资热也随之出现，特别是沿海地带。

外资直接投资（FDI）：1990年代以来，外国直接投资开始大量流入中国，是实现高新技术由发达国家向发展中国家转移的重要手段，所以外国直接投资对经济增长的作用要大于国内投资，外国投资不仅可以起到弥补发展中国家物资资本缺口的初级作用，而且由于蕴含着发达国家的先进技术和管理经验，还可以起到带动发展中国家技术进步的二级资本深化的作用。

货币政策方面：自1990年4月15日至1993年5月14日，央行两次降息（1990年4月15日的利率调整不计），利率从10.08%降到7.56%；同时货币供给飞速增加，1991—1993年M2的平均增长速度约为31.7%。

1992年社会主义市场经济体制改革，中西部大量廉价劳动力在市场机制的诱导下流到沿海经济开放地区，从低附加值的务农转移到高附加值的企业，对经济增长作了重要贡献。同时也在短期内增加了沿海地区的需求。这也在一定程度上导致经济增长速度过快。

三、国家宏观调控

针对此次经济过热的情况，我国政府推出紧缩性货币政策和财政政策来抑制经济的过快发展。本次的货币政策和财政政策是适度从紧而不是全面紧缩，在结构上则做到有松有紧。主要措施如下：

货币政策：严格控制货币发行，M2的同比增长率由1993年的37.3%逐年回落到1997年的19.6%，稳定金融形势；灵活运用利率杠杆，1993年5月15日至1996年4月30日，央行两次升息，利率上升到10.98%，大力增加了储蓄存款。

金融市场制度方面，坚决纠正违章拆借资金；坚决制止各种乱集资；专业银行要保证对储蓄存款的支付；进一步完善有价证券发行和规范市场管理等。综上，国家采取了一系列的货币政策，减少货币的供给，规范货币市场的运行，从而在给经济降温的同时，确保货币金融市场的稳定健康发展。

财政政策：加强房地产市场宏观管理，促进房地产业的健康发展；对在建项目进行审核排队，严格控制新开工项目等。这样就强化了国家的宏观调控，便于国家紧缩那些低水平无效益的企业，以及具有泡沫的经济，如房地产行业；同时着重帮助那些高水平、高效益的企业和国家重点项目，如三峡工程、京九铁路等；同时强化税收征管，堵住减免税漏洞。

稳定物价水平：1990—1994年，CPI的飞速上涨，到1994年更是达到了24.1%，除了上述总需求增加的原因外，另一个因素是基于劳动力自由流动而引起的农业从业人员减少，粮食价格上涨，进而引起零售物价指数上涨中有70%是食品价格上涨。此时，国家果断开仓放粮，稳定粮食价格；同时建立粮食最低收购价格等补偿措施，鼓励粮食的生产。

四、结论

综上，经过国家一系列的宏观调控，1997年M2的同比增长率回落到19.3%，CPI回落到4%以下，而GDP增长率却维持在8%以上，中国经济成功实现"软着陆"。

（资料来源：百度文库）

3. 汇率政策

汇率是指一个国家（或地区）政府为达到一定的目的，通过金融法令的颁布、政策的规定或措施的推行，把本国货币与外国货币比价确定或控制在适度的水平而采取的政策手段。

汇率政策工具主要有汇率制度的选择、汇率水平的确定以及汇率水平的变动和调整。汇率制度传统上分为固定汇率制度和浮动汇率制度两大类。我国人民币汇率制度是以市场供求为基础，参考一篮子货币进行调节，有管理的浮动汇率制度。在浮动汇率制取代固定汇率制度后，各国原规定的货币法定含金量或与其他国家订立纸币的黄金平价，就不起任何作用了，因此国家汇率体系趋向复杂化、市场化。

汇率对证券市场的影响是多方面的，一般来讲，一国的经济越开放，证券市场的国际化程度就越高，证券市场汇率的影响就越大。这里汇率用单位外币的本币币值来表示。

如果汇率上升，本币贬值，一方面本国产品竞争力强，出口型企业将受益，因而企业的股票价格将上涨。另一方面将导致资本流出本国，资本的流失将使得本国证券市场需求减少，从而市场价格下跌；同时本币贬值使以本币表示的进口商品价格提高，进而带动国内物价水平上涨，引起通货膨胀。为维持汇率稳定，政府可能动用外汇储备，抛售外汇，从而将减少本币的供应量，使得证券市场价格持续下跌，直到汇率水平回落恢复均衡，反面效应可能使证券价格回升。

从上述理论看出，汇率波动造成本币升值时对证券市场形成利好，本币贬值时对证券市场形成利空。

### 4. 收入政策

收入政策是后凯恩斯主流学派提出的政策主张之一，指政府为了影响货币收入或物价水平而采取的措施，其目的通常是为了降低物价的上涨速度，是政府为降低一般价格水平上升的速度而采取的强制性或非强制性的限制工资和价格的政策。其目的在于影响或控制价格、货币工资和其他收入的增长率，是货币政策和财政政策以外的一种政府行为。

收入政策是从两个方面对证券市场产生作用：

一是消费者决定论方面。收入政策的调整能改变整体消费结构提高总体边际消费倾向，从而扩大有效内需，与上市企业的发展和总体经济环境改善相得益彰，另一方面，当消费与企业资本化形成匹配后，随着证券预期收益率的上升并在税率政策同步调整影响下，"财富效应"会显现，消费者会追加消费，与企业资本化形成长期良性循环。

二是企业生产者决定论方面。企业的发展已经从工资侵蚀利润转向利润侵蚀工资，企业中的相当一部分竞争资本由工资（应得而未得的收入）转化而来，这就加大了企业过度竞争的边际效应，会给虚拟市场带来不良信息引导，所以收入政策的调节会抑制企业进行不良或者过度竞争的欲望，从而使虚拟（证券）与实体市场均衡发展。同时收入也代表着资本深化与广化的比例分配，有效的、合理的收入分配（管理者和员工分配）会使企业在资本广化过程中不断加深资本深化，提高总体研发和创新的积极性，这对企业的发展和创新起到积极的作用，从而从实体面上支持着证券业（虚拟资本）的发展。

## 知识点 5：宏观经济与证券市场的关系

证券市场是整个国民经济的重要组成部分，它在宏观的经济大环境中发展，同时又服务于国民经济的发展。证券市场有经济晴雨表之称，这表明证券市场是宏观经济的先行指标，也表明宏观经济的走向决定证券市场长期趋势。宏观经济因素是影响证券市场长期走势的唯一因素。

宏观经济运行主要是通过公司经营效益、居民收入水平、投资者对股价的预期和资金成本四个途径对证券市场产生影响，以 GDP 为例分析其对证券市场的影响，见表8-4。

表 8-4　　　　　　　　GDP 变动对证券市场的影响

| GDP 变动 | 影响机制 | 证券市场价格变动 |
| --- | --- | --- |
| 持续、稳定、高速的 GDP 增长 | 公司经营效益上升、居民收入水平上升、投资者信心上升 | 证券市场价格上涨 |
| 高通胀下的 GDP 增长 | 企业经营困难，居民收入降低，投资者信心渐弱 | 证券市场价格下跌 |

表8-4(续)

| GDP 变动 | 影响机制 | 证券市场价格变动 |
|---|---|---|
| 宏观调控下的 GDP 减速增长 | 经济矛盾得到缓解 | 证券市场价格平稳渐升 |
| 转折性的 GDP 变动 | 恶化的经济环境逐步得到改善 | 证券市场价格由下跌转为上升 |
| 恶化环境逐步改善向高增长变动 | 新一轮经济高速增长周期来临 | 证券市场价格快速上涨 |

### 想一想

通货膨胀或者通货紧缩的变动是如何通过四个途径影响证券市场的？

### 知识拓展

**证券市场供求关系分析**

从长期来看，证券的价格由其内在价值决定，但就中、短期的价格分析而言，证券的市场交易价格由供求关系决定。成熟市场的供求关系是由资本收益率引导的供求关系，即资本收益率水平对证券价格有决定性影响。而我国的证券价格在很大程度上由证券的供求关系决定。

证券市场的供给主体是公司（企业）、政府与政府机构以及金融机构。上市公司质量和数量是证券市场供给的决定因素，其中上市公司的质量和经济效益状况是影响证券市场供给的最根本因素。自1990年我国设立证券交易所以来，上市公司的数目逐年增加。在沪、深证券交易所上市公司增加的同时，我国企业在国内外资本市场的筹资也保持持续增长的趋势。

证券市场的需求方主要包括个人投资者、机构投资者。机构投资者包括开放式基金、封闭式基金、社保基金，也包括参与证券投资的保险公司、证券公司，还包括一些投资公司和企业法人。相对于个人投资者，机构投资者的资金与人才实力雄厚，投资理念成熟，抗风险能力强，是市场主要参与者，是市场成熟的一个标志。

宏观经济环境、政策因素、居民金融资产结构的调整、机构投资者的培育和壮大、资本市场的逐步开放是影响和决定证券市场需求方发展变化的主要因素。

### >>同步练习

以下是推荐的宏观经济分析报告，建议上网搜索并阅读。

中国人民大学：2017—2018中国宏观经济分析与预测报告——新常态迈向新阶段的中国宏观经济

亚洲经济分析：2018年展望：亚洲出口型经济体面临资本开支方面的新利好（英

文版）

十九大后的宏观展望：2018，向阳生长

大国崛起专题之宏观篇：大国崛起：行百里半九十

方兴未艾：2018年中国宏观经济展望

经济世界：2018年世界经济形势与展望

经济学人智库：2018年全球行业年度特别报告（英文版）

联讯宏观专题研究：中国经济大整合

新世纪评级：中国宏观经济分析与展望（2018）

**【技能训练】**

实训目的：掌握宏观经济分析过程。

实训场地：多媒体教室。

实训要求：以小组为单位根据具体的实训内容完成一份宏观经济分析报告。

实训步骤：

步骤一，以小组（4~5人）为单位分发实训具体内容和要求。

步骤二，根据下面的操作流程对实训内容进行实操。

（1）调查研究与搜集资料，包括宏观经济指标、宏观经济政策等方面的资料；

（2）选用总量和结构分析方法依据资料对指标进行分析；

（3）根据分析结果预测未来的经济形势是向好还是向坏；

（4）据宏观经济与证券市场的关系判断证券市场的总体变动并进行投资决策。

步骤三，学生之间相互讨论。

步骤四，教师公布结果并进行点评。

实训内容：

登陆中国统计局官网（http://www.stats.gov.cn/），点击统计数据栏数据查询项目，自选3个经济指标，使用总量和结构分析法对近10年相关数据进行分析，并形成分析报告。

## 活动二　挖掘潜力行业

**【知识准备】**

### 知识点1：行业的含义

行业是指从事国民经济中同性质的生产或其他经济社会的经营单位或者个体的组织结构体系，如林业、汽车业、银行业等。

广义的行业一般是指职业的类别,不同的职业之间相互区别的特别显著的征象、标志,就是一类行业特征。狭义的行业是指实业、商业、金融业、服务业等经济实体,各个不同经济实体内部又因为不同的行业特征形成不同的子行业,如军事工业、钢铁工业、汽车制造、农村经济联合体等,这些经济实体及其内部不同子行业都有着其自身的运作模式、运行规律,有着不同的发生、发展、兴旺、衰亡的过程。

行业分类可以帮助解释行业本身所处的发展阶段及其在国民经济中的地位。行业分类的方法有很多种,这里简要介绍以下常见的几种。

1. 道·琼斯分类法

道·琼斯分类法是指在19世纪末为选取在纽约证券交易所上市的有代表性的股票而对各公司进行的分类,它是证券指数统计中最常用的分类法之一。道·琼斯分类法将大多数股票分为三类:工业、运输业和公用事业。虽然入选的这些股票并不包括这类产业中的全部股票,但所选择的这些股票足以表明行业的一种趋势。

2. 标准行业分类

为了便于汇总各国的统计资料,进行对比,联合国经济和社会事务统计局曾制定了一个《全部经济活动国际标准行业分类》(简称《国际标准行业分类》),建议各国采用。它把国民经济划分为10个门类,对每个门类再划分大类、中类、小类。联合国颁布的《国际标准产业分类》的特点是它与三次产业分类法保持着稳定的联系,从而有利于对产业结构的分层次深入研究。联合国的标准产业分类法便于调整和修订,也为各国各自制定标准产业分类以及进行各国产业结构的比较研究提供了十分方便的条件。

3. 国民经济行业分类

《国民经济行业分类》国家标准于1984年首次发布,于2017年第四次修订。该标准(GB/T4754-2017)由国家统计局起草,国家质量监督检验检疫总局、国家标准化管理委员会批准发布,并将于2017年10月1日实施。

《国民经济行业分类》适用于在统计、计划、财政、税收、工商等国家宏观管理中,对经济活动的分类,并用于信息处理和信息交换。该分类方法采用经济活动的同质性原则划分国民经济行业,即每一个行业类别按照同一种经济活动的性质划分,将国民经济行业划分为门类、大类、中类和小类四级。该标准规定了全社会经济活动的分类与代码。

4. 我国上市公司行业分类

为规范上市公司行业分类工作,根据《中华人民共和国统计法》《证券期货市场统计管理办法》《国民经济行业分类》等法律法规和相关规定,制定《上市公司行业分类指引》(以下简称《指引》)。

《指引》是一个非强制执行的标准。它以在中国境内证券交易所挂牌交易的上市公司为基本分类对象,适用于证券期货监管系统对上市公司行业分类信息进行统计、评价、分析及其他相关工作。中国证监会另有规定的,适用其规定。

《指引》以上市公司营业收入等财务数据为主要分类标准和依据,所采用财务数据为经过会计师事务所审计并已公开披露的合并报表数据。当上市公司某类业务的营业收入比重大于或等于50%，则将其划入该业务相对应的行业。当上市公司没有一类业务的营业收入比重大于或等于50%，但某类业务的收入和利润均在所有业务中最高，而且均占到公司总收入和总利润的30%以上（包含本数），则该公司归属该业务对应的行业类别。不能按照上述分类方法确定行业归属的，由上市公司行业分类专家委员会根据公司实际经营状况判断公司行业归属；归属不明确的，划为综合类。

《指引》将上市公司的经济活动分为门类和大类两级，中类作为支持性分类参考。其中包括13个门类，90个大类和288个中类。

5. 上证和深证交易所的行业划分

上证指数分类法。上海证券市场为编制新的沪市成分指数，将全部上市公司分为五类，即工业、商业、地产业、公用事业和综合类，并分别计算和公布各分类股价指数。

深证指数分类法。深圳证券市场也将在深市上市的全部公司分成六类，即工业、商业、金融业、地产业、公用事业和综合类，同时计算和公布各分类股价指数。

需要注意的是，我国的两个证券交易所为编制股价指数而对产业进行的分类显然是不完全的，这与我国证券市场发展状况有关。我国上市公司数量少，不能涵盖所有行业，如农业方面的上市公司就较为少见。但为了编制股价指数，从目前的情况来看，这些分类是适当的。

**想一想**

判断下面几家公司分属什么不同的行业并说明判断依据：中石油、万科、苏宁易购、中国人寿、中青旅。

## 知识点2：行业分析的含义

行业分析是指根据经济学原理，综合应用统计学、计量经济学等分析工具对行业经济的运行状况、产品生产、销售、消费、技术、行业竞争力、市场竞争格局、行业政策等行业要素进行深入的分析，从而发现行业运行的内在经济规律，进而进一步预测未来行业发展的趋势。行业的一般特征分析主要是从行业的市场结构（前期基础课程已经介绍过）、行业的竞争结构、行业的周期性和行业的生命周期四个方面进行。

行业分析是介于宏观经济与微观经济分析之间的中观层次的分析，是发现和掌握行业运行规律的必经之路，是行业内企业发展的大脑，对指导行业内企业的经营规划和发展具有决定性的意义。行业分析的任务是解释行业本身所处的发展阶段及其在国民经济中的地位，分析影响行业发展的各种因素以及判断对行业的影响力度，预测并引导行业的未来发展趋势，判断行业投资价值，揭示行业投资风险，为政府部门、投资者以及其他机构提供决策依据或投资依据。

行业分析的目的是挖掘最具投资潜力的行业，进而选出最具投资价值的上市公司。

## 知识点 3：行业分析——生命周期分析

行业生命周期指行业从出现到完全退出社会经济活动所经历的时间。行业的生命发展周期主要包括四个发展阶段：幼稚期，成长期，成熟期，衰退期。识别行业生命周期所处阶段的主要指标有：市场增长率、需求增长率、产品品种、竞争者数量、进入壁垒及退出壁垒、技术变革、用户购买行为等。表 8-5 分别介绍生命周期各阶段的特征。

表 8-5　　　　　　　　　　　　行业生命周期阶段的特征

|  | 幼稚期 | 成长期 | 成熟期 | 衰退期 |
| --- | --- | --- | --- | --- |
| 市场增长率 | 较高 | 高速增长 | 较低 | 下降 |
| 需求增长 | 较快 | 高速增长 | 较低 | 下降 |
| 产品成熟度 | 尚未成熟 | 品种数量增多 | 新产品的开发更加困难 | 品种数量减少 |
| 技术变革 | 技术上有很大的不确定性 | 技术渐趋定型 | 技术已经成熟 | 技术被模仿后出现的替代品 |
| 用户 | 少，不确定 | 用户特征比较明朗 | 用户特点非常清楚和稳定 | 用户离开，减少 |

行业生命周期具体的发展阶段和特点如下：

1. 幼稚期

幼稚期的企业规模可能很小，产品类型、特点、性能和目标市场不断发展变化。市场中充满各种新发明的产品或服务，管理层采取战略支持产品上市。产品设计尚未成熟，行业产品的开发相对缓慢，利润率较低，市场增长率较高。

2. 成长期

该行业已经形成并快速发展，大多数企业因高增长率而在行业中继续存在。管理层需确保充分扩大产量达到目标市场份额。需大量资金达到高增长率和扩产计划，现金短缺。利用专利或者降低成本来设置进入壁垒（内在规模经济），阻止竞争者进入行业。

3. 成熟期

增长率降到较正常水平，相对稳定，各年销售量变动和利润增长幅度较小，竞争更激烈。后期一些企业因投资回报率不满意而退出行业，一小部分企业主导行业，需监控潜在兼并机会（啤酒行业）、探索新市场（中国拖拉机出口）、研发新技术、开发具有不同特色功能的新产品。此时战略管理至关重要。

4. 衰退期

行业生产力过剩，技术被模仿后出现的替代品充斥市场，市场增长率严重下降，产品品种减少，行业活动水平随各公司从该行业退出而下降，该行业可能不复存在或被并入另一行业。行业的存在期比任何单一产品都要长。充分运用战略管理很重要。

## 知识点 4：行业分析—波特五力模型分析

波特五力模型是迈克尔·波特于 20 世纪 80 年代初提出。他认为行业中存在着决定竞争规模和程度的五种力量，这五种力量综合起来影响着产业的吸引力以及现有企业的竞争战略决策。五种力量分别为同行业内现有竞争者的竞争能力、潜在竞争者进入的能力、替代品的替代能力、供应商的讨价还价能力、购买者的讨价还价能力。五种力量的特征如表 8-6 所示。

表 8-6　　　　　　　　　　　　波特五力特征

| 五种力量 | 特征 |
| --- | --- |
| 现有竞争者的竞争能力 | ①行业进入障碍较低，势均力敌的竞争对手较多，竞争参与者范围广泛；<br>②市场趋于成熟，产品需求增长缓慢；<br>③竞争者企图采用降价等手段促销；<br>④竞争者提供几乎相同的产品或服务，用户转换成本很低；<br>⑤一个战略行动如果取得成功，其收入相当可观；<br>⑥行业外部实力强大的公司在接收了行业中实力薄弱企业后，发起进攻性行动，结果使得刚被接收的企业成为市场的主要竞争者；<br>⑦退出障碍较高，即退出竞争要比继续参与竞争代价更高 |
| 潜在竞争者进入的能力 | ①进入障碍主要包括规模经济、产品差异、资本需要、转换成本、销售渠道开拓、政府行为与政策、不受规模支配的成本劣势、自然资源、地理环境等方面，这其中有些障碍是很难借助复制或仿造的方式来突破的；<br>②预期现有企业对进入者的反应情况，主要是预期采取报复行动的可能性大小，而该可能性则取决于有关厂商的财力情况、报复记录、固定资产规模、行业增长速度等 |
| 替代品的替代能力 | ①现有企业产品售价以及获利潜力的提高，将由于存在着能被用户方便接受的替代品而受到限制；<br>②由于替代品生产者的侵入，使得现有企业必须提高产品质量、或者通过降低成本来降低售价、或者使其产品具有特色，否则其销量与利润增长的目标就有可能受挫；<br>③源自替代品生产者的竞争强度，受产品买主转换成本高低的影响 |
| 供应商的讨价还价能力 | ①供方行业为一些具有比较稳固市场地位而不受市场激烈竞争困扰的企业所控制，其产品的买主很多，以致每一单个买主都不可能成为供方的重要客户；<br>②供方各企业的产品各具有一定特色，以致买主难以转换或转换成本太高，或者很难找到可与供方企业产品相竞争的替代品；<br>③供方能够方便地实行前向联合或一体化，而买主难以进行后向联合或一体化（注：简单地按中国说法就是店大欺客） |
| 购买者的讨价还价能力 | ①购买者的总数较少，而每个购买者的购买量较大，占了卖方销售量的很大比例；<br>②卖方行业由大量相对来说规模较小的企业所组成；<br>③购买者所购买的基本上是一种标准化产品，同时向多个卖主购买产品在经济上也完全可行；<br>④购买者有能力实现后向一体化，而卖主不可能前向一体化 |

关于五力分析模型的实践运用一直存在许多争论。较为一致的看法是该模型更多是一种理论思考工具，而非可以实际操作的战略工具。

📁 **案例分享**

**波特五力分析**

零售行业竞争格局分析

零售商对上下游都有较强的议价能力，供应商依赖它销售产品，销售也多被动地接受零售商的产品定价。但是，零售商面临着新进入对手的威胁和替代品的威胁，比如做生鲜的永辉超市面临着京东生鲜和天猫生鲜的竞争。

**潜在进入者威胁程度–相对较高**
- 百货：看对手能否拿到核心商圈
- 超市：外资对手资金雄厚、经验丰富，民营超市机制灵活；
- 家电：国美苏宁已成为规模壁垒，电商以价格方式再次杀入

**供应商议价能力相对较低**
- 零售业位于产业链终端，目前制造业产能普遍过剩，大量产品均处于供过于求的态势，厂家面临销售难的问题，议价能力较低

**现有竞争程度–竞争性市场格局**
- 百货：看商圈价值，相对缓和
- 超市：竞争激烈，外资优势明显
- 家电连锁–受电商冲击

**消费者议价能力相对较低**
- 企业在走品牌化发展趋势，品牌商的定价能力较高，消费者更多的是被动的接受品牌商的定价

**替代品威胁程度相对较高**
- 其他业态包括网络购物、一体化购物中心和专卖店等可能从超市、家电手中谋取份额。

（资料来源：《行业分析案例：零售就在我们身边》）

## 知识点5：行业分析——行业的周期性分析

各行业变动时，往往呈现出明显的、可测的增长或衰退的格局。根据这些变动与国民经济总体周期变动的关系的密切程度不同，可以将行业分为增长型、周期型和防御型三类，它们各自的行业特征如表8-7所示。

表 8-7　　　　　　　　　　　行业的周期性特征

| 类型 | 含义 | 特征 | 举例 |
| --- | --- | --- | --- |
| 增长型行业 | 增长型行业的运动状态与经济活动总水平的周期及其振幅无关 | 这些行业主要依靠技术的进步、新产品的推出及更优质的服务来使其经常呈现出增长形态，因此其收入增长的速率与经济周期的变动不会出现同步影响 | 电子信息业 生物制药 新能源 |
| 周期型行业 | 周期型行业的运动状态直接与经济周期相关。当经济处于上升时期，这些行业会紧随其扩张；当经济衰退时，这些行业也相应衰落 | 当经济上升时，对这些行业相关产品的购买会相应增加；当经济下行时，市场对该类产品的需求相应减少。因此，该类行业会伴随经济周期的波动而增长变化 | 消费品业 耐用品制造业 其他需求弹性较高的行业 |
| 防御型行业 | 这些行业运动形态因其产业的产品需求相对稳定，所以不受经济周期处于衰退阶段的影响 | 当经济衰退时，人们的基本需求不会受到影响，还会因经济环境恶化而产生更多的购买需求，防御型行业会有实际增长 | 食品业 公用事业 |

### 想一想

判断不同的周期性行业在相同经济周期环境下的证券市场价格表现。例如：耐用品制造业、食品业在经济萧条期时，其证券市场价格表现是怎样的？

### 知识拓展

## 影响行业发展的其他因素

对行业发展影响的主要因素还包括技术进步、产业政策、产业组织创新、社会习惯的改变、经济的全球化五个方面。

技术进步对行业的影响。目前人类社会所处的时代正是科学技术日新月异的时代。不仅新兴学科不断涌现，而且理论科学向实用技术的转化过程也被大大缩短，速度大大加快。以信息通信技术为核心的高新技术成为 21 世纪国家产业竞争力的决定性因素之一。信息技术的扩散与应用引起相关行业的技术革命，并加速改造着传统产业。技术进步速度加快，周期明显缩短，产品更新换代变得更加频繁，企业研发活动的投入强度成为划分高技术群类和衡量产业竞争力的标尺。目前，多数国家和组织以 R&D 投入占产业或行业销售收入的比重来划分或定义技术产业群。

政府对行业的管理和调控主要是通过产业政策来实现的。产业政策包括四种政策：产业结构政策、产业组织政策、产业技术政策、产业布局政策。其中，产业结构政策与产业组织政策是产业政策的核心。

产业组织是指同一产业内企业的组织形态和企业间的关系，包括市场结构、市场行为、市场绩效三个方面内容。产业组织的创新过程（活动）实际上是对影响产业组织绩效的要素进行整合优化的过程，是使产业组织重新获取竞争优势的过程。产业组织创新与产业技术创新共同成为产业不断适应外部竞争环境或者从内部增强产业核心能力的关键。

社会习惯的改变。在当今社会，消费者和政府越来越强调经济行业所应承担的社会责任，越来越注重工业化给社会所带来的种种影响。这种日益增强的社会意识或社会倾向对许多行业已经产业了明显的作用。防止环境污染、保持生态平衡目前已成为工业化国家的一个重要的社会趋势，在发展中国家也正日益受到重视。现在发达国家的工业部门每年都要花费几十亿美元的经费来研制和生产与环境保护有关的各种设备，以便使工业排放的废物、废水和废气能够符合规定的标准。其他环境保护项目包括对有害物质（如放射性废料）和垃圾的处理等。从上面的分析可知，社会倾向对企业的经营活动、生产成本和利润收益等方面都会产生一定的影响。

经济全球化是指在新科技革命和社会生产力发展到更高水平的推动下，社会在生产的各个环节（生产、分配、交换、消费）和各种资本形态（货币资本、生产资本、商品资本）的运动超出国界，在全球范围内进行的过程。经济全球化是在科学技术和社会生产力发展到更高水平、各国经济相互依存、相互渗透的程度大为增强、阻碍生产要素在全球自由流通的各种壁垒不断削弱、经济运行的国际规则逐步形成并不断完善的条件下产生的。经济全球化的过程是生产社会化程度不断提高的过程。在经济全球化进程中，社会分工得以在更大的范围内进行，资金、技术等生产要素可以在国际社会流动和优化配置，由此可以带来巨大的分工利益，推动世界生产力的发展。

【技能训练】

实训目的：掌握行业分析方法。

实训场地：多媒体教室。

实训要求：以小组为单位根据具体的实训内容完成一份行业分析报告。

实训步骤：

步骤一，以小组（4~5人）为单位分发实训具体内容和要求。

步骤二，根据下面的操作流程对实训内容进行实操。

（1）调查研究与搜集资料，包括行业利润、行业政策等方面的资料；

（2）综合使用竞争结构、生命周期等行业分析方法对相关资料进行分析；

（3）根据分析结果预测行业未来的发展趋势；

（4）根据对行业的分析和发展预测判断其对证券市场价格的走势影响，并形成行业分析报告。

步骤三，学生之间相互讨论。

步骤四，教师公布结果并进行点评。

实训内容：

各小组自选 1 个行业，登录网络平台搜集该行业相关资料，选择使用市场结构法、生命价值分析法、五力模型和周期性分析方法中的一个方法对行业资料进行分析，得出相关结论并形成分析报告。

## 活动三　解读公司财务报表

**【知识准备】**

### 知识点 1：公司财务分析认知

财务报表是反映企业或预算单位一定时期资金、利润状况的会计报表。财务报表包括资产负债表、损益表、现金流量表或财务状况变动表、附表和附注。

1. 资产负债表

资产负债表是反映企业在某一特定日期（年末、季末或月末）的资产、负债和所有者权益数额及其构成情况的会计报表。

2. 利润表

利润表是反映企业在一定期间的生产经营成果及其分配情况的会计报表。

3. 现金流量表

现金流量表是反映企业会计期间内经营活动、投资活动和筹资活动等对现金及现金等价物产生影响的会计报表。

4. 所有者权益变动表

它反映本期企业所有者权益（股东权益）总量的增减变动情况还包括结构变动的情况，特别是要反映直接记入所有者权益的利得和损失。

财务报表分析是对企业财务报表所提供的数据进行加工、分析、比较、评价和解释。财务报表分析的目的在于判断企业的财务状况和诊察企业经营管理的得失。通过分析，可以判断企业财务状况是否良好，企业的经营管理是否健全，企业业务前景是否光明，同时还可以通过分析，找出企业经营管理的症结，提出解决问题的办法。对于投资者而言，财务报表分析可以帮助投资者在众多的公司中选择出具有投资价值的那家公司。

### 知识点 2：财报分析方法

报表分析是基于报表的一种财务分析，主要对资产负债表、利润表的分析。报表分析的常用方法有比率分析法、比较分析法、趋势分析法和结构分析法，分析结果可以文字、数值、图形等多种形式输出。本教材重点介绍比率分析法。

1. 比率分析法

比率分析法是以同一期财务报表上若干重要项目的相关数据相互比较，求出比率，用以分析和评价公司的经营活动以及公司目前和历史状况的一种方法，是财务分析最基本的工具。由于进行财务分析的目的不同，因而各种分析者包括债权人、管理当局，政府机构等所采取的侧重点也不同。作为股票投资者，主要是掌握和运用四类比率，即反映公司的获利能力比率、偿债能力比率、成长能力比率、周转能力比率这四大类财务比率。

2. 比较分析法

比较分析法是财务报表分析的基本方法之一，是通过某项财务指标与性质相同的指标评价标准进行对比，揭示企业财务状况、经营情况和现金流量情况的一种分析方法。比较分析法是最基本的分析方法，在财务报表分析中应用很广。

3. 趋势分析法

趋势分析法又叫比较分析法、水平分析法，它是通过对财务报表中各类相关数字资料，将两期或多期连续的相同指标或比率进行定基对比和环比对比，得出它们的增减变动方向、数额和幅度，以揭示企业财务状况、经营情况和现金流量变化趋势的一种分析方法。

4. 结构分析法

结构分析法是指对经济系统中各组成部分及其对比关系变动规律的分析。如国民生产总值中三次产业的结构及消费和投资的结构分析、经济增长中各因素作用的结构分析等。结构分析主要是一种静态分析，即对一定时间内经济系统中各组成部分变动规律的分析。如果对不同时期内经济结构变动进行分析，则属动态分析。

## 知识点 3：财务分析的比率指标

财务分析的比率指标是基于财务比率分析法产生的，四大主要财务指标是指：偿债能力指标、营运能力指标、盈利能力指标、企业发展能力指标。本教材着重介绍前三类指标。

在财务分析中，比率分析用途最广，但也有局限性，主要表现为：比率分析属于静态分析，对于预测未来并非绝对合理可靠。比率分析所使用的数据为账面价值，难以反映物价水准的影响。因此，在运用比率分析时，一是要注意将各种比率有机联系起来进行全面分析，不可单独地看某种或各种比率，否则便难以准确地判断公司的整体情况；二是要注意审查公司的性质和实际情况，而不光是着眼于财务报表；三是要注意结合差额分析，这样才能对公司的历史、现状和将来有一个详尽的分析、了解，达到财务分析的目的。

## 知识点4：财务比率指标——偿债能力指标

偿债能力指标是一个企业财务管理的重要管理指标，是指企业偿还到期债务（包括本息）的能力。主要包括短期偿债能力指标和长期偿债能力指标。

1. 短期偿债能力指标

短期偿债能力指标是反映短期偿债能力，即将公司资产转变为现金用以偿还短期债务能力的比率，主要有流动比率、速动比率、现金比率、营运资金比率、流动资产构成比率等。具体内容见表8-8。

表8-8　　　　　　　　　　　　　短期偿债能力指标

| 指标名称 | 计算公式 | 应用标准 |
| --- | --- | --- |
| 流动比率 | 流动资产÷流动负债 | ①比率越大，表明公司短期偿债能力越强，并表明公司有充足的营运资金；比率越小，说明公司的短期偿债能力不强，营运资金不充足<br>②一般财务健全的公司，其流动资产应远高于流动负债，流动比率起码不得低于1∶1，一般认为大于2∶1较为合适<br>③比率过高，表明企业资产利用率低，资金闲置严重，企业经营也显得过于保守，没有充分利用好财务杠杆 |
| 速动比率 | 速动资产÷流动负债 | ①速动比率最低限为0.5∶1，如果保持在1∶1，则流动负债的安全性较有保障<br>②应收账款的变现能力会影响该指标的有效性，即企业有大量应收账款，且变现能力较差，则会降低该指标的有效性 |
| 现金比率 | 现金类资产÷流动负债 | ①比值高说明客户直接支付能力强；反之则说明支付能力弱<br>②比率过高则说明丧失获利或投资机会 |
| 营运资金 | 流动资产-负债总额 | ①营运资金过大，变现能力强的，说明资产利用率不高；营运资金过小，反之变现能力差的，说明流动资产问题多，潜在的偿债压力大<br>②营运资金过少，预示固定资产投资依赖短期借款等流动性融资额的程度高，经营上可能面临一定的困难 |

2. 长期偿债能力指标

公司长期偿债能力的强弱，不仅关系到投资者的安全，而且关系到公司扩展经营能力的强弱。它反映长期偿债能力，即公司偿还长期债务能力的比率，主要有资产负债比率、产权比率、已获利息倍数等。长期偿债能力指的应用标准如表8-9所示。

表8-9　　　　　　　　　　　　　长期偿债能力指标

| 指标名称 | 计算公式 | 应用标准 |
| --- | --- | --- |
| 资产负债比率 | 负债总额÷资产总额 | ①又称"举债经营比率"，用以反映企业总资产中借债筹资的比重，衡量企业负债水平，即反映企业经营风险的大小，又反映企业利用债权人提供的资金从事经营活动的能力<br>②对债权人来说比率越低越好，该比率越低，债权人权益保障程度越高；反之，债权人权益保障程度越低 |

表8-9(续)

| 指标名称 | 计算公式 | 应用标准 |
| --- | --- | --- |
| 产权比率 | 负债总额÷股东权益 | ①反映债权人提供的资本与股东提供的资本的相对关系，反映公司基本财务结构是否稳定<br>②产权比率低，是低风险、低报酬的财务结构；产权比率高，是高风险、高报酬的财务结构 |
| 已获利息保障倍数 | 税息前利润÷利息费用 | ①该指标重点衡量公司支付利息的能力<br>②比率越高说明债权人每期可收到的利息越有安全保障；反之则不然<br>③注意选择最低指标年度的数据作为标准 |

注：上表计算公式栏中出现的税息前净利润=净利润+所得税+利息费用

## 知识点5：财务比率指标——营运能力指标

营运能力是指企业的经营运行能力，即企业运用各项资产赚取利润的能力。企业营运能力的财务分析比率有存货周转率、应收账款周转率、营业周期、流动资金周转率和总资产周转率等。这些比率揭示了企业资金运营周转的情况，反映了企业对经济资源管理、运用的效率高低。企业资产周转越快，流动性越高，企业的偿债能力越强，资产获取利润的速度就越快。营运能力指标的应用标准如表8-10所示。

表8-10 营运能力指标

| 指标名称 | 计算公式 | 应用标准 |
| --- | --- | --- |
| 应收账款周转率 | 销售收入÷平均应收账款 | ①反映公司应收账款的收回速度<br>②比率越高，表明公司收账速度快，平均收账期短，坏账损失少，资产流动快，偿债能力强；反之，周转率太小，每周转一次所需天数太长，则表明公司应收账款的变现过于缓慢以及应收账款的管理缺乏效率<br>③注意：公司生产经营的季节性因素、销售过程中采用的分期付款或者现金支付等方式会对指标有效性造成影响 |
| 存货周转率 | 销售成本÷平均存货 | ①衡量公司销货能力强弱和存货是否过多或短缺的指标<br>②比率越高，说明存货周转速度越快，公司控制存货的能力越强，则利润率越大，营运资金投资于存货上的金额越小；比率越小，则表明存货过多，不仅使资金积压，影响资产的流动性，还增加仓储费用与产品损耗<br>③比率过高，也可能说明公司管理方面存在一些问题，如存货水平低，甚至经常缺货等，常常是库存管理不力，销售状况不好，造成存货积压，说明公司在产品销售方面存在一定的问题等 |
| 固定资产周转率 | 销售收入÷平均固定资产 | ①用以衡量公司固定资产的利用效率<br>②比率越高，表明固定资产周转速度越快，固定资产的闲置越少，反之则不然<br>③太高则表明固定资产过分投资，会缩短固定资产的使用寿命 |
| 总资产周转率 | 销售收入÷平均总资产 | ①衡量公司总资产是否得到充分利用的指标<br>②比率越高，意味着总资产利用效率的越高；反之效率越低 |

注：上表计算公式栏中出现平均应收账款=（期初应收账款+期末应收账款）÷2

平均存货=（期初存货+期末存货）÷2

平均固定资产=（期初固定资产+期末固定资产）÷2

平均总资产=（期初资产总额+期末资产总额）÷2

## 知识点6：财务比率指标——盈利能力指标

盈利能力指标主要是衡量企业获取利润能力的指标。实务中，企业经常采用销售毛利率、营业利润率、总资产报酬率、净资产收益率、每股收益、每股股利、市盈率、每股净资产等指标评价其获利能力。盈利能力指标的应用标准，如表8-11所示。

表8-11 盈利能力指标

| 指标名称 | 计算公式 | 应用标准 |
| --- | --- | --- |
| 营业利润率 | 营业利润÷营业收入 | ①衡量企业经营效率的指标，反映了在考虑营业成本的情况下，企业管理者通过经营获取利润的能力<br>②营业利润率越高，说明企业商品销售额提供的营业利润越多，企业的盈利能力越强；反之，此比率越低，说明企业盈利能力越弱 |
| 总资产报酬率 | 税息前净利润÷平均总资产 | ①表示企业包括净资产和负债在内的全部资产的总体获利能力，用以评价企业运用全部资产的总体获利能力，是评价企业资产运营效益的重要指标<br>②比率越高，表明企业投入产出的水平越好，企业的资产运营越有效<br>③企业可据此指标与市场资本利率进行比较，如果该指标大于市场利率，则表明企业可以充分利用财务杠杆，进行负债经营，获取尽可能多的收益 |
| 净资产收益率 | 净利润÷平均净资产 | ①衡量公司对股东投入资本的利用效率，即公司运用自有资本的效率<br>②指标值越高，说明投资带来的收益越高；该指标体现了自有资本获得净收益的能力<br>③需要注意的是，负债增加会导致净资产收益率的上升 |
| 每股股利 | 股利总额÷普通股股数 | ①是反映股份公司每一普通股获得股利多少的一个指标<br>②指标值越大表明获利能力越强<br>③需要注意的是，企业股利发放政策与利润分配政策会影响该指标的有效性；如果企业为扩大再生产、增强企业后劲而多留利，每股股利就少，反之则多 |
| 每股收益 | 归属于普通股股东的当期净利润÷当期发行在外普通股的加权平均数 | ①通常被用来反映企业的经营成果，衡量普通股的获利水平及投资风险，是投资者等信息使用者据以评价企业盈利能力、预测企业成长潜力、进而做出相关经济决策的重要的财务指标之一<br>②比率越高，表明企业所创造的利润越多<br>③需要注意，每股收益不反映股票所含有的风险；每股收益多，不一定意味着多分红，还要看公司股利分配政策；股票是一个"份额"概念，不同股票的每一股在经济上不等量，它们所含有的净资产和市价不同，即换取每股收益的投入量不相同，限制了每股收益的公司间比较 |

表8-11(续)

| 指标名称 | 计算公式 | 应用标准 |
| --- | --- | --- |
| 市盈率 | 每股市价÷每股收益 | ①是最常用来评估股价水平是否合理的指标之一<br>②静态市盈率，通常用来作为比较不同价格的股票是否被高估或者低估的指标<br>③动态市盈率是以静态市盈率为基数，考虑了公司未来的持续发展能力，更具备参考价值<br>④一般认为，如果一家公司股票的市盈率过高，那么该股票的价格具有泡沫，价值被高估<br>⑤利用市盈率比较不同股票的投资价值时，这些股票必须属于同一个行业，因为此时公司的每股收益比较接近，相互比较才有效 |
| 每股净资产 | 股东权益÷股本总额 | ①反映每股股票所拥有的资产现值，是判断企业内在价值最重要的参考指标之一<br>②值越大，表明公司每股股票代表的财富越雄厚，通常创造利润的能力和抵御外来因素影响的能力越强 |

注：上表计算公式栏中出现的税息前净利润＝净利润+所得税+利息费用

平均总资产＝（期初资产总额+期末资产总额）÷2

平均净资产＝（期初净资产+期末净资产）÷20

## 知识拓展

### 杜邦财务分析体系

杜邦分析法，又称杜邦财务分析体系，简称杜邦体系，是利用各主要财务比率指标间的内在联系，对企业财务状况及经济效益进行综合分析、评价的方法。因其最初由美国杜邦公司成功应用，所以得名。

该体系是以净资产收益率为龙头，以资产净利率和权益乘数为核心，重点揭示企业获利能力及权益乘数对净资产收益率的影响，以及各相关指标间的相互影响作用关系，如下图所示：

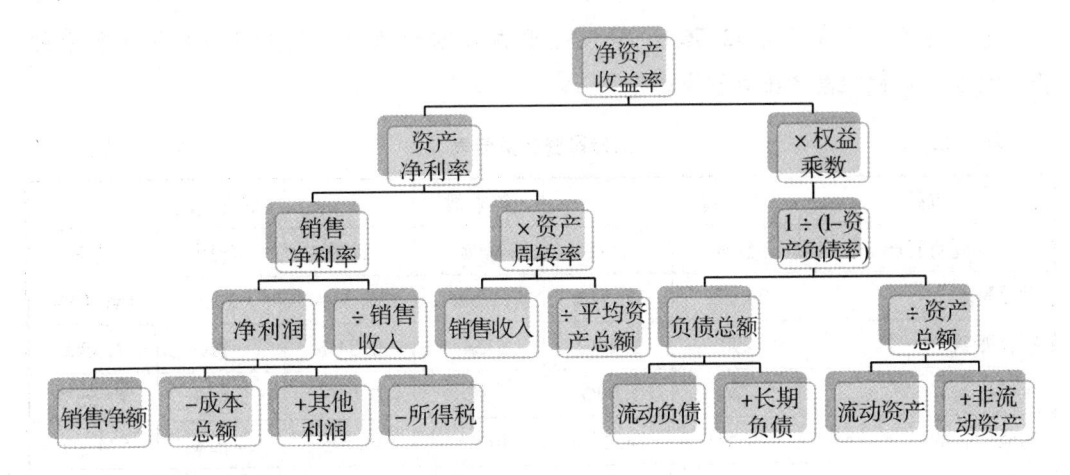

```
                    净资产
                    收益率
                   /      \
              资产           ×权益
              净利率           乘数
             /    \              |
         销售    ×资产        1÷(1-资产
         净利率   周转率        负债率)
        /    \   /    \         /    \
      净利润 ÷销售 销售收入 ÷平均资  负债总额  ÷资产
              收入          产总额            总额
     /  |  \              /    \      /    \
 销售净额 -成本 +其他 -所得税  流动负债 +长期  流动资产 +非流
          总额  利润              负债             动资产
```

杜邦分析法中的几种主要的财务指标关系为：

净资产收益率＝资产净利率×权益乘数

资产净利率＝销售净利率×资产周转率

净资产收益率＝销售净利率×资产周转率×权益乘数

杜邦分析法有助于企业管理层更加清晰地看到权益资本收益率的决定因素，以及销售净利润率与总资产周转率、债务比率之间的相互关联关系，给管理层提供了一张明晰的考察公司资产管理效率和是否最大化股东投资回报的路线图。

### 案例分享

**某公司财务分析报告**

（一）资产负债表分析

1. 资产规模和资产结构分析

（1）资产规模分析。

从表 8-12 可以看出，公司本年的非流动资产的比重 2.35% 远远低于流动资产比重 97.65%，说明该企业变现能力极强，企业的应变能力强，企业近期的经营风险不大。

与上年相比，流动资产的比重，由 88.46% 上升到 97.65%，非流动资产的比重由 11.54% 下降到 2.35%，主要是由于公司分立，将公司原有的安盛购物广场、联营商场、旧物市场等非超市业态独立出去，报表结果显示企业的变现能力提高了。

（2）资产结构分析。

从表 8-12 可以看出，流动资产占总资产比重为 97.65%，非流动资产占总资产的比重为 2.35%，说明企业灵活性较强，但底子比较薄弱，企业近期经营不存在风险，但长期经营风险较大。

流动负债占总负债的比重为 57.44%，说明企业对短期资金的依赖性很强，企业近期偿债的压力较大。

非流动资产的负债为 42.56%，说明企业在经营过程中对长期资金的依赖性也较强。企业的长期的偿债压力较大。

表 8-12　　　　　　　　　　某公司资产负债表　　　　　　　　　　单位：万元

| 项目 | 年初数 | | 年末数 | | 增减变动 | |
|---|---|---|---|---|---|---|
| 流动资产 | 金额 | 比重 | 金额 | 比重 | 金额 | 比重 |
| 货币资金 | 24 821 | 37.34% | 21 586 | 33.33% | -3 235 | 189.07% |
| 应收账款 | 290 | 0.44% | 154 | 0.24% | -136 | 7.95% |
| 预付账款 | 726 | 1.09% | 32 | 0.05% | -694 | 40.56% |
| 其他应收款 | 29 411 | 44.25% | 39 239 | 60.59% | 9 828 | -574.40% |
| 存货 | 3 399 | 5.11% | 2 137 | 3.30% | -1 262 | 73.76% |

表8-12(续)

| 项目 | 年初数 | | 年末数 | | 增减变动 | |
|---|---|---|---|---|---|---|
| 其他流动资产 | 151 | 0.23% | 86 | 0.13% | -65 | 3.80% |
| 流动资产合计 | 58 798 | 88.46% | 63 234 | 97.65% | 4 436 | -259.26% |
| 长期股权投资 | 800 | 1.20% | 24 | 0.04% | -776 | 45.35% |
| 固定资产 | 9 187 | 13.82% | 2 458 | 3.80% | -6 729 | 393.28% |
| 减：累计折旧 | 3 359 | 5.05% | 1 684 | 2.60% | -1 675 | 97.90% |
| 固定资产净值 | 5 828 | 8.77% | 774 | 1.20% | -5 054 | 295.38% |
| 在建工程 | 42 | 0.06% | 46 | 0.07% | 4 | -0.23% |
| 无形资产 | 377 | 0.57% | 180 | 0.28% | -197 | 11.51% |
| 减：累计摊销 | 107 | 0.16% | 42 | 0.06% | -65 | 3.80% |
| 无形资产净值 | 270 | 0.41% | 138 | 0.21% | -132 | 7.71% |
| 长期待摊费用 | 732 | 1.10% | 543 | 0.84% | -189 | 11.05% |
| 非流动资产合计 | 7 672 | 11.54% | 1 525 | 2.35% | -6 147 | 359.26% |
| 资产总计 | 66 470 | 100.00% | 64 759 | 100.00% | -1 711 | 100.00% |
| 流动负债合计 | 38 784 | 57.44% | 29 962 | 45.19% | | |
| 非流动负债合计 | 28 739 | 42.56% | 36 334 | 54.81% | | |
| 负债合计 | 67 523 | 100.00% | 66 296 | 100.00% | | |

2. 短期偿债能力指标分析

（1）营运资本分析。

营运资本越多，说明偿债越有保障，企业的短期偿债能力越强。债权人收回债权的概率就越高。因此，营运资金的多少可以反映偿还短期债务的能力。

对该企业而言，年初的营运资本为20 014万元，年末营运资本为33 272万元，表明企业短期偿债能力较强，短期不能偿债的风险较低，与年初数相比营运资本增加了13 258万元，表明企业营运资本状况继续上升，进一步降低了不能偿债的风险。

（2）流动比率分析。

该公司，期初流动比率为1.52，期末流动比率为2.11，按一般公认标准来说，企业的偿债能力较强，且短期偿债能力较上年进一步增强。

（3）速动比率分析。

企业期初速动比率为1.42，期末速动比率为2.04，就公认标准来说，该企业的短期偿债能力是较强的。

进一步分析该公司偿债能力较强的原因，可以看出：①公司货币资金占总资产的比例较高，达33.33%，公司货币资金占用过多会大大增加企业的机会成本。②企业应收款项占比过大，其中其他应收款占总资产的60.59%，该情况可能会导致虽然速动比率合理，但企业仍然面临偿债困难的情况。

表 8-13　　　　　　　　　短期偿债能力指标

| 指标 | 期末余额 | 期初余额 | 变动情况 |
| --- | --- | --- | --- |
| 营运资本 | 33 272 万元 | 20 014 万元 | 13 258 万元 |
| 流动比率 | 2.11 | 1.52 | 0.59 |
| 速动比率 | 2.04 | 1.42 | 0.61 |
| 现金比率 | 0.72 | 0.64 | 0.08 |

（4）现金率分析

现金比率是速动资产扣除应收账款后的余额。速动资产扣除应收账款后计算出来的金额，最能反映企业直接偿付流动负债的能力。一般现金比率认为20%以上为好。

从表 8-13 中可以看出，期初现金比率为 0.64，期末现金比率为 0.72，比率远高于一般标准 20%，说明企业直接偿付流动负债的能力较好，但流动资金没有得到了充分利用。

3. 长期偿债能力指标分析

（1）资产负债率。

一般认为，资产负债率的适宜水平是 0.4~0.6。对于经营风险比较高的企业，为减少财务风险，选择比较低的资产负债率；对于经营风险低的企业，为增加股东收益应选择比较高的资产负债率。

如表 8-14 所示，公司期末资产负债率为 1.023 7，期初资产负债率为 1.015 8，远超出适宜水平 0.4~0.6。数据显示企业处于资不抵债状态，说明该企业的偿债能力极弱，长期偿债压力大。

（2）产权比率。

公司期末产权比率为 -43.133 4，期初产权比率为 -64.124 4，表明公司负债大于总资产，债权人的权益得不到保障，属于高风险的财务结构。期末的产权比率由期初的 -64.124 4 上升到了 -43.133 4，说明企业的长期偿债能力有所上升，但长期偿债能力仍然极差。

表 8-14　　　　　　　　　长期偿债能力指标

| 项目 | 期末数 | 期初数 | 变动情况 |
| --- | --- | --- | --- |
| 资产负债率 | 1.023 7 | 1.015 8 | 0.007 9 |
| 产权比率 | -43.133 4 | -64.124 4 | 20.991 0 |

（二）利润表分析

1. 利润表结构分析

从表 8-15 可以看出，公司的主营业务利润、其他业务利润是盈利的，但是利润总额和净利润都是亏损的，由此这可以看出公司是具备盈利能力的，但由于费用较大，导致公司亏损。

表 8-15　　　　　　　　　　　　　　　　　　　　　　　　　　　　单位：万元

| 项目 | 本年累计 | 上年同期 | 增减变动 |
|---|---|---|---|
| 主营业务利润 | 262 | 466 | -204 |
| 其他业务利润 | 756 | 3 349 | -2 593 |
| 利润总额 | -464 | -1 921 | 1 457 |
| 净利润 | -464 | -1 921 | 1 457 |

2. 利润表构成比重分析

从表 8-16 可看出公司各项财务成果的构成情况，本年主营业务成本占主营业务收入的比重为 92.54%，比上年同期的 90.27% 增长了 2.27 个百分点，主营业务税金及附加占主营业务收入的比重为 0.49%，比上年同期的 1.95% 降低了 1.46 个百分点，销售费用占主营业务收入的比重增加了 0.7 个百分点，但管理费用、财务费用占主营业务收入的比重都有所降低，两方面相抵的结果是营业利润占主营业务收入的比重降低了 3.17 个百分点，由于本年实现投资收益 1 468 万元，导致净利润占主营业务的比重比上年同期增加了 12.81 个百分点。从以上的分析可以看出，本年净利润比上年同期亏损额度小，并不是由于企业经营状况好转导致的，相反本年的经营状况较上年有所恶化。虽然公司努力通过降低管理费用和财务费用的方式提高公司盈利水平，但对利润总额的影响不是很大。

表 8-16　　　　　　　　　利润表构成比重分析表

| 项目 | 本年累计（万元） | 构成 | 上年同期 | 构成 | 增减变动（万元） | 结构变动比率 |
|---|---|---|---|---|---|---|
| 主营业务收入 | 8 713 | 100.00% | 10 591 | 100.00% | -1 878 | 0.00% |
| 减：销售折扣与折让 | 8 | 0.09% | 23 | 0.22% | -15 | -0.13% |
| 主营业务收入净额 | 8 705 | 99.91% | 10 569 | 99.79% | -1 864 | 0.12% |
| 减：主营业务成本 | 8 063 | 92.54% | 9 561 | 90.27% | -1 498 | 2.27% |
| 销售费用 | 337 | 3.87% | 335 | 3.16% | 2 | 0.70% |
| 主营业务税金及附加 | 43 | 0.49% | 206 | 1.95% | -163 | -1.45% |
| 主营业务利润 | 262 | 3.01% | 466 | 4.40% | -204 | -1.39% |
| 加：其他业务利润 | 756 | 8.68% | 3 349 | 31.62% | -2 593 | -22.94% |
| 减：管理费用 | 1 901 | 21.82% | 3 845 | 36.30% | -1 944 | -14.49% |
| 财务费用 | 994 | 11.41% | 1 916 | 18.09% | -922 | -6.68% |
| 营业利润 | -1 877 | -21.54% | -1 946 | -18.37% | 69 | -3.17% |
| 加：投资收益 | 1 468 | 16.85% | 0 | 0.00% | 1 468 | 16.85% |
| 营业外收入 | 84 | 0.96% | 43 | 0.41% | 41 | 0.56% |

表8-16(续)

| 项目 | 本年累计（万元） | 构成 | 上年同期 | 构成 | 增减变动（万元） | 结构变动比率 |
|---|---|---|---|---|---|---|
| 减：营业外支出 | 19 | 0.22% | 19 | 0.18% | 0 | 0.04% |
| 加：以前年度损益调整 | -120 | -1.38% | 0 | 0.00% | -120 | -1.38% |
| 利润总额 | -464 | -5.33% | -1 921 | -18.14% | 1 457 | 12.81% |
| 减：所得税费用 | 0 | 0.00% | 0 | 0.00% | 0 | 0.00% |
| 净利润 | -464 | -5.33% | -1 921 | -18.14% | 1 457 | 12.81% |

3. 收入盈利能力分析

通过表8-17可知，公司本年销售毛利率、营业利润率指标比上年同期降低了，这表明公司的获利能力降低了。公司获利能力降低主要是由于经营规模和利润空间缩减导致的。

表8-17　　　　　　　　　　收入盈利能力指标

| 项目 | 本年累计 | 上年同期 | 本年比上年 |
|---|---|---|---|
| 销售毛利率 | 7.47% | 9.72% | -2.26% |
| 营业利润率 | -19.72% | -13.69% | -6.03% |
| 销售利润率 | -4.88% | -13.52% | 8.64% |
| 销售净利率 | -4.88% | -13.52% | 8.64% |

4. 成本费用盈利能力分析

成本费用利润率反映了公司成本费用和净利润之间的关系，公司本年成本费用利润率比上年同期有所增长（见表8-18），表明公司耗费一定的成本费所得的收益增加不少，它直接反映出了我公司增收节支、增产节约效益，降低成本费用水平，以此提高了盈利水平。

表8-18

| 项目 | 本年累计 | 上年同期 | 本年比上年 |
|---|---|---|---|
| 成本费用利润率 | -4.09% | -12.06% | 7.97% |

5. 资产盈利能力分析

从表8-19可以看出，公司资产净利率本年累计的比上年同期的增长了2.22%，这表明公司的资产利用的效益变有所好转，利用资产创造的利润增加。

在分析公司的盈利能力时，应重点分析公司的净资产收益率，因为该指标是最具综合力的评价指标，其是被投资者最为关注的指标。但从公司的资产负债表可以看出，公司的股东权益已经为负数，分析净资产收益率已经没有任何意义。

综合以上分析，可判断出公司现在的盈利能力极弱，随着行业内部竞争压力增大，利润空间呈下滑的趋势，公司先要生存下去只有做到：①扩大经营规模，实现薄利多销，才能扭转亏损的趋势；②努力拓展其他业务，寻找新的经济增长点，否则企业会存在经营费用过高，发展后劲不足的风险。

表 8-19

| 项目 | 本年累计 | 上年同期 | 本年比上年 |
| --- | --- | --- | --- |
| 资产净利率 | -0.71% | -2.93% | 2.22% |

（三）现金流量表分析

1. 现金流量结构分析

（1）流入结构分析。

从表 8-21 中可以看出，在全部现金流入量中，经营活动所得现金占 28.32%，比上年同期下降 5.61%，投资活动所得现金占 5.19%，比上年同期上升 5.19%，筹资活动所得现金占 66.49%，比上年同期上升 0.43%。由此可以看出公司现金流入的主要来源为经营活动、筹资活动，其投资活动对于企业的现金流入贡献很小。

（2）流出结构分析。

在全部现金流出量中，经营活动流出现金占 27.08%，比上年同期下降 20.90%，投资活动流出现金占 0.15%，比上年同期下降 0.55%，筹资活动流出现金占 72.77%，比上年同期上升 21.30%。公司现金流出主要在经营活动、筹资活动方面，其投资活动占用流出现金很少。

（3）流入流出比例分析。

从表 8-20 可以看出：经营活动中产生的现金流入量 12 254 万元，现金流出量 12 593 万元；公司经营活动现金流入流出比为 0.97，表明 1 元的现金流出可换回 0.97 元现金流入。投资活动中产生的现金流入量为 2 244 万元，现金流出量 70 万元；公司投资活动的现金流入流出比为 32.06，表明公司正处于投资回收期。

筹资活动中产生的现金流入量 28 765 万元，现金流出量 33 836 万元；筹资活动流入流出比为 0.85，表明还款明显大于借款。

将现金流出与现金流入量和流入流出比例分析相结合，可以发现该公司的现金流入与流出主要来自经营活动和筹资活动。其部分投资活动现金流量净额用于补偿经营活动支出和筹资支出。

表 8-20　　　　　　　　　　现金流结构分析表

| 项目 | 本期金额（万元） | 构成 | 上年同期（万元） | 构成 | 增减变动（万元） | 增减变动率 |
| --- | --- | --- | --- | --- | --- | --- |
| 经营活动产生的现金流量 | | | | | | |
| 　销售商品、提供劳务收到的现金 | 10 318 | 84.20% | 11 758 | 51.55% | -1 440 | 32.65% |

表8-20(续)

| 项目 | 本期金额（万元） | 构成 | 上年同期（万元） | 构成 | 增减变动（万元） | 增减变动率 |
|---|---|---|---|---|---|---|
| 收到的租金 | 129 | 1.05% | 1 029 | 4.51% | -900 | -3.46% |
| 收到的税费返还 | 1 576 | 12.86% | 1 819 | 7.97% | -243 | 4.89% |
| 收到其他与经营活动有关的现金 | 231 | 1.89% | 8 204 | 35.97% | -7 973 | -34.08% |
| 经营活动现金流入小计 | 12 254 | 100.00% | 22 809 | 100.00% | -10 555 | 0.00% |
| 购买商品、接收劳务支付的现金 | 10 165 | 80.72% | 12 202 | 51.63% | -2 037 | 29.09% |
| 经营租赁支付的现金 | 0 | 0.00% | 0 | 0.00% | 0 | 0.00% |
| 支付给职工以及为职工支付的现金 | 1 202 | 9.54% | 1 364 | 5.77% | -162 | 3.77% |
| 支付的各项税费 | 305 | 2.42% | 462 | 1.95% | -157 | 0.47% |
| 支付其他与经营活动有关的现金 | 921 | 7.31% | 9 605 | 40.64% | -8 684 | -33.33% |
| 经营活动现金流出小计 | 12 593 | 100.00% | 23 632 | 100.00% | -11 039 | 0.00% |
| 经营活动产生的现金流量净额 | -339 | | -823 | | 484 | 0.00% |
| **投资活动产生的现金流量** | | | | | | |
| 收回投资收到的现金 | 2 244 | 100.00% | 0 | | 2 244 | 100.00% |
| 取得投资收益收到的现金 | 0 | 0.00% | 0 | 0.00% | 0 | 0.00% |
| 处置固定资产、无形资产和其他长期资产收回的现金净额 | 0 | 0.00% | 0 | 0.00% | 0 | 0.00% |
| 收到其他与投资活动有关的现金 | 0 | 0.00% | 0 | 0.00% | 0 | 0.00% |
| 投资活动现金流入小计 | 2 244 | 100.00% | 0 | | 2 244 | 100.00% |
| 购建固定资产、无形资产和其他长期资产所支付的现金 | 70 | 100.00% | 272 | 100.00% | -202 | 0.00% |
| 投资支付的现金 | 0 | 0.00% | 0 | 0.00% | 0 | 0.00% |
| 支付其他与投资活动有关的现金 | 0 | 0.00% | 0 | 0.00% | 0 | 0.00% |
| 投资活动现金流出小计 | 70 | 100.00% | 272 | 100.00% | -202 | 0.00% |
| 投资活动产生的现金流量净额 | 2 174 | | -272 | | 2 446 | 0.00% |
| **筹资活动产生的现金流量** | | | | | | |

表8-20(续)

| 项目 | 本期金额（万元） | 构成 | 上年同期（万元） | 构成 | 增减变动（万元） | 增减变动率 |
|---|---|---|---|---|---|---|
| 吸收投资收到的现金 | 0 | 0.00% | 0 | 0.00% | 0 | 0.00% |
| 取得借款收到的现金 | 29 500 | 102.56% | 42 000 | 94.59% | -12 500 | 7.96% |
| 收到其他与筹资活动有关的现金 | -735 | -2.56% | 2 401 | 5.41% | -3 136 | -7.96% |
| 筹资活动现金流入小计 | 28 765 | 100.00% | 44 401 | 100.00% | -15 636 | 0.00% |
| 偿还债务支付的现金 | 31 405 | 92.82% | 23 073 | 91.01% | 8 332 | 1.80% |
| 分配股利、利润或偿付利息支付的现金 | 2 431 | 7.18% | 2 279 | 8.99% | 152 | -1.80% |
| 支付其他与筹资活动有关的现金 | 0 | 0.00% | 0 | 0.00% | 0 | 0.00% |
| 筹资活动现金流出小计 | 33 836 | 100.00% | 25 352 | 100.00% | 8 484 | 0.00% |
| 筹资活动产生的现金流量净额 | -5 070 |  | 19 049 |  | -24 119 | 0.00% |
| 汇率变动对现金及现金等价物的影响 | 0 |  | 0 |  | 0 | 0.00% |
| 期末现金及现金等价物余额 | 21 586 |  | 37 014 |  | -15 428 | 0.00% |
| 减：期初现金及现金等价物余额 | 24 821 |  | 19 060 |  | 5 761 | 0.00% |
| 现金及现金等价物净增加额 | -3 235 |  | 17 954 |  | -21 189 | 0.00% |

表8-21　　　　　　　　　　现金流量结构分析整理表

| 项目 | 本期金额（万元） | 构成 | 上年同期（万元） | 构成 | 增减变动（万元） | 构成变动率 | 增减变动率 |
|---|---|---|---|---|---|---|---|
| 经营活动现金流入小计 | 12 254 | 28.32% | 22 809 | 33.94% | -10 555 | -5.61% | -46.28% |
| 投资活动现金流入小计 | 2 244 | 5.19% |  | 0.00% | 2 244 | 5.19% |  |
| 筹资活动现金流入小计 | 28 765 | 66.49% | 44 401 | 66.06% | -15 636 | 0.43% | -35.22% |
| 现金流入小计 | 43 263 | 100.00% | 67 210 | 100.00% | -23 947 | 0.00% | -35.63% |
| 经营活动现金流出小计 | 12 593 | 27.08% | 23 632 | 47.98% | -11 039 | -20.90% | -46.71% |
| 投资活动现金流出小计 | 70 | 0.15% | 272 | 0.55% | -202 | -0.40% | -74.26% |
| 筹资活动现金流出小计 | 33 836 | 72.77% | 25 352 | 51.47% | 8 484 | 21.30% | 33.46% |

表8-21(续)

| 项目 | 本期金额（万元） | 构成 | 上年同期（万元） | 构成 | 增减变动（万元） | 构成变动率 | 增减变动率 |
|---|---|---|---|---|---|---|---|
| 现金流出小计 | 46 499 | 100.00% | 49 256 | 100.00% | -2 757 | 0.00% | -5.60% |
| 现金及现金等价物净增加额 | -3 236 | | 17 954 | | -21 190 | | -118.02% |

2. 盈利质量分析表

（1）盈利现金比率＝经营现金净流量/净利润

由表8-22可知，公司本年经营现金净流量为-339万元，营业利润为-464万元，因此现金比率为73.06%，因公司处于亏损状态，所以分析该指标无意义。

（2）再投资比率＝经营现金净流量/资本性支出

＝经营现金净流量/（固定资产+长期投资+其他资产+营运资本）

＝经营现金净流量/（固定资产+长期投资+其他资产+（流动资产-流动负债））

由表8-22可知，公司本年经营现金净流量为-339万元，2009年资本性支出34 254万元，再投资比率为-0.99%，说明在未来企业扩大规模、创造未来现金流量或利润的能力很弱。

综合以上两项指标可以看出公司在未来的盈利能力很弱，且目前企业经营活动处在亏损状态，经营活动现金流量不足，必须找到新的利润增长点，才能摆脱困境。

表8-22

| 项目 | 本期金额（万元） | 上年同期（万元） | 增减变动（万元） | 增减变动率 |
|---|---|---|---|---|
| 经营流量净额 | -339 | -823 | 484 | 158.81% |
| 投资流量净额 | 2 174 | -272 | 2 446 | 999.26% |
| 筹资流量净额 | 33 836 | 25 352 | 8 484 | 33.46% |
| 汇率流量净额 | 0 | 0 | 0 | 0 |
| 现金流量净额 | -3 235 | 17 954 | -21 189 | -118.02% |

3. 筹资与支付能力分析

由表8-21可知，公司本年现金流入总额为43 263万元，经营现金流出量为12 593万元，偿还债务本息付现为33 836万元，其计算的此指标值为0.93，说明公司本年创造的现金流入量不足以支付必要的经营和债务本息支出，表明公司在筹资能力、企业支付能力方面较弱。

综合以上量化分析本年公司在现金流量方面得出如下结论：

第一，获现能力很弱，且主要以偶然性的投资活动获得，其经营活动、筹资获现能力为负值。从企业以偶然性的投资活动所产生的现金来补偿其日常经营活动、筹资所产生现金不能补偿其本身支出的部分支出可以看出公司维持日常经营活动及偿还筹资所需的资金压力较大，如运营不当，极易造成资金链断裂。

第二，偿债能力很弱，没有充足的经营现金来源偿还借款。

通过以上财务报表的分析，可以看出，由于取得长期借款，公司短期内流动资金比较充裕，能够满足日常经营和偿还短期借款的需要，但是由于企业现有的经营活动不能给企业带来利润，企业未来面临极大的偿债压力。如果不能找到新的利润增长点，企业会面临经营危机。

（资料来源：百度文库）

**【技能训练】**

实训目的：掌握财务报表分析-比率分析法。

实训器材：金融计算器。

实训场地：多媒体教室。

实训要求：以小组为单位根据具体的实训内容完成上市公司财务报表等比率分析，要求有计算过程和结果。

实训步骤：

步骤一，以小组（4~5人）为单位分发实训具体内容和要求。

步骤二，根据下面的操作流程对实训内容进行实操。

（1）获取上市公司近期财务报表（通常为年报，至少获取3年数据）；

（2）选用比率分析法对上市公司近3年财务报表进行比率指标的计算；

（3）运用比较分析法对公司指标数据进行连续3年的数据比较，同时与同行业其他公司同期数据进行比较得出结论；

（4）根据计算结果分析该公司的财务状况；

（5）汇总前述步骤的计算结果和判断结论形成报告。

步骤三，学生之间相互讨论。

步骤四，教师公布结果并进行点评。

实训内容和要求：

各小组选定一家上市公司，并下载其近3年财务报表，使用比率分析法计算财务指标，根据计算结果，运用比较分析法分析该上市公司近期财务状况，得出结论并形成报告。

# 任务九　证券投资技术分析

**【知识目标】**

掌握证券投资技术分析的基本含义、三大假设、四个基本要素；

掌握K线理论分析方法；

掌握切线理论分析方法；

掌握形态理论分析方法；

掌握技术指标分析方法。

**【能力目标】**

能够分别使用K线、切线、形态及技术指标分析法对股票盘面进行分析；

能够综合使用技术分析方法分析盘面并预测价格未来走势。

**【情境引入】**

在一次股票投资交流活动上，小张又碰到了新的问题……

老股民甲：大家来聊一聊炒股心得吧，炒股时你们喜欢用哪种方法？喜欢看日K线图还是月K线图？用的哪个分析方法，均线还是MACD指标？

老股民乙：我喜欢使用均线，虽然感觉滞后性差些，不过比较稳……

新股民丙：听说炒短线都是"赌"的，还需要什么技术吗？

……

小张：惭愧，惭愧！初入股市，很多都不懂的，刚刚才搞明白选股的问题，至于炒股技巧，看来又要恶补了！

技术分析起源于100多年前蒙昧时期创建的股票投资理论，是精明的投资者对股价变化进行长期观察并积累经验，逐步归纳总结出来的有关股市波动的若干所谓的"规律"。

技术分析以股票价格涨跌的直观行为表现作为主要研究对象，以预测股价波动形态和趋势为主要目的，从股价变化的K线图表及技术指标入手，对股票市场波动规律进行分析。

与基本面分析法相比技术分析法贴近市场，对市场短期变化反应快，且直观明了，但准确性和可靠性较差，且无法判断长期趋势，特别是对于宏观经济与政策因素的影响难有预见性，具体表现为：

第一，技术分析着重于分析股票价格的波动规律，基本分析侧重于研究股票的长期投资价值。

第二，技术分析主要分析股票的供需表现、市场价格和交易数量等市场因素；基本分析则是分析各种经济、政治等股票市场的外部因素及这些外部因素与股票市场相互关系。

第三，技术分析主要针对股价的涨跌表现，是属于短期性质的；基本分析主要针对企业的投资价值和安全边际，是属于长期性质的。

第四，技术分析重点帮助投资者选择适当的交易时机和操作方法，基本分析重点帮助投资者正确地选择投资对象。

因此，基本分析能把握长期的价格趋势，而技术分析可为短期买入、卖出时机选择提供参考，提高市场分析的科学性、适用性、时效性和可靠性。投资者在具体运用时，应该把它们有机地结合起来，才可实现效用最大化。

## 活动一　技术分析的认知

【知识准备】

### 知识点1：技术分析的三大假设

技术分析的三大假设是查尔斯·道根据多年的观察，通过对美国各类工业价格变化、指数变化研究后，得出的三个结论。这三个结论被称为是技术分析立论的基础，且技术分析方法都要符合三大假设，三大假设的本身就是发现的股市价格运动的规律。

1. 假设一：市场行为涵盖一切信息

"市场行为包容消化一切"构成了技术分析的基础。技术分析者认为，能够影响证券价格的任何因素——基础的、政治的、心理的或任何其他方面的——实际上都反映在其价格之中。该假设认为，影响证券价格变动的所有内外因素都将反映在市场行为中，没有必要对影响价格因素的具体内容给予过多的关心。这个假设的合理性在于，投资者关心的目标是市场中的价格是否会发生变化而并不关心是什么因素引起变化，因为价格的变动才真正涉及投资者的切身利益。如果某一消息公布后价格没有大的变动，就说明这个消息对市场不产生影响，尽管有可能在此之前无论怎么看这个消息的影响力都是相当大的。

2. 假设二：市场运行以趋势方式演变

"趋势"概念是技术分析的核心。该假设认为价格的运动是按一定规律进行的，如果没有外力的影响，价格将保持原来的运动方向。从物理学的观点来看，就是牛顿第一运动定律。在技术分析中研究价格图表的全部意义，就是要在一个趋势发展的早期，及时准确地把它揭示出来，从而达到顺着趋势交易的目的。事实上，技术分析在本质上就是顺应趋势，即以判定和追随既成趋势为目的。

3. 假设三：历史会重演

第三个假设是从统计学和人的心理因素方面考虑的。在市场中具体进行买卖交易的是人，决策最终是由投资者做出的。既然是人，其行为就必然要受到某些心理因素的制约。在某个特殊的情况下，如果某个交易者按某种方式进行交易并取得成功，那么以后遇到相同或相似的情况，他就会按同一方式进行交易。如果前一次失败了，后面他就会采取不同于前一次的交易方式。投资者自己的和别人的投资实践，将在投资者的头脑里留下很多的"战例"，其中有失败的，也有成功的。人们倾向于重复成功的做法，回避失败的做法。

在进行分析时，一旦遇到与过去相同或相似的情况，交易者最迅速和最容易想到的方法是与过去的结果做比较。我们假设，过去重复出现某个现象是因为有某个"必然"的原因，它不是偶然出现的，尽管我们不知道具体的原因是什么。过去的结果是已知的，这个已知的结果应该是用现在对未来作预测的参考。任何有用的东西都是经验的结晶，是经过许多次实践检验而总结出来的。我们对重复出现的某些现象的结果进行统计，得到成功和失败的概率，对具体的投资行为也是有指导作用的。

## 知识点2：技术分析的基本四要素

技术分析方法的"四要素"是价、量、时、空。

价指价格，即成交价。技术分析中的主要依据价格有开盘价、收盘价、最高价和最低价，其中收盘价是四个价格中最具参考意义的价格。

量指成交量，是证券市场中现在和过去的成交量信息；技术分析就是利用过去和现在的成交量、成交价资料，以图形分析和指标分析工具来分析、预测未来的市场走势。价升量增、价跌量减、价升量减、价跌量增是技术分析所依据的最重要的价量关系。

时指时间，是技术分析的重要概念，表示价格变动的时间因素或分析周期。一个已经形成的趋势在短时间内不会发生根本改变，中途出现的反向波动对原有趋势影响不大，但是，一个形成了的趋势也不可能永远不变，经过一定时间又会有新的趋势出现。循环周期理论着重考虑的就是时间因素。分析人员进行分析时还要考虑分析的时间周期，可以以"日"为单位，也可以以"分钟""周""季度""年"为时间单位。

空指空间，即价格上涨或下跌的幅度。市场是以趋势运行的，证券价格的上涨或下跌由于受到上升趋势通道或下跌趋势通道的约束而在一定的幅度内震荡运行，空间因素考虑的就是趋势的运行幅度有多大。

在四个基本要素中，市场行为最基本的表现就是成交价和成交量。在某一时点上的价和量反映的是买卖双方在这一时点上共同的市场行为，是双方的暂时均势点。随着时间的变化，均势会不断发生变化，这就是价、量关系的变化。双方的这种市场行为反映在价、量上就往往呈现出这样一种趋势规律：价升量增，价跌量减。根据这一趋势规律，当价格上升时，成交量不再增加，意味着价格得不到买方确认，价格的上升趋势就将会改变；反之，当价格下跌时，成交量萎缩到一定程度就不再萎，意味着卖方不再认同价格继续往下降了，价格下跌趋势就将会改变。成交价、成交量的这种规律关系是技术分析的合理性所在，因此，价、量是技术分析的基本要素，一切技术分析方法都是以价、量关系为研究对象的，目的就是分析、预测未来价格趋势，为投资者决策提供帮助。

## 知识点3：技术分析的流派

目前世界上较为认可的七大技术分析流派为：K线派、形态派、切线派、指标派、波浪理论派、道氏理论派和江恩理论派。本教材重点介绍前四个技术分析流派。

1. K线派

主要利用单纯的K线图来预测价格的未来走向。K线派认为，价格是一切变化的前提，是趋势运动里最重要的研究部分，是绝大部分技术指标的先行指标和投机基础。因此研究K线就可以得到当前市场多、空力量的对比状况，并进一步判断出市场多、空双方谁更占优势，这种优势是暂时还是决定性的。K线图不仅符合东方人的交易哲学，同时具有很好的短线交易功能。

2. 形态派

形态学发源于西方的技术分析，当时的西方技术分析者主要使用的是线形图，东方使用的是K线图。但无论是K线还是线形都只是在图表中记录价格的一种方式。形态学就是根据图表中过去所形成的特定价格形态，来预测价格未来发展趋势的一种方法。

3. 切线派

切线派的研究手法是按照一定的方法和原则，在由标的物价格组成的数据图表上画直线，然后根据K线和这些直线的穿越情况来推测价格未来走势的方法（这些直线就叫切线）著名的切线有趋势线、通道线、压力支撑线、角度线、甘式线、黄金分割线等。

4. 指标派

主要是利用开盘价，收盘价，成交量等常规交易数据，在考虑市场某方面行为的基础上，建立一个数学模型，同时给出数学上的计算公式，以求得金融产品在某个方面的一些指标值，并推测金融产品价格未来走势的方法。著名指标有MACD、RSI、KDJ等。

5. 波浪理论派

美国人艾略特在20世纪30年代提出了著名的破浪理论。它脱胎于道士理论，它把价格的上下变动和不同周期的持续上涨、下跌看成波浪一样上下起伏。它认为价格波浪的起伏遵循自然界的规律。波浪理论和其他技术流派相比，最大的区别就是能提前很长时间预测到价格的底部和顶部，而别的流派则往往要等到新的价格趋势已经确立之后才能看到。波浪理论也是公认的最难掌握的技术分析方法。

6. 道式理论派

道式理论可以说是技术分析的鼻祖，也是最悠久，最著名的分析方法。该理论是由美国财经记者查尔斯·亨利·道首创，其后经过后继者的不断总结和补充来进一步丰富和完善。一般所称的道式理论，是由查尔斯·亨利·道、汉密尔顿、雷亚三人共同研究的结果。

7. 江恩理论派

江恩理论是由威廉·戴尔伯特·江恩创造的，他是一名实战派的技术分析大师。通过对数学、几何学、心理学、宗教等的综合应用，在他多年的股票和期货的交易实践中，他发展出自己一套独特交易规则和测试方法，并获得空前成功，具有非常高的准确性，赢得了世人的尊重。

当然除了以上主流流派，发展至今也有人发展出属于自己的独特的理论和交易方法，如亚当理论、缠论、周易论、狗股理论，等等，在此就不一一讲述了。

总的来说，以上分析流派方法尽管考虑的出发点和表达方式不尽相同，但是彼此并不排斥，在使用上可以相互借鉴和融合。但是交易者要明白，市场不存在准确无误的指标或公式，即使是那些最常见的。总体上最可靠的分析方法和分析结论，也只能以一种概率性的表述而存在，它不可能不出问题。

## 知识拓展

### 委比、量比；外盘、内盘

1. 委比指标

委比指标指的是在报价系统之上的所有买卖单之比，用以衡量一段时间内买卖盘相对力量的强弱。当委比值为正值并且委比数大，说明市场买盘强劲；当委比值为负值并且负值大，说明市场抛盘较强。

2. 量比指标

量比这个指标所反映出来的是当前盘口的成交力度与最近五天的成交力度的差别，这个差别的值越大表明盘口成交越趋活跃，从某种意义上讲，越能体现主力即时做盘，准备随时展开攻击。因此量比资料可以说是盘口语言的翻译器，它是超级短线临盘实战洞察主力短时间动向的秘密武器之一。它更适用于短线操作。

量比反映出的主力行为从计算公式中可以看出，量比的数值越大，表明了该股当日流入的资金越多，市场活跃度越高；反之，量比值越小，说明了资金的流入越少，市场活跃度越低。我们可以从量比曲线与数值曲线上，可以看出主流资金的市场行为，如主力的突发性建仓，建完仓后的洗盘，洗盘结束后的拉升，这些行为可以让我们一目了然!

3. 内盘和外盘

内盘外盘,股市术语。内盘常用 S 表示,外盘用 B 表示。

外盘是主动性买盘,是股民用资金直接攻击卖一、卖二、卖三、卖四等的主动性买入。外盘的多少显示了多方急于买入的能量大小。

内盘是主动性卖盘,是股民用手中所拥有的股票筹码,直接攻击买一、买二、买三、买四等的主动性卖出。内盘的多少显示了空方急于卖出的能量大小。

外盘大于内盘:当外盘数量大于内盘数量,表现买方力量较强,股价将可能上涨。

内盘大于外盘:当内盘数量大于外盘数量,说明卖方力量较强,股价将可能下跌。

外盘和内盘相加为成交量。人们常用外盘和内盘来分析买、卖双方哪方力量占优来判断市场。

**想一想**

如果发生在一定时间段内每个时期上的现金流金额各不相同,是否还是年金的概念?你会如何处理?

# 活动二 K 线理论及其应用

【知识准备】

## 知识点 1:K 线的认知

1. K 线图的发展概况

K 线图起源于日本德川幕府时代,被当时日本米市的商人用来记录米市的行情与价格波动,后因其细腻独到的标画方式而被引入到股市及期货市场。由于用这种方法绘制出来的图表形状颇似一根根蜡烛,加上这些蜡烛有黑白之分,因而也叫阴阳线图表。通过 K 线图,我们能够把每日或某一周期的市况表现完全记录下来,股价经过一段时间的盘档后,在图上即形成一种特殊区域或形态,不同的形态显示出不同意义。

2. K 线图的绘制

首先我们找到该日或某一周期的最高和最低价,垂直地连成一条直线;然后再找出当日或某一周期的开市价和收市价,把这两个价位连接成一条狭长的长方柱体(如图 9-1)。假如当日或某一周期的收市价较开市价高(即低开高收),我们便以红色来表示,或是在柱体上留白,这种柱体就称之为"阳线"。如果当日或某一周期的收市价较开市价低(即高开低收),我们则以绿色表示,这柱体就是"阴线"了。

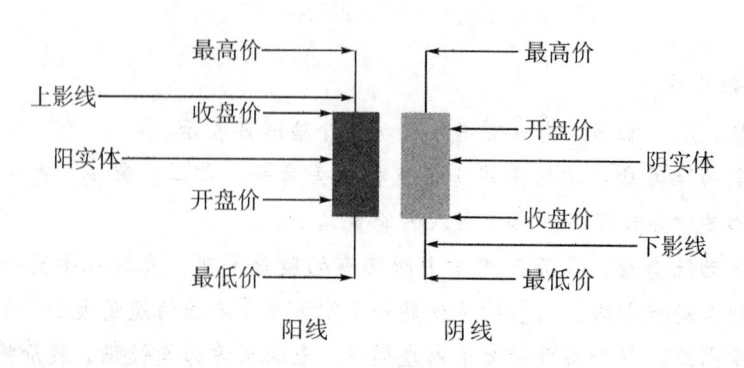

图 9-1　K 线图的绘制

K 线从时间上分为日 K 线、周 K 线、月 K 线、年 K 线，以及将一日内交易时间分成若干等分，如 5 分钟 K 线、15 分钟 K 线、30 分钟 K 线、60 分钟 K 线等。这些 K 线各有不同的作用。周 K 线、月 K 线、年 K 线反映的是市场价格中长期趋势。5 分钟 K 线、15 分钟 K 线、30 分钟 K 线、60 分钟 K 线反映的是市场价格超短期趋势。

## 知识点 2：单根 K 线的应用

K 线图可以非常直观地反映出当天股票的走势，我们也可以根据当天的单根 K 线图形态来预测将来股票的走势。表 9-1 展示了常见的单根 K 线图形态及其图解。

表 9-1　　　　　　　　　　单根 K 线形态及解释

| 图形 | 类别 | 市场含义 | 图形解释 |
| --- | --- | --- | --- |
|  | 无下影线，上影线长 | ①实体比上影线长，后市看涨；②实体比上影线短，后市看跌；股价上涨遇到强力压制 | 股价上涨一段时间之后股价可能会反转；股价下跌一段时间之后，如果第二天继续收出阳线，可以考虑买进 |
|  | 无上影线，下影线长 | ①实体比下影线长，后市看涨；②实体比下影线短，后世看跌；股价下跌有支撑 | 股价下跌一段时间后股价预计会反弹下影线越长反弹越大；股价上涨了一段时间，预计股价会反转，进入盘整 |
|  | 上下影线短，实体长 | ①上影线长于下影线，卖方占优势；②下影线长于上影线，买方占优势；股价涨势比较强 | 出现在股价大涨时，表明股价可能会下跌或进入整理阶段；出现在下跌时，表明未来走势可能会好转 |
|  | 无上下影线，实体长 | ①刚上涨时或上涨中，投资者可入场；②连续上涨后，要看大盘的股价走势 | 股价一路涨到顶 |

表9-1(续)

| 图形 | 类别 | 市场含义 | 图形解释 |
|---|---|---|---|
| | 上影线长，下影线短 | 卖家略胜一筹，多为反转信号 | 上影线长于下影线，表明虽然买方进行了顽强抵抗，但还是卖方占据优势 |
| | 上影线短，下影线长 | 股价上涨力较强 | 下影线长于上影线，表明卖方无力抵抗，买方占据明显优势 |
| | 上下影线长，实体短 | 多、空双方实力相近，行情比较难以捉摸 | 根据股价和未来走势进行操作 |
| | 无下影线，上影线长 | ①实体比上影线长，后市看跌；②实体比上影线短，后市看涨；③股价先涨后跌，空方强势 | 股价上涨一段时间后，可能要下跌；股价下跌一段时间后，可能会反弹 |
| | 无上影线，下影线长 | ①实体长于下影线，空方占优；②实体短于下影线，多方反扑 | 股价下跌比较厉害，但在下方获得支撑 |
| | 上下影线短，实体长 | ①上影线长于下影线，买方较弱；②下影线长于上影线，卖方占优 | 出现在大涨时，预示可能会下跌或进入盘整；出现在下跌时，预示未来可能会好转 |
| | 无上下影线，实体长 | ①股价上涨中出现，预示进入盘整；②股价下跌中出现，预示继续下跌 | 股价的跌势强烈 |
| | 上影线长，下影线短 | 卖家略胜一筹，反弹无望 | 上影线长于下影线，表明买方的抵抗力量很弱 |
| | 上影线短，下影线长 | 卖家略胜一筹，但下跌时遇强劲支撑 | 下影线长于上影线，表明买方进行强烈抵抗，但最后还是卖方占据优势 |
| | 上下影线长，实体短 | 多、空双方实力相近，行情比较难以捉摸 | 根据股价和未来走势进行操作 |
| | 无下影线，上影线长 | 买方虽厉害，但价格被卖方拉回 | 出现在连续上涨后，股价回落的可能性大；出现在持续下跌后，具体看第二天的走势 |
| | 无上影线，下影线长 | 卖方虽厉害，但价格让买方拉回 | 出现在连续上涨后，后期会转弱；出现在保涨过程中，预示着会继续上涨；出现在下跌过程中，股价走势可能反转 |

215

表9-1(续)

| 图形 | 类别 | 市场含义 | 图形解释 |
|---|---|---|---|
| ┼ | 上影线长，下影线短 | 先涨后平，卖方较强 | 上影线越长表示卖压越大，可能会逆转 |
| ╁ | 上影线短，下影线长 | 先跌后平，买方较强 | 下影线越长表示买方旺盛，可能会逆转 |

K线所包含的信息是极为丰富的。以单根K线而言，一般上影线和阴线的实体表示市场价格的下压力量，下影线和阳线的实体表示市场价格的上升力量；上影线和阴线实体比较长就说明市场价格的下跌动能比较大，下影线和阳线实体较长则说明市场价格的扬升动力比较强。

## 知识点3：K线组合的应用

将多根K线按不同规则组合在一起，又会形成不同的K线组合。这样的K线形态所包含的信息就更丰富。表9-2和表9-3展示了常见的K线组合形态及其图解。

表9-2　　　　　　　　　上升和见底类型的K线组合

| 序号 | 名称 | 图形 | 特征 | 技术含义 |
|---|---|---|---|---|
| 1 | 早晨十字星 |  | ①出现在下跌途中；②由3根K线组成，第一根K线是阴线，第二根K线是十字线，第三根K线是阳线，第三根K线实体深入到第一根K线实体之内 | 见底信号，后市看涨 |
| 2 | 锤头线 |  | ①出现在下跌途中；②阳线（或阴线）实体很小，下影线大于或等于实体的两倍；③一般无上影线，少数会略有一点上影线 | 见底信号，后市看涨 |
| 3 | 红三兵 |  | ①出现在上涨行情初期；②由三根连续创新高的小阳线组成 | 买进信号，后市看涨 |
| 4 | 上升抵抗形 |  | ①在上涨途中出现；②由若干根K线组成；③连续跳高开盘，即使中间收出阴线，但收盘价也比前一根K线的收盘价高 | 买进信号，后市看涨 |

表9-2(续)

| 序号 | 名称 | 图形 | 特征 | 技术含义 |
|---|---|---|---|---|
| 5 | 两阳夹一阴 |  | ①既可以出现在涨势中，也可以出现在跌势中；②由两根较长的阳线和一根较短的阴线组成，阴线夹在阳线之中 | 涨势中出现，继续看涨；跌势中出现，见底信号 |

表9-3　　　　　　　　　下跌和滞涨类型的K线组合

| 序号 | 名称 | 图形 | 特征 | 技术含义 |
|---|---|---|---|---|
| 1 | 黄昏十字星 |  | ①出现在涨势中；②由三根K线组成，第一根为阳线，第二根为十字线，第三根为阴线，第三根K线实体深入到第一根K线实体之内 | 见顶信号，后市看跌 |
| 2 | 射击之星 |  | ①出现在上涨趋势中；②阳线（或阴线）实体很小，上影线大于或等于实体的两倍；③一般无下影线，少数会略有一点下影线 | 见顶信号，后市看跌 |
| 3 | 黑三兵 |  | ①既可以在涨势中出现，也可以在跌势中出现；②由三根小阴线组成，最低价一根比一根低 | 卖出信号，后市看跌 |
| 4 | 下降三部曲 |  | ①出现在下跌趋势中；②由五根大小不等的K线组成；③先出现一根大阴线或中阴线，接着出现三根向上爬升的小阳线，但这三根小阳线都没有冲破第一根阴线开盘价，最后又被一根大阴线或中阴线全部或大部分吞吃 | 卖出信号，后市看跌 |
| 5 | 两阴夹一阳 |  | ①既可以在涨势中出现，也可以在跌势中出现；②由两根较长的阴线和一根较短的阳线组成；阳线夹在阴线之中 | 涨势中出现是见顶信号；跌势中出现，继续看跌 |

使用K线组合理论进行分析时需要注意两个方面的问题：一是K线组合出现在行情中的位置，二是K线组合中几根K线之间的相互关系。只有符合分析规律的K线组合才有较高的预测价值。

**想一想**

试对下面两个 K 线组合进行简要分析。

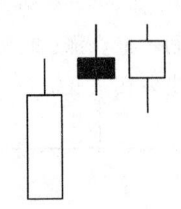

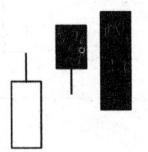

【技能训练】

实训目的：掌握 K 线分析方法。

实训器材：金融计算器、同花顺模拟交易软件。

实训场地：多媒体教室。

实训要求：以个人为单位根据具体的实训内容完成盘面分析并形成实训报告；

实训步骤：

步骤一，下载安装并运行同花顺行情软件；

步骤二，根据实训内容进行讨论和实操；

步骤三，学生交换各自的实训报告，相互点评；

步骤四，教师进行点评。

实训内容：

1. 登陆同花顺行情软件，打开所选股票 K 线图，为 K 线图设定周期参数，注意观察周期切换时图形的变化情况。

2. 使用单根 K 线理论分析所选盘面，并验证成功率。

3. 使用 K 线组合理论分析所选盘面，并验证成功率。

4. 截图并整理分析过程，形成分析报告。

## 活动三 切线理论及其应用

【知识准备】

### 知识点 1：切线理论认知

切线理论就是在道氏理论基础上，遵循"顺势而为"的交易思想发展起来的理论之一。按一定方法和原则在由股票价格数据所绘制的图表中画出一些直线，然后根据这些直线的情况推测股票价格的未来趋势，这些直线称之为切线。据切线进行的技分析理论称之为切线理论。

在证券市场中，按照证券市场价格的波动方向可以将趋势分为：上升趋势、下降趋势和水平趋势。按照道氏理论的观点，趋势又分为：主要趋势、次要趋势和短暂趋势。主要趋势是证券价格波动的主要方向，一般的持续时间比较长，是投资者极力要弄清楚的；次要趋势是在主要趋势的过程中进行调整的趋势，主要趋势不是直来直往的，在运行中难免会有调整和回撤，这都是次要趋势的使命；短暂趋势是对次要趋势的调整，短暂趋势和次要趋势的关系就相当于次要趋势和主要趋势的关系。

按照切线在分析中的作用，可以将切线分为支撑线和压力线；按照切线具体的分析方法可以将其分为趋势线、黄金分割线、百分比线、布林线、甘氏线、角度线等。

使用切线理论应注意以下问题：

第一，切线理论是一种"趋势"理论。应用该理论能够很好地把握证券市场的整体趋势，有利于投资者进行长期投资决策，但这一理论对短期投资没有指导意义。

第二，切线理论为投资者进行投资决策时提供了可能存在的压力线和支撑线，这些直线有很强的指导作用，但趋势线和压力线都有随时被突破的可能，因此在应用切线理论进行投资决策时，不能将它们看作万能的工具。

第三，切线理论中的黄金分割线和百分比线提供的一些价位点也只是具有参考作用，同时这些点是在一定的理论前提下提供的，与现实或多或少都是存在一定差距的，因此使用这些价位点进行分析时也要注意。

总之，切线理论不是一个万能的理论，投资者在进行分析时必须和其他的技术分析理论相结合才能得到合适的结果。

## 知识点 2：支撑线和压力线

1. 支撑线和压力线的概述

支撑线又称抵抗线，是指当证券价格下跌到某个价位附近时，价格停止下跌，甚至有可能回升。这个阻止价格继续下跌或者暂时阻止价格继续下跌的价格区域就是支撑线所在的位置。

压力线又称为阻力线。当证券价格上涨到某价位附近时，价格会停止上涨，甚至回落。这个起着阻止或暂时阻止股价继续上升的价位就是压力线所在的位置。

支撑线和压力线的画法：将两个或两个以上的相对低点连成一条直线即得到支撑线，将两个或两个以上的相对高点连成一条直线即得到压力线。一般来说，一条支撑线或压力线的有效性取决于下面三个方面，一是股价在这个区域停留时间的长短；二是股价在这个区域伴随的成交量大小；三是这个支撑区域或压力区域发生的时间距离当前这个时期的远近。

2. 支撑线和压力线的作用

支撑线和压力线的作用是阻止或暂时阻止股价向一个方向继续运动。同时，支撑线和压力线又有彻底阻止股价按原方向变动的可能（见图9-2）。

股价上升趋势中，如果未创出新高，即未突破压力线，这个上升趋势就已经处在很关键的位置了，如果再往后的股价又向下跌破上升趋势的支撑线，这就产生了一个趋势改变的强烈警告信号，通常这意味着，这一轮上升趋势已经结束，下一步的走向是向下跌的过程。

同样，股价在下降趋势中，如果未创新低，即未突破支撑线，这个下降趋势就已经处于很关键的位置，如果下一步股价向上突破下降趋势的压力线，这就发出下降趋势将要结束的强烈信号，股价下一步将是上升趋势。

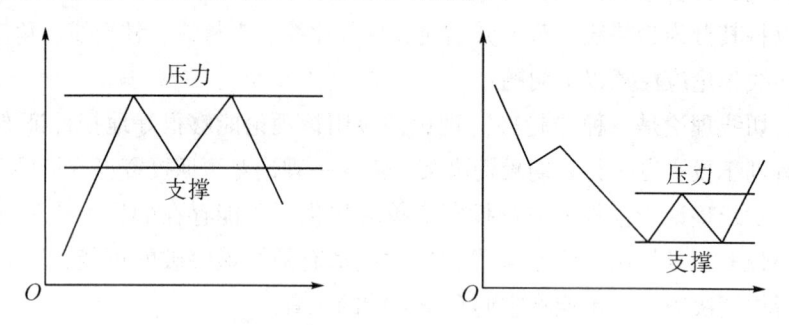

图 9-2　支撑和阻力线的作用（1）

当市场价格足够强大到突破原有的支撑或压力线，则支撑线与压力线的地位就会相互转化（见图9-3）。即，一个支撑如果被突破，那么这个支撑将成为压力；同理，一个压力被突破，这个压力将成为支撑。这说明支撑线和压力线的地位不是一成不变的，而是可以改变的，条件是它被有效地足够强大的价格变动突破。

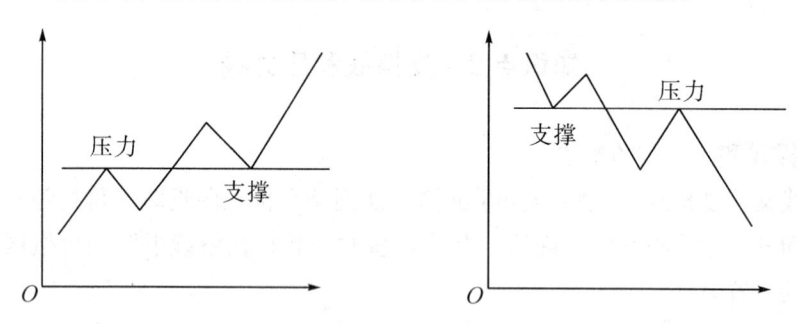

图 9-3　支撑和阻力线的作用（2）

### 知识拓展

**真突破和假突破**

趋势线的突破对买入、卖出时机等的选择具有重要的分析意义，因此，搞清趋向线何时为之突破，是有效的突破还是非有效的突破，于投资者而言是至关重要的。事实上，股价在趋势线上下徘徊的情况常有发生，判断的失误意味着市场操作的失误，以下提供一些判断的方法和市场原则，但具体的情况仍要结合当时的市场情况进行具体的分析。

1. 收市价的突破是真正的突破

技术分析家经研究发现，收市价突破趋势线，是有效的突破因而是入市的信号。以下降趋势线即反压线为例，如果市价曾经冲破反压线，但收市价仍然低于下降趋势线，这证明，市场的确曾经想试高，但是买盘不继，沽盘涌至，致使股价终于在收市时回落。这样的突破，专家认为并非有效的突破，就是说反压线仍然有效，市场的淡势依然未改。

同理，上升趋势线的突破，应看收市价是否跌破上升趋势线。在图表记录中常有这样的情况发生：趋势线突破之后，股价又回到原来的位置上，这种情况就不是有效的突破，相反往往是市场上的陷阱。

2. 判断突破的原则

为了避免入市的错误，技术分析专家总结了几条判断真假突破的原则：

（1）发现突破后，多观察一天。

如果突破后连续两天股价继续向突破后的方向发展，这样的突破就是有效的突破，是稳妥的入市时机。当然两天后才入市，股价已经有较大的变化：该买的股价高了；该抛的股价低了，但是，即便那样，由于方向明确，大势已定，投资者仍会大有作为，比之贸然入市要好得多。

（2）注意突破后两天的高低价。

若某天的收市价突破下降趋势线（阻力线）向上发展，第二天，若交易价能跨越它的最高价，说明突破阻力线后有大量的买盘跟进。相反，股价在突破上升趋势线向下运动时，如果第二天的交易是在它的最低价下面进行，那么说明突破线后，沽盘压力很大，值得跟进沽售。

（3）参考成交量。

通常成交量是可以衡量市场气氛的。例如，在市价大幅度上升的同时，成交量也大幅度增加，这说明市场对股价的移动方向有信心。相反，虽然市价上升，但交易量不增反减，说明跟进的人不多，市场对移动的方向有怀疑。趋势线的突破也是同理，当股价突破支撑线或阻力线后，成交量如果随之上升或保持平时的水平，这说明破线之后跟进的人多，市场对股价运动方向有信心，投资者可以跟进，博取巨利。然而，如果破线之后，成交量不升反降，那就应当小心，防止突破之后又回复原位。事实上，有些突破的假信号可能是由于一些大户入市、大盘迫价所致，如大投资公司入市、中央银行干预等。但是市场投资者并没有很多人跟随，假的突破不能改变整个面势，如果相信这样的突破，可能会上当。

（4）侧向运动。

在研究趋势线突破时，需要说明一种情况：一种趋势的打破，未必是一个相反方向的新趋势的立即开始，有时候由于上升或下降得太急，市场需要稍做调整，作上落侧向运动。如果上落的幅度很窄，就形成所谓牛皮状态。侧向运动会持续一些时间，有时几天，有时几周才结束。技术分析家称为消化阶段或巩固阶段。侧向运动会形成一些复杂的图形。侧向运动结束后的方向是一个比较复杂的问题。

（资料来源：百度文库）

## 知识点3：趋势线分析

趋势线是技术分析家们用来绘制的某一证券（股票）或商品期货过去价格走势的线，其目的是用来预测未来的价格变化。这条直线是通过连接某一特定时期内证券或商品期货上升或下跌的最高或最低价格点而成。最终直线的角度将指明该证券或商品期货是处于上升的趋势还是处于下跌的趋势。如果价格上升到了向下倾斜的趋势线之上或下降到了向上倾斜的趋势线之下，技术分析家们一般认为，一个新的价格走向可能出现。趋势线分析必须与其他的技术分析结合起来，效果才有可能更好。

（一）趋势线的画法

对于上涨趋势，连接持续走高的两个低点，使得大部分低点尽可能处于同一条直线上；对于下降趋势，连接持续走高的两个高点，使得大部分顶点尽可能处于同一条直线上；对于横盘趋势，我们可以将顶点和底点分别以直线连接，形成振荡区间（如图9-4所示）。

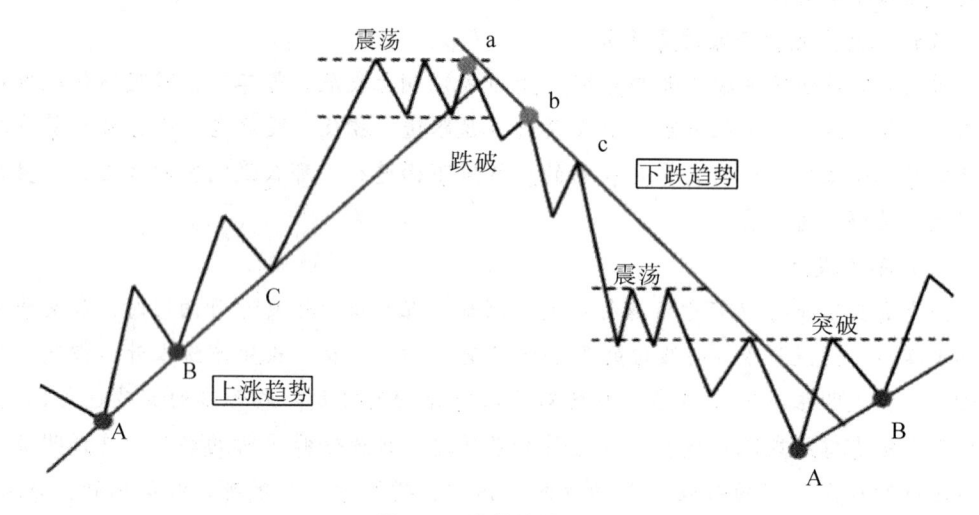

图9-4 趋势线的画法

画趋势线时需要注意以下几个问题：

第一，2个底部或者顶部就可以画出一条有效的趋势线，但是需要3个顶部或者底部才能确认。

第二，画趋势线时应尽量先画出不同的实验性线，待股价变动一段时间后，保留经过验证能够反映波动趋势、具有分析意义的趋势线。

第三，趋势线的修正。以上升趋势线的修正为例，当股价跌破上升趋势线后又迅速回到该趋势线上方时，应将原使用的低点之一与新低点相连接，得到修正后的新上升趋势线，这能更准确地反映出股价的走势。

第四，趋势线不应过于陡峭，否则很容易被横向整理突破，失去分析意义。

（二）趋势线的应用

第一，趋势线具有支撑压力的作用，可以帮助追踪趋势。一般来说，在价格没有突破趋势线以前，上升趋势线是每一次下跌的支撑，下降趋势线则是股价每一次回升的阻力。

第二，证券价格的运行突破趋势线，趋势线释放反转信号，趋势线在被突破后将起相反的作用。证券价格突破趋势线时，收盘价与趋势线有3%以上的差价，并且有成交量的配合（通常向上突破下降趋势线需要大量成交量增加配合，但向下突破上升趋势线成交量则不必配合）。股价在突破趋势线时，如果出现缺口，反转走势极可能出现，并且出现反转后股价走势有一定的力度。

**案例分享**

**趋势线**

图 9-5 为某只股票的趋势线。

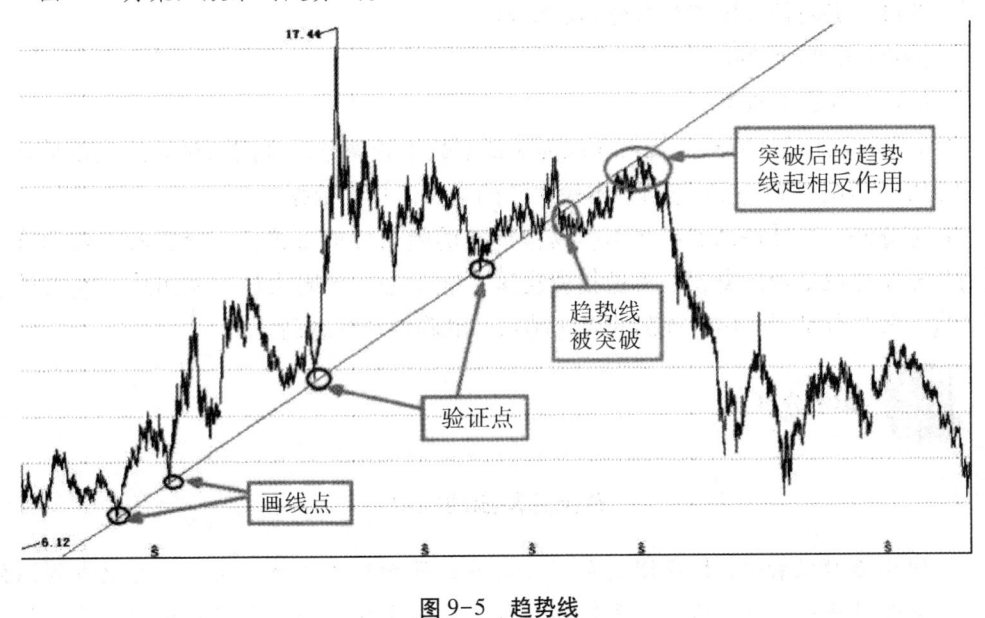

图 9-5 趋势线

（资料来源：767 股票学习网）

## 知识点 4：黄金分割线

黄金分割法来源于黄金分割率，是计算强阻力位或强支撑位的一种方法，即人们认为指数或股价运动的阻力位或支撑位会与黄金分割率的一系列数字有关，可用这些数字来预判点位。黄金分割中最重要的数字是：

0.382　0.618

1.382　1.618

黄金分割线的应用如下：

在上升行情掉头向下时，可用近期上升行情的涨幅乘以以上第一行数字，再加上近期上升行情的起点，得到此次下跌的强支撑位。

如2007年10月17日以来的调整，可视为是对2005年6月6日以来的大牛市行情的调整，上证指数起点为2005年6月6日的998点，高点为2007年10月16日的6 124点，则用黄金分割法得到：

(6 124−998)×0.618+998=4 166

(6 124−998)×0.382+998=2 956

则4 166点和2 956点附近可能成为本轮调整的强支撑位，这也正是某些机构报告中强调4 200点附近会是本轮调整的第一道强支撑位的依据。

在下降行情掉头向上时，可用近期下跌行情的低点乘以以上第二行数字，得到此次上涨的强阻力位。

如若预期上证指数2007年10月17日以来的调整的最低点为4 200点，而调整到位后将演绎上升行情，则用黄金分割法得到：

4 200×1.618=6 796

4 200×1.382=5 804

则6 796点和5 804点附近可能成为上证指数本轮调整的强阻力位，这也正是某些机构报告中强调6 800点附近会是本轮调整的强阻力位的依据。

黄金分割法只是提供了一些不容易被突破的阻力位或支撑位，投资者需要确认该阻力位或支撑位是否被突破后再做投资决策，而不是一到阻力位就卖出或一到支撑位就买进。黄金分割率所用于预测的周期越长，准确性往往越高。

### 案例分享

**黄金分割线的应用**

从图9-6可以看到，K线图从左下方圆圈处开始进入上涨行情，在右上方圆圈处结束，并开始掉头向下，通过行情软件的黄金分割线功能键可以将黄金分割线自这段上涨行情的末端（右上方圆圈）画到行情起始处（左下方圆圈），如图所示，介于两条水平线中间的每一条水平虚线都是根据黄金分割比例计算出的价格参考回调支撑位。在上图中，上涨行情结束回调时，可能会在0.382黄金分割位获得支撑，如果价格向下突破该价位，则下一个可能获得支撑的位置就在下面一条黄金分割线0.5黄金分割位处。

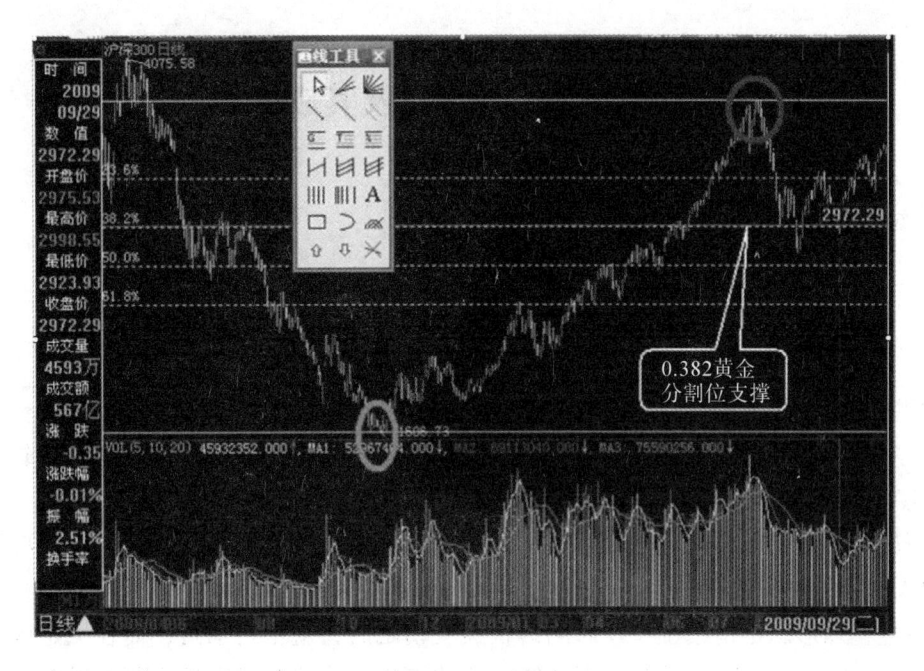

图 9-6　K 线图

（资料来源：百度文库）

【技能训练】

实训目的：能够使用切线分析预测盘面价格走势。

实训器材：同花顺模拟交易软件。

实训场地：多媒体教室

实训要求：以小组为单位根据具体的实训内容完成盘面的切线分析并形成实训报告。

实训步骤：

步骤一，分小组（4~5 人/组），对小组成员进行合理分工；

步骤二，小组成员根据实训内容进行讨论和实操；

步骤三，各小组推选代表向全班展示小组实操成果；

步骤四，教师进行点评。

实训内容：

1. 各小组登录同花顺行情软件，自行选择一只股票，打开该股票的 K 线图，通过切换 K 线图周期参数观察盘面 K 线图的趋势情况（选择 2 个不同趋势进行分析）。

2. 根据切线理论中线的画法原则在盘面中划出趋势线或水平支撑压力线、黄金分割线，并判断其作用。

3. 根据切线应用原理分析盘面，预测价格走势并验证选用切线的成功率。

4. 截图并总结分析过程形成实训报告。

# 活动四　形态理论及其应用

【知识准备】

## 知识点1：形态理论认知

形态理论是技术分析的重要组成部分，它通过对市场横向运动时形成的各种价格形态进行分析，并且配合成交量的变化，推断出市场现存的趋势将会延续或反转，价格形态可分为反转形态和持续形态。

反转形态表示市场经过一段时期的酝酿后，决定改变原有趋势，而采取相反的发展方向，反转形态的典型图形有双顶形、头肩形、直线形、碟形和V形等。

持续整理形态是指经过一段时间的快速变动之后，就不再前进，而在一定区域内上下窄幅度变动，等时机成熟后再继续以往的走势。持续整理形态主要有以下几种类型：三角形、旗形、楔形和矩形。

持续整理形态和反转突破形态并没有明显的界限，而只是具有一定的倾向性，如三角形通常属于持续整理形态，但有时也会成为反转突破形态，甚至头肩形这种主要的反转突破形态偶尔也会变成持续整理形态。

## 知识点2：反转形态

（一）所有反转形态的基本特征

1. 事先存在趋势的必要性

市场上确有趋势存在是所有反转形态存在的先决条件。市场必须先有明确的目标，然后才谈得上反转。在图表上，偶尔会出现一些与反转形态相像的图形，但是如果事前并无趋势存在，那么它便无物可反，因而意义有限；正因为反转形态事先必须有趋势可反，所以它才具备了测算意义。

2. 重要趋势线的突破

即将降临的反转过程，经常以突破重要的趋势线为其前兆。这个信号本身的意义是，原趋势正有所改变。主要向上趋势线被突破后，或许表示横向延伸的价格形态开始出场，以后随着事态的进一步发展，我们才能够把该形态确认为反转型或连续型。在有些情况下，主要趋势线被突破同价格形态的完成恰好同步实现。

3. 形态的规模越大，市场动作越大

这里所谓规模大小，是指价格形态的高度和宽度。高度标志着价格波动的幅度强弱，而宽度则代表着该形态从发展到完成所花费的时间的长短。形态的规模越大，即价格在形态内摆动的范围越大、经历的时间越长,那么该形态就越重要。随之而来的价格运动的余地就越大。

4. 顶和底的差别

顶部形态与底部形态相比,它的持续时间短但波动性更强。在顶部形态中,价格波动不但幅度更大,而且更剧烈,它的形成时间也较短。底部形态通常具有较小的价格波动幅度,但耗费的时间较长。正因如此,辨别和捕捉市场底部比捕捉其顶部,通常来得容易些,损失也相应少些。

5. 成交量在验证向上突破信号时更具重要性

任何形态在完成时,均应伴随着交易量的显著增加。但是,在趋势的顶部反转过程的早期,成交量并不如此重要。

(二)几种常见反转形态的应用

1. 双重顶

双重顶,又称"双顶"或"M"头,是K线图中较为常见的反转形态之一,由两个较为相近的高点构成,其形状类似于英文字母"M",因而得名。在连续上升过程中,当股价上涨至某一价格水平,成交量显著放大,股价开始掉头回落;下跌至某一位置时,股价再度反弹上行,但成交量较第一高峰时略有收缩,反弹至前高附近之后再第二次下跌,并跌破第一次回落的低点,股价移动轨迹像M字,双重顶形成。

(1)双重形态的特征。

在双重形态的第二个高点出现之前,股价有一段较大的涨幅,且成交量配合增加(即价涨量增)。理论上,双重顶两个高点应基本相同,但实际K线走势中,第二个高点可以略高或略低于第一个高点,但其成交量一定要比第一个高点少,相差3%左右是比较常见的。在双重顶形成过程中,第一个高点成交量较大,第二个成交量次之,成交量呈现递减现象,说明股价在第二次反弹过程中资金追涨力度越来越弱,股价有上涨到尽头的意味。两个高点之间所延续的时间至少为2~3周;可能出现复合形态。

(2)双重形态的颈线。

在第一个高峰(左锋)形成回落的低点,在这个位置画水平线,就形成了通常说的颈线(具体画法见图9-7),当股价再度冲高回落并跌破这根水平线(颈线)支撑,双重顶形态正式宣告形成。

(3)双重形态的预测价值。

双重顶是一种常见的顶部反转信号,一旦形成,股价下跌几乎成为定局。当颈线跌破后,可根据这形态的最少跌幅量度方法预测股价会跌至哪一水平。这量度的方法是从头部的最高点画一条垂直线到颈线,然后在完成突破颈线的一点开始,向下量出同样的长度,由此量出的价格就是该股将下跌的最小幅度。

交易策略

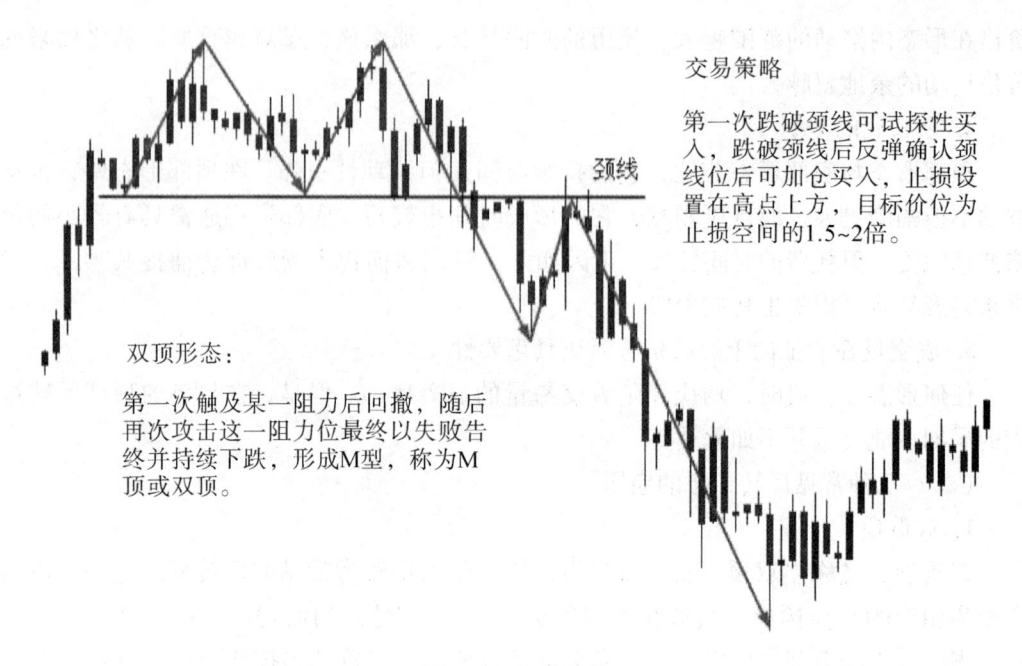

第一次跌破颈线可试探性买入，跌破颈线后反弹确认颈线位后可加仓买入，止损设置在高点上方，目标价位为止损空间的1.5~2倍。

双顶形态：
第一次触及某一阻力后回撤，随后再次攻击这一阻力位最终以失败告终并持续下跌，形成M型，称为M顶或双顶。

图 9-7 双重形态

## 2. 头肩形态

股票价格从左肩处开始上涨至一定高度后跌回原位，然后重新上涨超过左肩的高度形成头部后再度下跌回原位；经过整理后开始第三次上涨，当涨幅达到左肩高度形成右肩后开始第三次下跌，这次下跌的杀伤力很大，很快跌穿整个形态的底部并不再回头。头肩顶形态为典型的趋势反转形态，是在上涨行情接近尾声时的看跌形态，图形以左肩、头部、右肩及颈线形成。

（1）头肩顶形态特征。

在上升途中出现了3个峰顶，这3个峰顶分别称为左肩、头部和右肩。从图形上看左肩、右肩的最高点基本相同，而头部最高点比左肩、右肩最高点要高。

另外股价在上冲失败向下回落时形成的两个低点又基本上处在同一水平线上。这同一水平线，就是通常说的颈线（具体画法见图9-8），当股价第三次上冲失败回落时，这根颈线就会被击破。于是头肩顶正式宣告成立。

在头肩顶形成过程中，左肩的成交量最大，头部的成交量略小些，右肩的成交量最小。成交量呈递减现象，说明股价上升时追涨力量越来越弱，股价有涨到头的意味。

（2）头肩顶形态的预测价值。

当头肩顶颈线击破时，就是一个真正的卖出讯号，虽然股价和最高点比较，已回落了相当的幅度，但跌势只是刚刚开始。当颈线跌破后，可根据这形态的最少跌幅量度方法预测股价会跌至哪一水平。这量度的方法是——从头部的最高点画一条垂直线到颈线，然后在完成右肩突破颈线的一点开始，向下量出同样的长度，由此量出的价格就是该股将下跌的最小幅度。

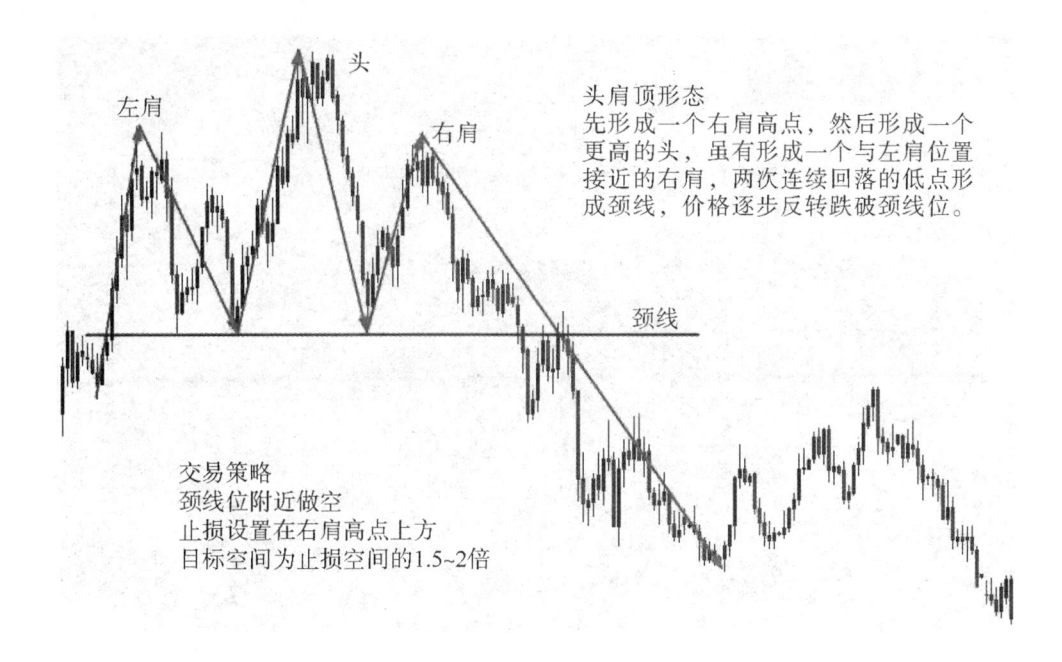

图 9-8　头肩形态

## 知识点 3：持续整理形态

（一）所有持续整理形态的特征

相对于反转形态，持续整理形态通常较为短暂，一般属于短暂形态或中等形态的类别，在形态的形成过程中成交量一般是逐渐缩减的，形态突破后有所增加（尤其是向上突破需要伴随有成交量增加的配合），出现逆向走势时不会突破重要趋势线，其预测价值较为含糊。

（二）几种常见的持续整理形态的应用

1. 三角形

在一般情况下，三角形属于持续整理形态。三角形又可分为对称三角形、上升三角形和下降三角形。由于三者的形成过程和判别需要注意的地方都基本相同，在这里就只介绍对称三角形。

对称三角形的形成过程：当股价进入盘整阶段后，其波动幅度逐渐缩小，即每次变动的最高价低于前次的水平，最低价高于前次的水平，股价变动领域的上限为向下的斜线，下限为向上的斜线，从而形成一个相对称的三角形，在此过程中成交量逐渐减少，多空双方的力量对比趋于平衡。当股价走到三角形顶部时，多空双方的力量对比发生变化，股价突破三角形区域，从而结束盘整状态而继续原先的走势，如图 9-9 所示。

在判别对称三角形的形态时，应该注意以下几个方面：首先，在对称三角形中，

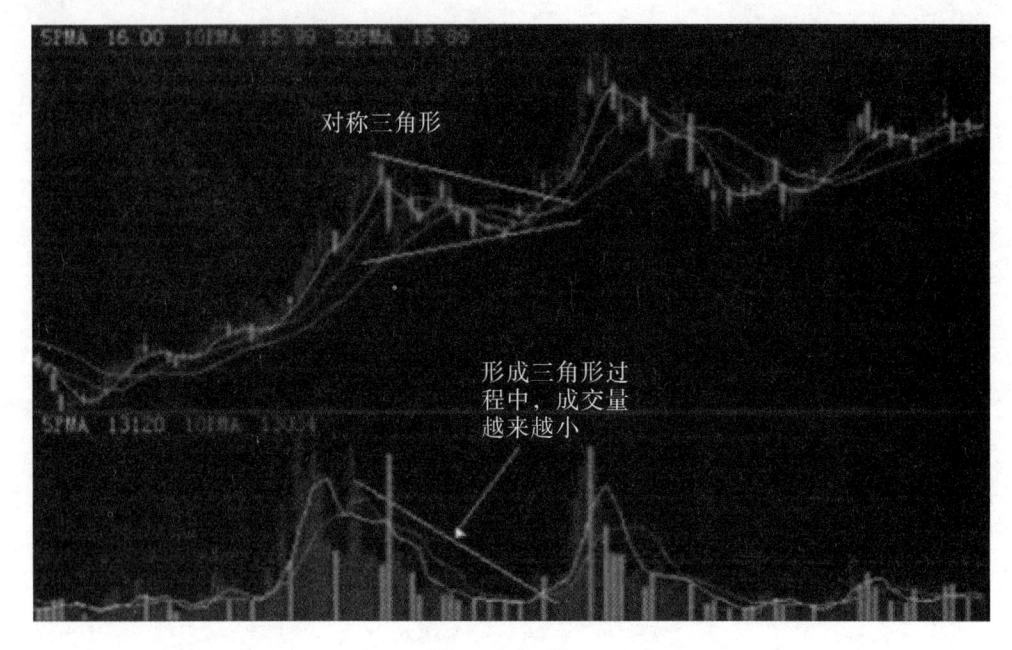

图9-9 对称三角形

股价越接近其顶点而未能突破其界限时，其力量越小，太接近顶点的突破通常会失效。根据以往的历史经验，突破点应该位于距离三角形底边 1/2~3/4 处的地方。其次，股价向上突破三角形时，需要大成交量的配合，向下突破则没有这个要求。再次，当股价突破界限时，其上涨或下跌的幅度至少为三角形底边的距离。最后，当股价突破三角形后，是时会出现反抽的现象，这时要求向上突破后的反抽应止于上界线的延伸，向下突破后的反抽应止于下界线的延伸。否则，这种突破可能是假突破。

2. 旗形

旗形走势的形态就像挂在旗杆上的一面小旗，通常出现在快速大幅度的市场波动中，是一种经常出现的中段整理形态。旗形又分为上升旗形和下降旗形。上升旗形是股价在经过陡峭上升之后，进入一个稍微向下倾斜的狭窄区域进行整理，上下界限就是两条向下倾斜的平行直线。下降旗形是股价在急速下跌之后，进入一个稍微向上倾斜的狭窄区域进行整理，其上下界限也是两条向上倾斜的平行直线，如图9-10所示。

判断旗形时，需要注意以下几个方面：首先，成交量在旗形形成过程中是逐渐递减的，但在旗形形成之前和被突破之后（不管是向上突破还是向下突破，这与其他形态有点不同），成交量都很大。其次，旗形持续的时间不能太长，否则旗形保持原来趋势的能力将会下降。最后，突破旗形后，股价上升（或下降）的幅度至少等于旗杆的长度，即从形成旗杆的突破点开始到旗形顶（底）点为止。

3. 矩形

又称箱形，是一种典型的持续整理形态。矩形走势是指股价在两条水平的上下界线之间波动，长时间没有突破。矩形走势在形成之初，多空双方争夺激烈，各不相让，形成拉锯场面。当股价升至某一高点时，空方就大量抛售股票，打压股价；当股价跌

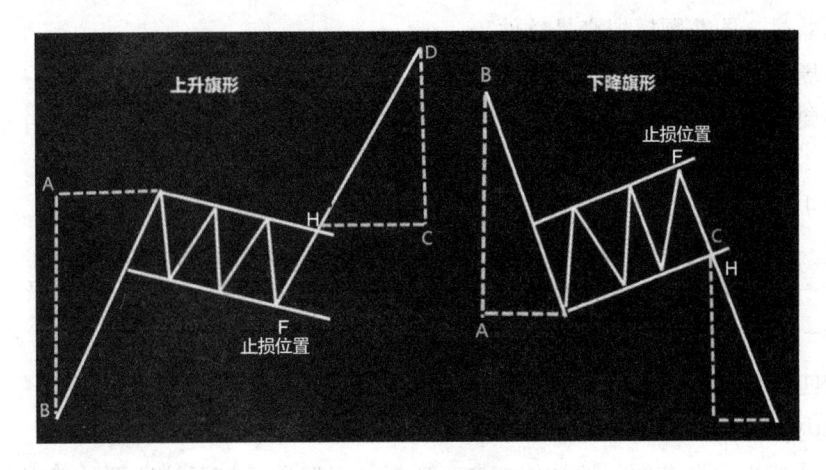

图 9-10 旗形形态

至某一低点时,多方就买入。这样时间一长,就形成两条明显的上下界线,并且随时间的推移,市场趋于清淡,多空双方的力量对比也逐渐趋于明朗,最后股价突破矩形形态,继续原来的走势。矩形也有上升矩形和下降矩形之分,如图 9-11 所示。

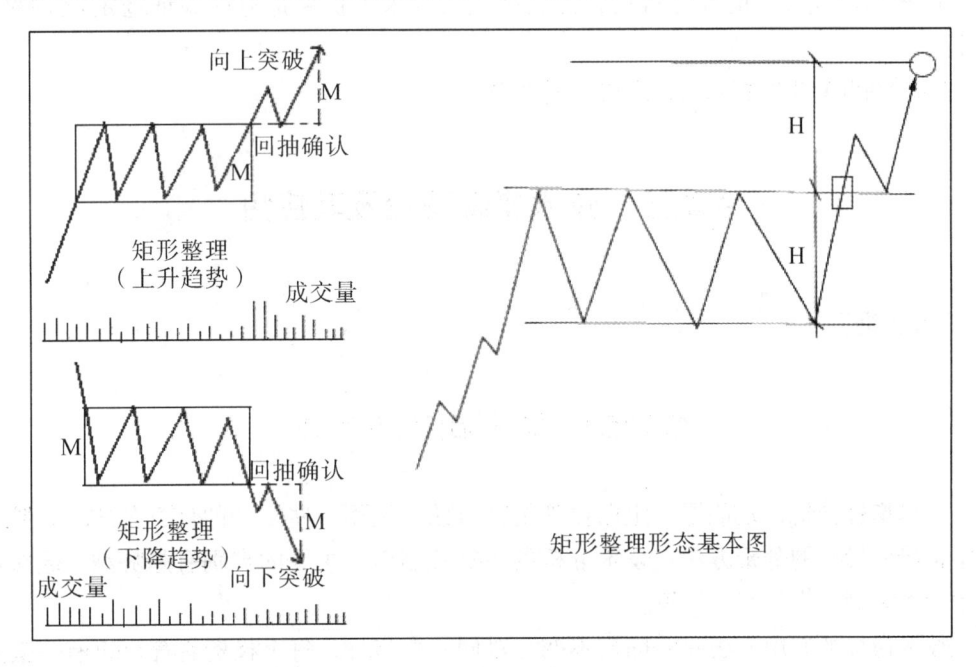

图 9-11 矩形

判别矩形形态时,需要注意的几个方面:首先,矩形形成过程中,成交量逐渐递减,向上突破时,需要有大成交量的配合,向下突破则没有这种要求。其次,股价突破矩形形态后,其上涨或下跌的幅度至少为矩形本身的宽度。

【技能训练】

实训目的:能够使用形态理论分析盘面。

实训器材：同花顺模拟交易软件。

实训场地：多媒体教室。

实训要求：以小组为单位根据具体的实训内容完成盘面的形态分析并形成实训报告。

实训步骤：

步骤一，分小组（4~5人/组），对小组成员进行合理分工；

步骤二，小组成员根据实训内容进行讨论和实操；

步骤三，各小组推选代表向全班展示小组实操成果；

步骤四，教师进行点评。

实训内容：

1. 各小组登录同花顺行情软件，自行选择一只股票，打开该股票的K线图，通过切换K线图周期参数观察盘面中是否出现形态（至少选择2个不同形态）；

2. 结合教材中的操作流程分析并验证选定形态的成功率；

3. 截图并总结分析过程形成实训报告。

4. 根据完成形态的预测价值，预测所选股票未来价格走势并验证选定形态的成功率。

5. 截图并总结分析过程，形成实训报告。

## 活动五　技术指标理论及其应用

【知识准备】

### 知识点1：技术指标理论认知

技术指标分析，是依据一定的数理统计方法，运用一些复杂的计算公式，来判断汇率走势的量化的分析方法。技术分析的指标相当多，主要的类别有趋势型、超买超卖型、大盘型、人气型，等等。

技术指标的使用方法并非固定不变，对同一个指标，每个投资者都可以有一套自己的研判方法，如修改指标的参数和周期等，但是万变不离其宗，技术指标的核心使用原则主要有以下六点：

第一，指标的高低。通过指标数值的高低来判断证券多空双方的强弱，从而提示买卖时机。

第二，指标的交叉。通过技术指标图形中的两根指标曲线发生交叉的现象来判断多空双方力量的强弱对比，从而提示买卖时机。

第三，指标的背离。这是指的是技术指标曲线波动的趋势和K线图曲线的运行趋势没有形成一致，当背离的现象一旦出现，表示价格的走势没有得到指标的支持，主要包括顶背离和底背离。

第四，指标的转折。这是指技术指标曲线中高位或低位掉头，也就是从超买超卖的区域回到正常状态，表示前一个趋势走到尽头，新的趋势即将开始。指标的转折可以作为趋势转折的预警信号，但是需要成交量的配合。

第五，指标的盲点。大部分时间里，指标是不能发出买卖信号，只有在很少时间，技术指标才能看清市场发出信号。

第六，指标的形态。这是指技术指标曲线中其波动区域呈现出类似于前面形态理论提到的形态形状，同形态理论的判断方式基本一致，表示行情反转或者持续。

## 知识点 2：技术指标的应用——移动平均线指标（MA）

移动平均线，简称 MA，是由著名的美国投资专家葛兰碧，又译为格兰威尔于 20 世纪中期提出来的。移动平均线是用统计分析的方法，将一定时期内的证券价格（指数）加以平均，并把不同时间的平均值连接起来，形成一根曲线，用以观察证券价格变动趋势的一种技术指标。平均线理论是当今应用最普遍的技术指标之一，它帮助交易者确认现有趋势，判断将出现的趋势，发现过度衍生即将反转的趋势。

（一）移动平均线的特征

由于移动平均线的四个特性，使得它在股价走势中起支撑线和压力线的作用。

1. 追踪趋势

注意价格的趋势，并追随这个趋势，不轻易放弃。如果从股价的图表中能够找出上升或下降趋势线，那么，MA 的曲线将保持与趋势线方向一致，能消除中间股价在这个过程中出现的起伏。

2. 滞后性

在股价原有趋势发生反转时，由于 MA 的追踪趋势的特性，MA 的行动往往过于迟缓，调头速度落后于大趋势，这是 MA 的一个极大的弱点。等 MA 发出反转信号时，股价调头的深度已经很大了。

3. 稳定性

通常越长期的移动平均线，越能表现安定的特性，即移动平均线不轻易往上往下，必须股价涨势真正明朗了，移动平均线才会往上延伸，而且经常股价开始回落之初，移动平均线却是向上的，等到股价下滑显著时，才见移动平均线走下坡，这是移动平均线最大的特色。越短期的移动平均线，安定性越差，越长期移动的平均线，安定性越强，但也因此使得移动平均线有延迟反应的特性。

4. 助涨助跌性

当股价突破了 MA 时，无论是向上突破还是向下突破，股价有继续向突破方面再走一程的愿望，这就是 MA 的助涨助跌性。

## （二）移动平均线的应用

移动平均线最著名的应用法则是格兰维尔法则（如图9-12所示），具体内容如下：

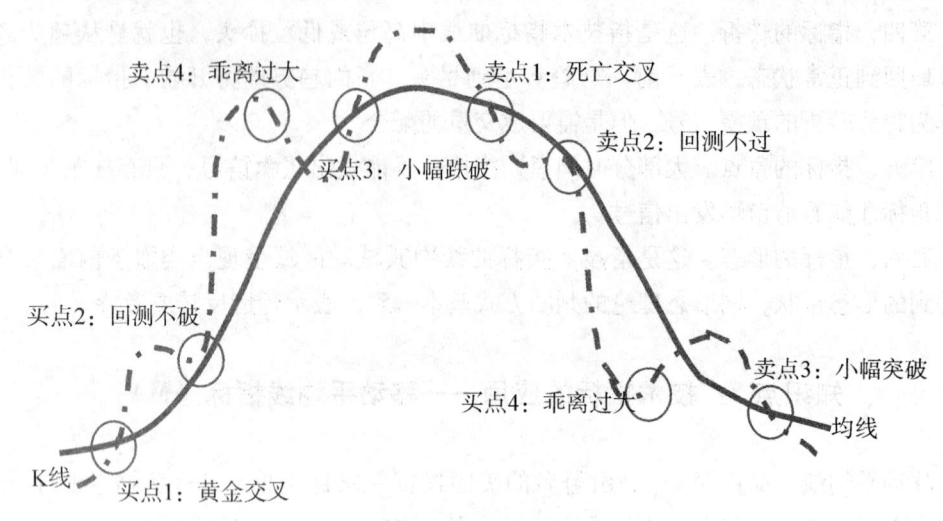

图9-12 格维尔法则

买点1：黄金交叉。移动平均线从下降逐渐走平且略向上方抬头，而股价从移动平均线下方向上方突破，为买进信号。

买点2：回测不破。股价在移动平均线之上运行，回档时未跌破移动平均线后又再度上升时为买进时机。

买点3：小幅跌破。股价在移动平均线之上运行，回档时跌破移动平均线，但短期移动平均线继续呈上升趋势，此时为买进时机。

买点4：乖离过大。股价在移动平均线以下运行，突然暴跌，距离移动平均线太远，极有可能向移动平均线靠近（物极必反，下跌反弹），此时为买进时机。

卖点1：死亡交叉。移动平均线从上升逐渐走平，而股价从移动平均线上方向下跌破移动平均线时说明卖压渐重，应卖出所持股票。

卖点2：回测不过。股价在移动平均线下方运行，反弹时未突破移动平均线，且移动平均线跌势减缓，趋于水平后又出现下跌趋势，此时为卖出时机。

卖点3：小幅突破。股价反弹后在移动平均线上方徘徊，而移动平均线却继续下跌，宜卖出所持股票。

卖点4：乖离过大。股价在移动平均线之上运行，连续数日大涨，离移动平均线愈来愈远，说明内购买股票者获利丰厚，随时都会产生获利回吐的卖压，应暂时卖出持股。

## 知识点3：技术指标的应用——指数平滑异同平均线（MACD）

指数平滑异同移动平均线MACD，是利用快速（短期）移动平均线和慢速（长期）移动平均线，在一段上涨或下降行情中两线之间的差距拉大，而在涨势或跌势趋缓时两线又相互靠近或交叉的特征,通过双重平滑运算后研判买卖时机的方法。该指标可以去除掉移动平均线经常出现的假讯号,又保留了移动平均线的优点。但由于该指标对价格变动的灵敏度不高,属于中长线指标,所以在盘整行情中不适用。

  MACD 指标表现在图形上是由两条曲线和柱状图构成,如图 9-13 所示。其中,DIF 线由快的指数移动平均线(EMA12)减去慢的指数移动平均线(EMA26)得到,表现在图形上是一条波动幅度较大,波动较为频繁的曲线,又称快线;DEA 线是求取的 DIF 的 N 周期的平滑移动平均线,表现在图形上则是一条波动幅度较小,且较为平滑的一条曲线,又称慢线;(DIF-DEA)×2 即为 MACD 柱状图,表现在图形上则是一条条向上(0 轴线以上)或者向下(0 轴线以下)的柱形。MACD 指标的应用就是通过观察这两条曲线和柱状图的波动变化来完成的。

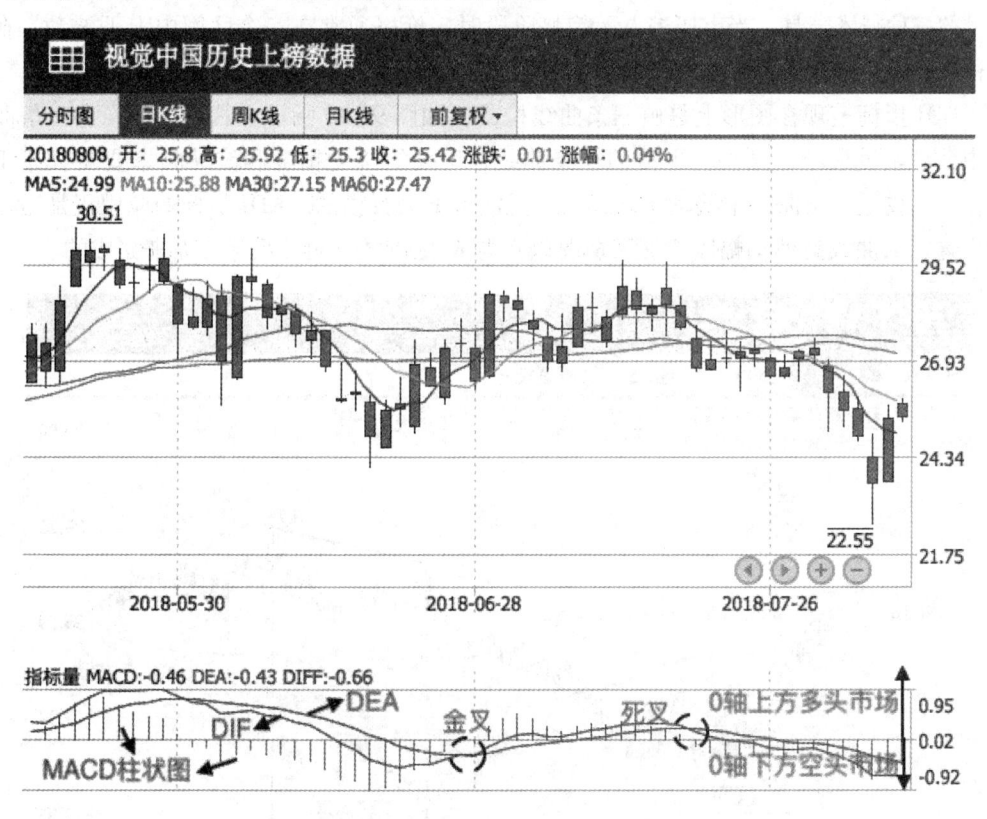

图 9-13 MACD 指标

(图片来源:视觉中国)

MACD 指标对应用法则如下:

(1) DIF 与 DEA 均为正值,即都在零轴线以上时,大势属多头市场,DIF 与 DEA 均为负值,即都在零轴线以下时,大势属空头市场;DIF 向上突破 DEA,即快线从下向上穿越慢线,实现黄金交叉,可作买;如果 DIF 向下跌破 DEA,即快线从上向下穿越慢线,实现死亡交叉,只可作为平仓信号。

(2) 当 DEA 线与 K 线趋势发生背离时为反转信号。

（3）DEA 在盘局时，失误率较高，但如果配合 RSI 指标及 KDJ 指标，可以适当弥补缺憾。

（4）分析 MACD 柱形图，由正变负时往往指示该卖，反之往往为买入信号。

### 知识点 4：技术指标的应用——随机指标（KDJ）

随机指标 KDJ 是由乔治·莱恩首创的，是以最高价、最低价及收盘价为基本数据进行计算，得出的 K 值、D 值和 J 值分别在指标的坐标上形成的一个点，连接无数个这样的点位，就形成一个完整的、能反映价格波动趋势的 KDJ 指标。它主要是利用价格波动的真实波幅来反映价格走势的强弱和超买超卖现象，在价格尚未上升或下降之前发出买卖信号的一种技术工具。当市场进入无趋势阶段时，价格通常在一个区间内上下波动，在这种情况下，绝大多数跟随趋势系统都不能正常工作，而随机指标却独树一帜。

KDJ 指标表现在图形上是由三条曲线构成，如图 9-14 所示。其中，D 线是三条曲线中波动幅度最小，且最为平滑的一条曲线；K 线的波动幅度和波动频率要略大于 D 线，而 J 线是三条曲线中波动幅度最大，且波动最为频繁的。KDJ 指标的应用正是通过观察这三条曲线的波动幅度、交叉情况以及与 K 线图之间的关系等方面来完成的。

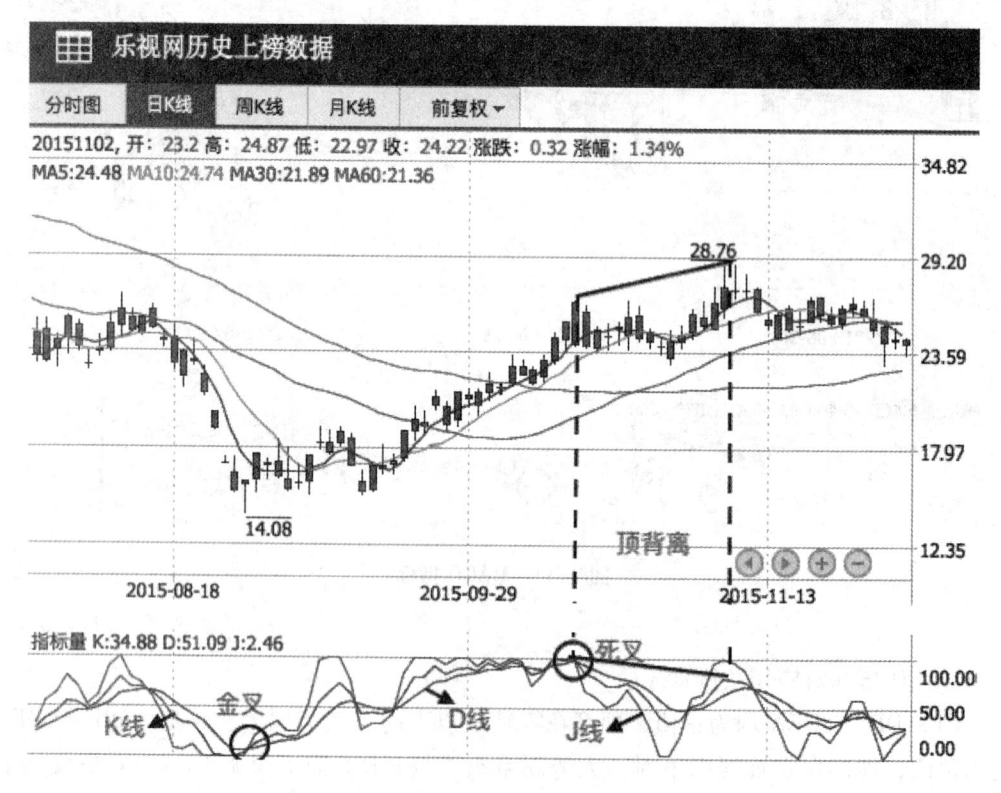

图 9-14 KDJ 指标

（图片来源：乐视网）

KDJ 指标的应用法则如下：

（1）指标的高低。观察指标曲线 D、J 的取值，当 D 值在 80 以上时，市场呈现超买现象。D 值在 20 以下时，市场则呈现超卖现象；当 J 值在 100 以上时，市场呈现超买现象；J 值在 0 以下时，市场则呈现超卖现象。

（2）指标的交叉。观察指标曲线 K、D 的交叉情况，当 K 线向上突破 D 线时，为买进信号，即为 KDJ 金叉。此种买入信号在 70 以上形成准确性较高；反之 K 线向下跌破 D 线，为卖出信号，即为 KDJ 死叉。此种买入信号在 30 以下形成准确性较高。该指标在 50 附近徘徊或交叉时，参考意义较小。

（3）指标的背离。观察指标曲线 K、D 的趋势，当其与蜡烛图出现背离时，一般为趋势反转的信号。当 K 值大于 D 值，显示目前趋势是向上涨，当 D 值大于 K 值，显示目前趋势是向下跌。

（4）指标的形态。当 KD 指标在较高或较低的位置形成了头肩形和多重顶（底）时，是采取行动的信号。这里股票投资者同样需要注意的是，这些形态一定要在较高位置或较低位置出现，位置越高或越低，结论越可靠。

（5）需要注意的是，KD 不适用于发行量太小，交易太小的股票；但对指数以及热门大型股有极高的准确性。

**【技能训练】**

实训目的：能够使用技术指标理论分析盘面。

实训器材：同花顺模拟交易软件

实训场地：多媒体教室。

实训要求：以小组为单位根据具体的实训内容完成盘面的形态分析并形成实训报告。

实训步骤：

步骤一，分小组（4~5 人/组），对小组成员进行合理分工；

步骤二，小组成员根据实训内容进行讨论和实操；

步骤三，各小组推选代表向全班展示小组实操成果；

步骤四，教师进行点评。

实训内容：

1. 登陆同花顺行情软件，打开所选股票 K 线图，为 K 线图设定周期参数，注意观察周期切换时图形的变化情况。

2. 使用单根 K 线理论分析所选盘面，并验证成功率。

3. 使用 K 线组合理论分析所选盘面，并验证成功率。

4. 截图并整理分析过程，形成分析报告。

# 参考文献

［1］证券业从业人员一般从业资格考试专家组. 金融市场基础知识［M］. 北京：中国金融出版社，2018.

［2］康建军，等. 证券投资实务［M］. 北京：高等教育出版社，2018.

［3］王强. 证券投资实务［M］. 北京：中国财政经济出版社，2015.

［4］王雪辰，李佳，蒋长浩. 证券交易［M］. 北京：清华大学出版社，2011.

［5］王军旗，李丽霞. 证券投资理论与实务（第三版）［M］. 北京：中国人民大学出版社，2011.

［6］吴晓求. 证券投资学（第三版）［M］. 北京：中国人民大学出版社，2009.

［7］中国证券业协会. 证券市场基础知识［M］. 北京：中国财政经济出版社，2009.

［8］中国证券业协会. 证券交易［M］. 北京：中国财政经济出版社，2009.

［9］中国证券业协会. 证券投资分析［M］. 北京：中国财政经济出版社，2009.

# 附录

## 附录 A： 某证券公司自然人证券账户注册申请表

| |  |  | | |
|---|---|---|---|---|
| 申请人填写 | 账户持有人姓名 | | 国籍或地区 | |
| | 移动电话 | | 固定电话 | |
| | 联系地址 | | | |
| | 电子邮件地址 | | 邮政编码 | |
| | 有效身份证明文件类别 | □身份证 □护照 □其他 | 身份证明文件有效期截止日期 | □ 年 月 日 □ 长期有效 |
| | 有效身份证明文件号码 | | | |
| | 职业 | □党政机关工作人员 □企事业单位职工 □农民 □个体工商户 □学生 □证券从业人员 □无业 □其他 | | |
| | 学位\学历 | □博士 □硕士 □大本 □大专 □中专 □高中 □初中及以下 | | |
| | 账户类别 | □沪市A股账户 □沪市B股账户 □沪市基金账户 □沪市其他账户 □深市A股账户 □深市B股账户 □深市基金账户 □深市其他账户 | | |
| | 是否直接开通网络服务功能 | □是 □否 | 网络服务初始密码（六位数字或字母） | |
| | 代办人 | | 代办人电话 | |
| | 代办人有效身份证明文件类别 | □身份证 □护照 □其他 | | |
| | 代办人有效身份证明文件号码 | | | |
| | 郑重声明 | 本人已经了解并愿意遵守国家有关证券市场管理的法律、法规、规章及相关业务规则，认真阅读了《证券账户注册说明书》并接受说明书内容，承诺以上填写的内容真实准确。 申请人或代办人签名： 日期： 年 月 日 | | |

表(续)

| 开户代理机构填写 | 审核资料：<br>□有效身份证明文件及复印件<br>□申请人或代办人是否已签名<br>□本表内容是否填写全面、正确 ||||
|---|---|---|---|---|
| ^ | 账户类别 | 上海市场 | 深圳市场 ||
| ^ | A 股账户 | | ||
| ^ | B 股账户 | | ||
| ^ | 基金账户 | | ||
| ^ | 其他账户 | | ||
| ^ | 经办人：<br>复核人：<br>传真： || 开户代理机构盖章：<br>联系电话：<br>填表日期： ||
| 备注 | | | | |

注意：

① 填写内容必须真实、准确、完整，字迹要清楚、整洁

② 开户申请人选择开通网络服务功能的，需填写自设的初始密码。从账户开立次日起，开户申请人可访问本公司网站（http://www.chinaclear.cn），点击"投资者服务"项下"投资者登录"，选择"非证书用户登录"下的"按证券账户"登录方式，使用证券账户号码和初始密码登录，修改初始密码后即可办理证券查询、股东大会网络投票等网络服务

## 附录B： 资金账户开户申请表（法人机构）

| 法人机构名称 | | 营业执照号码 | |
|---|---|---|---|
| 深圳A股东代码 | | 上海A股东代码 | |
| 深圳B股东代码 | | 上海B股东代码 | |
| 开户银行 | | 开户行账号 | |
| 法人机构基本资料 ||||
| 机构地址 | | 邮政编码 | |
| 法人姓名 | | 性别 | | 身份证号码 | |
| 家庭地址 | | | | 邮政编码 | |
| E-mail | | 电话 | | 手机 | |
| 第三联络人姓名 | | 电话 | | 手机 | |
| 代理人授权委托代理 ||||
| 代理人姓名 | | 代理人身份证号码 | |
| 代理人通信地址 | |||
| 邮政编码 | | 代理人电话 | |
| 代理期限 | 自本委托书签订之日起至向贵部书面撤销本委托书之日止 |||
| 代理权限 | 证券交易委托（含新股申购、配股、交割） | □1.是 □2.否 ||
| | 资金存管 | □1.是 □2.否 ||
| | 查询 | □1.是 □2.否 ||
| | 转托管 | □1.是 □2.否 ||
| | 指定或撤销指定交易 | □1.是 □2.否 ||
| | 销户 | □1.是 □2.否 ||
| 声明 ||||

致_____营业部：
本人（账户所有者）郑重承诺
  1. 保证上述内容的真实与完整，并对所提供的资料产生的后果负责。
  2. 本人愿意遵守证券交易法规及各项业务规则，若有违反或发生交易纠纷，愿意按照有关规定与协议办理。
    客户签字（签章）                      代理人签字（签章）
    年  月  日                              年  月  日

# 附录C：客户风险承受能力问卷（适用于自然人客户）

一、基本情况

1. 您家庭的就业状况是（　　）。
   A. 您与配偶均有稳定收入的工作
   B. 您与配偶其中一人有稳定收入的工作
   C. 您与配偶均没有稳定收入的工作或者已退休
   D. 未婚，但有稳定收入的工作
   E. 未婚，目前暂无稳定收入的工作

2. 您的家庭年收入（　　）。
   A. 不高于10万元　　　　　　　　B. 10万~50万元（含）
   C. 50万~100万元（含）　　　　　D. 100万元上

3. 您是否有尚未清偿的数额较大的债务，如有，其性质是（　　）。
   A. 没有
   B. 有，亲朋之间借款
   C. 有，信用卡欠款、消费信贷等短期信用债务
   D. 有，住房抵押贷款等长期定额债务

4. 投资经历（　　）。
   A. 无投资经验　　　　　　　　　B. 1~3年
   C. 3~5年　　　　　　　　　　　D. 5年以上

5. 以下描述中何种符合您的实际情况（　　）。
   A. 取得经济金融、投资或者会计相关的专业证书，如证券从业资格、期货从业资格、注册会计师证书（CPA）或注册金融分析师证书（CFA）
   B. 有金融、经济或财会等与金融产品投资相关专业学习或者学历背景
   C. 现在或此前曾从事金融、经济或财会等与金融产品投资相关的工作超过1年
   D. 我不符合以上任何一项描述

6. 您的投资经验可以被概括为（　　）。
   A. 有限：除银行活期账户和定期存款外，我基本没有其他投资经验
   B. 一般：除银行活期账户和定期存款外，我购买过基金、保险等理财产品，但还需要进一步的指导
   C. 丰富：我是一位有经验的投资者，参与过股票、基金等产品的交易，并倾向于自己做出投资决策
   D. 非常丰富：我是一位非常有经验的投资者，参与过权证、期货或创业板等高风险产品的交易

7. 有一位投资者一个月内做了 15 笔交易（同一品种买卖各一次算一笔），您认为这样的交易频率（　　）。

    A. 太高了　　　　　　　　　　　　B. 偏高

    C. 正常　　　　　　　　　　　　　D. 偏低

8. 如果您曾经从事过金融产品投资，平均月交易额大概是多少（　　）。

    A. 从未投资过金融产品　　　　　　B. 10 万元以内

    C. 10 万~30 万元　　　　　　　　　D. 30 万~100 万元

    E. 100 万元以上

9. 当您进行投资时，您的首要目标是（　　）。

    A. 资产保值，我不愿意承担任何投资风险

    B. 尽可能保证本金安全，不在乎收益率比较低

    C. 产生较多的收益，可以承担一定的投资风险

    D. 实现资产大幅增长，愿意承担很大的投资风险

10. 您认为自己能承受的最大投资损失是多少？（　　）。

    A. 不能忍受亏损　　　　　　　　　B. 10%以内

    C. 10%~30%　　　　　　　　　　　D. 30%~50%

    E. 超过 50%

11. 您用于证券投资的主要资金预计在多长的时间内不会用作其它用途？（　　）。

    A. 短期——1 年以内（可购买 1 年期以内的产品）

    B. 中期——3 年以内（可购买 3 年期以内的产品）

    C. 中长期——在 5 年以内（可购买 5 年期以内的产品）

    D. 期限不限——（可以购买任意期限产品）

12. 您打算重点投资哪些种类的投资品种？（　　）。

    A. 债券、货币市场基金、债券基金、保本类收益凭证等固定收益类投资品种

    B. 固定收益类与股票、混合型基金、偏股型基金、股票型基金等权益类投资品种

    C. 固定收益类、权益类以及期货、融资融券、信托等产品

    D. 固定收益类、权益类、期货、融资融券、信托以及复杂或高风险金融产品

    E. 以上所有产品及其他产品

13. 假设有两种不同的投资：投资 A 预期获得 5%的收益，有可能承担非常小的损失；投资 B 预期获得 20%的收益，但有可能面临 25%甚至更高的亏损。您将您的投资资产分配为（　　）。

    A. 全部投资于 A　　　　　　　　　B. 大部分投资于 A

    C. 两种投资各一半　　　　　　　　D. 大部分投资于 B

    E. 全部投资于 B

二、分值设置

| 序号 | 1 | 2 | 3 | 4 | 5 | 6 | 7 | 8 | 9 | 10 | 11 | 12 | 13 |
|---|---|---|---|---|---|---|---|---|---|---|---|---|---|
| A | 5 | 1 | 1 | 1 | 8 | 1 | 1 | 1 | 1 | 1 | 1 | 1 | 1 |
| B | 4 | 2 | 2 | 2 | 6 | 2 | 2 | 2 | 2 | 2 | 4 | 4 | 2 |
| C | 3 | 3 | 3 | 3 | 4 | 3 | 3 | 3 | 3 | 3 | 8 | 8 | 3 |
| D | 2 | 4 | 4 | 4 | 0 | 4 | 4 | 4 | 4 | 4 | 10 | 10 | 4 |
| E | 1 |   |   |   |   |   |   | 5 |   | 5 |   | 10 | 5 |

三、风险评级标准

| 分级 | 保守型 | 谨慎型 | 稳健型 | 积极型 | 进取型 |
|---|---|---|---|---|---|
| 得分 | 12~20 | 21~28 | 29~40 | 41~50 | 51~72 |

1. 保守型基金投资人对应低风险等级基金产品。

2. 谨慎型基金投资人对应低风险等级和较低风险等级基金产品。

3. 稳健型基金投资人对应低风险等级、较低风险等级和中风险等级基金产品。

4. 积极型基金投资人对应低风险等级、较低风险等级、中风险等级和较高风险等级基金产品。

5. 进取型基金投资人对应低风险等级、较低风险等级、中风险等级、较高风险等级和高风险等级基金产品。

客户（签字）：

年　月　日